崔兰琴 著

本书是2022年度国家社会科学基金重点项目"明清家户法律主体制度及其社会治理效能研究"（项目编号：22AFX005）的阶段性成果。

礼法融通

中国传统离婚制度及观念

HARMONIZATION OF THE ETIQUETTE AND LAW:
THE TRADITIONAL CHINESE DIVORCE
SYSTEM AND PERCEPTION

图书在版编目（CIP）数据

礼法融通：中国传统离婚制度及观念 / 崔兰琴著. -- 北京：北京大学出版社，2024.12. -- ISBN 978-7-301-35965-5

Ⅰ．D669.1

中国国家版本馆 CIP 数据核字第 202554XD37 号

书　　　名	礼法融通：中国传统离婚制度及观念 LIFA RONGTONG：ZHONGGUO CHUANTONG LIHUN ZHIDU JI GUANNIAN
著作责任者	崔兰琴　著
责 任 编 辑	李欣欣　王建君
标 准 书 号	ISBN-978-7-301-35965-5
出 版 发 行	北京大学出版社
地　　　址	北京市海淀区成府路 205 号　100871
网　　　址	http://www.pup.cn　http://www.yandayuanzhao.com
电 子 邮 箱	编辑部 yandayuanzhao@pup.cn　总编室 zpup@pup.cn
新 浪 微 博	@北京大学出版社　@北大出版社燕大元照法律图书
电　　　话	邮购部 010-62752015　发行部 010-62750672 编辑部 010-62117788
印 刷 者	河北博文科技印务有限公司
经 销 者	新华书店 650 毫米×980 毫米　16 开　20.25 印张　272 千字 2024 年 12 月第 1 版　2024 年 12 月第 1 次印刷
定　　　价	79.00 元

未经许可，不得以任何方式复制或抄袭本书之部分或全部内容。
版权所有，侵权必究
举报电话：010-62752024　电子邮箱：fd@pup.cn
图书如有印装质量问题，请与出版部联系，电话：010-62756370

序

崔兰琴教授的新书付梓,要我作序为荐,是以援笔。作为昔日的指导教师,弟子新作出版,得先行品读,并评议推荐,既是件值得欣慰的事,也是责无旁贷之事。这大约是大学教师的"售后服务"之一。

《礼法融通:中国传统离婚制度及观念》,是小崔承担的国家社科基金重点课题的阶段性成果。申报这一课题时,小崔就征求过我的意见,当时我也谈过一些看法或建议。有的建议被接受了,有的则没有。作为最先知悉这一研究计划的师长,也许有必要谈谈我对这一课题研究主旨及成果得失的看法,以供读者参考。

在中国传统文化中,离婚不是件好事。传统文化的话语体系中,关于离婚的谈论很少;传统法律和习惯中,关于离婚的规范也很少。在古时,婚姻是"合二姓之好,上以事宗庙,而下以继后世"的神圣事业,是两个家族之间的"外交"大事。一男一女之间,只要通过"父母之命、媒妁之言"缔结了婚姻,那就不再只是两个人的事情,这对男女就成了两个家族"永结同心"关系纽带的"外交代表"。他们的关系被美化为"天作之合",二人间也就有了"相敬如宾""白头偕老""一与之齐,终身不改"的义务。在这样的使命和背景下,离婚是不光彩的,个人并无完全独立的离婚权利。"七出(去)"之类的休妻条件,并非主要基于对个人人格、自由和权利的考量,而是基于对宗法性家族和国家的人伦政治秩序的考量。"三不去"的禁止休妻条件,完全是出于对宗法性人伦秩序的考量,一般不问夫妻二人情感状态如何。"义绝"离婚制度,更无视夫妻二人间感情的有无,而是以国家强制力强迫涉事夫妻离婚。只要夫妻一方与对方尊亲属、近亲属间发生"恩断义绝"(即伤害、杀害、通奸、强奸之类)的情形,哪怕夫妻二人之间尚有感情,也必须离婚;不离婚就要受到法律制裁。甚至,即使有"夫妻不相安谐而和离者,不坐"之法条,也并非对已婚男女个人授予"离婚自由"之类的权利,而仅仅是申明不追究擅自离婚者的刑事责任而已(即"不坐")。况且,和离是有前提的,即事先无符合七出、三不去的情形发生,否则,就连"和离"的资格也没有了。这样一种对宗法性人伦秩序的考量,并非过去一般认知的"父权夫权专制"概念所能简单概括的,也许还有基于宗法人伦考量下的妇孺权益保护动机。

对这样一种"离婚"法律文化传统进行全面系统的梳理分析是很有必要的,小崔的课题正是为实现此目标而设立的。古代中国社会形成了关于离婚的观念体系,也在自生与人为的合力之下形成了社会规范体系。这些观念和规范体系,应该早在对偶婚形成之时就已经有了。有配偶相对稳定的婚姻形态,就必然有离婚之问题存在,也必然有观念性、习俗性的离婚规范形成。从那时起,关于离婚的规范,要么是纯粹的社会观念和习俗形态,要么是"周公制礼"一般的礼法重述形态,要么是"皋陶作刑"一般的正式律令形态,它们共同构成了关于离婚的观念及规则体系。

中国传统的离婚观念、习俗和法制,总体上讲,是在一家一户男耕女织的小农型农耕文明经济基础上发展起来的,是在父权、夫权、族权交织的宗法制社会组织形态中发展起来的。在"五四"反传统的背景下,传统婚姻制度特别是离婚制度是不值一提的,基本上是应当愤怒讨伐和全盘否定的。过去的社会史和法律史研究,在这一方面显然缺乏理性的省察。事实上,近现代以来的反封建话语体系所认定的"父权夫权专制"式家族单向权力(利)结构,并非都是古代中国婚姻家庭秩序的真实形态。仅以离婚而论,传统中国习俗、礼法、律令体系和司法实践,其实也曾有尊重离婚中各方利益诉求,尤其是维护妇女正当权益(利益)的考虑。古时礼俗法制在离婚问题上的思虑设计之完备精细,其保障措施上的全面周到,甚至超出后人想象。

小崔的课题大致弥补了史学界和法学界迄今尚无离婚法制史专题研究著作的缺憾,有学术拓荒之贡献。该书旨在基于长时段、大历史,全方位、多视角、透析式地解剖中国传统的离婚观念及礼俗法制,试图全面深入分析传统离婚法制的构成与演进、内核与精神,以及相关司法实践的规律与特色。她的这一努力,取得了一定的成绩,得出了一些见解,能给我们一些启发。

她认为,中国传统离婚法制的设计理念具有兼顾各方及追求利益平衡的特点。对于离婚理由,传统法制有着相当全面的考量,体现出过错责任、无过错责任兼顾的折中原则。在礼法融合的离婚裁断实践中,古时也注意追求个案公平公正和利益平衡,也注意彰显对国家、家庭与个人利益的综合考量,注意"礼乐政刑"综合为治。总体上看,中国传统离婚法制呈现出一种从重视家族事务逐渐向重视个人事务演进的历史趋势,个人的尊严、权益及价值在离婚法制中的地位逐渐有所上升。具体来说,唐代离婚法制的关切重心在于家族关系和家族利益;后经宋元到明清的演进,离婚法制的重心逐渐向夫妻关系本身倾斜。在许多离婚案例中,离婚原因更多归结为夫妻不和,很少援引七出条款。同时,具体离婚程序中也适当兼顾婚姻中女方当事人的利益,或者说愈来愈重视女性一方的权益,逐渐显示出夫妻双方分担责任或者双方责任平等化的演进趋势。她更注意到,国家对婚姻的干预,自上古、中古到近古,呈现一种逐渐弱化的趋势。对于强制离婚,也从个人无条件服从,逐渐过渡到个人可选择离异。对于违法离婚的制裁,也往往因时代而异,呈现出逐渐减轻的发展态势。她认为,这种态势体现了离婚制度的内在发展变化规律,认为这一变化的原因既有国家对离婚问题认知的变化,也有个人自主意志的逐渐释放及传统力量的松弛,还有商品经济发展对婚姻的宗法式约束之冲击。总之,她认为,是"人"之苏醒解放,特别是个人逐渐摆脱宗法伦理之桎梏,导致了与离婚相关的整个社会文化系统的深度变迁。

小崔对离婚问题的法制史研究,可谓一以贯之,锲而不舍。上述略有见地的观点,源自其长期沉潜的努力。早在2003—2006年攻读硕士学位期间,她对这一问题就产生了浓厚的兴趣,她的硕士论文题目就是《义绝与中国传统婚姻法制的精神》。多年来,为同一课题,她笔耕不辍,写了许多文章,最后凝聚升华成了这本书。为了深入解析,她运用的史料相当广泛,包括历代正史、野史和档案,特别是地方司法档案,还有国家律令、则例及地方政令布告,更有各类出土文献资料,各地乡约、家训和族规等。她还注意从历代史料笔记以及文学作品中搜辑有关离婚法制及观念的史料信息。早在这本书之前,她已经发表过一系列前期成果,具有一定的影响。她关于义绝强制离婚问题的研究,以及关于和离或两愿离婚问题的研究,很早就取得了较有分量的研究成果,并各两次在《法学研究》《政法论坛》上发表论文。她关于离婚问题的其他研究成果,更发表于多个学术刊物,多次被《中国社会科学文摘》《人大复印报刊资料》全文转载。基于同一类课题,她先后两次获得国家社会科学基金资助立项,先是一般课题,后是重点课题。此外,她还获得过教育部人文社会科学课题及中国法学会课题立项资助,这表明她长期专注的研究和努力初步获得了学界的认可。

小崔关于离婚问题的法制史研究,虽有上述成绩,但仍存在一些问题,不能忽视。其论文及书稿我读过一些,问题主要有三个方面:第一,其写作论题常常太过宏大而无力驾驭,透过寻常可见且并不太充分的一些史料,动辄想分析解读其背后深远宏大的法制原则、灵魂或精神,可能常常力不从心。在史料渊博、史识高睿的境界未能真正达臻之时,便作这样"以小见大""四两拨千斤"的宏观理论分析,也许不如直接就历史上的习惯、制度、观念作简单的拼图式的还原、梳理和初步解释来得更合适一些。就这一问题而言,小崔可能是被我误导了,因为从硕士论文开始她就是作这类宏观解读的。关于这一方面,要检讨反省的首先是我。第二,其所常用的学术词汇(概念)的准确性不足,体系性有欠缺。她用以表达历史事实、历史规律、研究方法的一系列概念,有的含义不准、表意不明,有的互相交缠、界限不清,还有的相互矛盾、相互重叠。想用这样不规则的"砖石木料"去顺利搭建结构完整牢固的"宫室建筑"是有困难的。这一问题,其实在我的研究写作中也一定程度地存在着。第三,其所要表达的判断见解事先是否已经清晰顺畅地成形于胸,也是存疑的。用一般人熟悉的句式、语法、逻辑来表达自己心中已清晰成形的零星认识判断,最后构建一个完整的论说体系,并保证读者大致能理解自己到底想说什么,这并不是一件很简单的事情。在这一问题上,我自己有时也没有做好。

指出这些问题,也是在自我反省,与小崔共勉。

范忠信
2024 年 12 月 1 日于泉州

目 录

导 论 ·· 1
  一、为什么要研究这一课题 ·· 2
  二、关于传统离婚法制的既有研究 ·································· 8
  三、研究思路和方法 ·· 28
  四、几点必要的说明 ·· 31

第一章 礼法下的离婚观念 ·· 35
第一节 离婚观念中的儒家家族伦理 ······························ 35
  一、儒家婚姻伦理中的夫妇之义 ···································· 36
  二、婚姻解除中家族的主导作用 ···································· 38
第二节 离婚理由中的宗族延续使命 ······························ 41
  一、上合祖宗的离婚担当 ·· 41
  二、妇孝有德的离异制约 ·· 44
第三节 婚姻礼义中的离婚应有之意 ······························ 48
  一、婚姻礼仪中的离婚观念 ·· 48
  二、合法聘娶中的离婚约束 ·· 51
  三、伦理道义中的妇女保护 ·· 54
第四节 守贞节制中的管束轻率离婚 ······························ 55
  一、任意离婚的限制 ·· 56
  二、再婚成本的增加 ·· 61

第二章 礼法中的离婚制度 ··· 67
第一节 渐次呈现的离婚礼制 ··· 67
一、礼制规范的离婚样态 ··· 68
二、离婚理由与婚姻关系的解除 ··· 71
三、婚姻解除的多维效力 ··· 73
第二节 源于礼制的七出规范 ··· 82
一、七出规范的由来 ··· 82
二、七出的具体运用 ··· 88
第三节 两姓失和的义绝离婚 ··· 92
一、义绝的内在含义 ··· 93
二、义绝的司法实践 ··· 95
第四节 情不安谐的和离方式 ··· 97
一、情不安谐的表现 ··· 98
二、婚姻的和平解体 ··· 98
第五节 传统离婚的另类情形 ··· 99
一、定婚撤销的厘定 ··· 99
二、其他离婚类型 ·· 101

第三章 律法中的离婚制度 ·· 105
第一节 唐律离婚制度的定位 ·· 105
一、七出的规定 ·· 105
二、义绝的疏议 ·· 113
三、和离的适用 ·· 115
四、违律婚的界定 ··· 118
第二节 宋元离婚制度的变化 ·· 131
一、七出内容的微变 ·· 131
二、义绝制度的继承 ·· 133

三、和离的审查程序 ················· 139
　　四、违律婚断离的扩充 ··············· 141
　第三节　明清离婚制度的发展 ············· 143
　　一、七出的定型化 ·················· 143
　　二、义绝的新阐释 ·················· 144
　　三、和离的严格化 ·················· 152
　　四、违律婚断离的新规定 ·············· 156

第四章　传统离婚法制的内核与精神 160
　第一节　内核稳定的离婚结构 ············· 160
　　一、夫家选择离婚的七出 ·············· 160
　　二、国家强制离婚的义绝 ·············· 165
　　三、夫妻两相情愿的和离 ·············· 168
　　四、离婚制度结构的变化 ·············· 171
　第二节　违律婚断离的伦理保障 ············ 175
　　一、违律婚断离的有序保障 ············· 176
　　二、违律婚断离的道德维护 ············· 176
　　三、违律婚断离的社会应对 ············· 178
　第三节　传统离婚法制的经验借鉴 ··········· 179
　　一、传统离婚法制的中国特征 ············ 179
　　二、传统离婚法制的时代启示 ············ 200

第五章　礼法融合的离婚制度变迁 225
　第一节　从家族本位逐渐向夫妻本位变化的趋势 ····· 226
　　一、家族本位的离婚制度 ·············· 226
　　二、夫妻本位初显的离婚制度 ············ 229
　第二节　从男权主导逐渐向夫妻双方责任分担变化的趋势 ····· 237
　　一、夫尊妻卑的离婚制度 ·············· 237

二、夫妻双方责任分担的趋势 ·· 239
第三节　离婚的国家干预力弱化 ·· 242
　　一、离婚涉及的刑事处罚逐渐减轻 ································ 243
　　二、强制离婚的可选择性日益增强 ································ 243
第四节　离婚法制变化的社会之源 ······································ 245
　　一、国家权力对门阀家族离婚的规制 ······························ 245
　　二、家族规模减小对离婚意愿的释放 ······························ 246
　　三、商品经济对离婚道德约束的冲击 ······························ 250
　　四、个人意识对离婚各方利益的挑战 ······························ 253

第六章　礼法融合的离婚裁断实践 ·· 256
第一节　离婚案件的多方参与 ·· 256
　　一、离婚纠纷中家族的参与性 ······································ 257
　　二、两姓介入离婚纠纷的区别 ······································ 259
第二节　离婚案件的司法程序 ·· 263
　　一、离婚案件的批词判牍有别 ······································ 264
　　二、离婚涉及的文书规范严格 ······································ 268
　　三、离婚纠纷解决的方式各异 ······································ 273
第三节　离婚案件的司法依据 ·· 280
　　一、律令科条的离婚解纷依据 ······································ 281
　　二、礼义情理习惯的综合考量 ······································ 285
第四节　离婚案件的裁决结果 ·· 290
　　一、离婚个案判决的利益考量 ······································ 290
　　二、离婚中财产和身份的处理 ······································ 293

主要参考文献 ··· 298

后　记 ··· 311

导 论

礼法融通中离婚制度及纠纷解决的理论观念，凝聚着中华文化有关婚姻家庭和社会治理的制度建设特色。坚定文化自信是习近平新时代中国特色社会主义思想的重要内容。文化始于历史创造，家道在孝，婚道在礼，实为中国传统文化和礼仪文明建构的基石。婚姻，家之始，家风正，民风淳，人丁旺；婚礼，人伦始，义之系，道之在，国之基。婚姻之礼、嫁娶之道的法理上升到天地大义、风化本原的高度，既是传统中国礼仪文明传承不息的精髓所在，更是维护婚姻家庭稳定和治国平天下的神兵利器。顾家养亲这一承载中华民族数千年文明思想源泉和制度根本的家庭伦理文化，表现在婚姻法律和治理上的价值是依法裁断离婚纷争，参照礼义情理，为审理家事案件和实施《民法典》提供经验借鉴和理论指引，也为解决当下婚姻家庭法律制度中的问题提供理论指引。无疑，当下恐婚现象成风，不婚状况蔓延，势必导致新生人口数量的断崖式下跌；离婚纠纷遽增，夫妻债务频诉，恐会引发伦理堤坝的系统性溃败。立足礼法融通研究中国传统离婚制度及观念，是标本兼治的应对之策，有利于实现创造性的历史借鉴。

离婚一词，并非舶来词汇，也非远古用语，而是在南北朝时开始出现。①

---

① 据目前史料考证，离婚最早出现在《晋书》中。《晋书》载，"初，太子之废也，妃父王衍表请离婚"。后来，南朝宋刘义庆《世说新语》载，"贾充前妇是李丰女。丰被诛，离婚徙边"。南朝梁沈约《宋书》载，"长子藻，位至东阳太守。尚太祖第六女临川长公主讳英媛。……藻坐下狱死，主与王氏离婚"。

既然婚姻合好两姓,则其终止必然也关涉各方。"绝婚""出""休""弃""义绝""仳离""断离"等用语描述了中国传统离婚的不同面向,完全不同于现行《民法典》中离婚所指的夫妻感情破裂。现代意义上的"离婚"并不包括定婚撤销或者无效婚撤销,因为它们意味着本来就未确立婚姻关系,又何谈离婚,所以若全部使用"离婚"一词,容易产生混淆。为了避免词义上的混淆,"离婚"一词仅指涉七出、义绝、和离,而"婚姻解除"则指代其他解除姻缘、撤销婚约、违律婚断离等诸多具有婚姻解体效力的情形。

一、为什么要研究这一课题

按照过去的通说,在"男为天,女为地"的男尊女卑的古代社会,离婚制度只是夫权的产物而已,因为婚姻制度是为了保护丈夫及其家族的利益。[①] 随着对法律史考察的深入,学者们发现事实并非如此。虽然中国传统离婚制度及观念因植根于男尊女卑的家长制而屡遭批判,但只检讨其中的制度理性明显不足,亟待对其进行深入分析和探究,以澄清历史误区。何况简单专制式的家族单向权力(利)结构并非古代社会和婚姻家庭秩序的历史事实,具体到离婚的实际情况,传统中国的制度、理念

---

① 此类观点主要有:史凤仪认为,在"男为天,女为地"的男尊女卑的社会里,法律不承认妇女的离婚请求权,被"三从"枷锁牢牢地捆绑住的妇女只能终身服从于丈夫,岂敢与之分庭抗礼,不相和谐呢?参见史凤仪:《中国古代的家族与身分》,社会科学文献出版社1999年版,第146—147页。董家遵在《汉唐时"七出"研究》中,旗帜鲜明地把七出视为"封建时代离婚制度的恶毒"进行批判,参见董家遵:《汉唐时"七出"研究》,载王承文编:《董家遵文集》,中山大学出版社2004年版,第174—183页。
即便是专门研究法制史的学者,也大多认为七出单方面维护夫权,对于妇女无公平合理可谈,即便有三不去的限制,那也是为了维护家族利益。比如,蒲坚认为,"'七出'离婚,无论哪一条要件,都是周统治者为了维护宗法制度而套在妇女身上的枷锁,通过这一规定,妇女做人的权利被剥夺殆尽了";怀效锋亦认为,"妇犯'七出'而去,完全是以男子为中心制定的律条,于妇女而言,根本谈不上公平合理"。分别参见:张晋藩主编:《中国法制通史》第一卷"夏商周",该卷主编为蒲坚;第七卷"明",该卷主编为张晋藩、怀效锋,法律出版社1999年版。总之,这类抨击不一而足。

及其实践,特别考虑到离婚中夫妻双方、两个家庭与家族等诸方的利益诉求,自然包括对妇女正当权益的考量和维护,从而达成中和,平衡兼顾。其中保障措施的周全、精致,可能已经完全超出今人先入为主的"标签式"认识,蕴含在离婚制度中的各种各样的惯例、方法、行为和措施,甚至为当下制度所不及。

只有长期聚焦这一问题,更深入地认识历史、还原历史方能成为可能,从而创造性地汲取历史经验,以便于更好地为今天的法治建设服务。笔者长久潜心沉淀,多年笔耕不辍,本书方能成型。本书有利于弥补法学界迄今尚无系统阐释传统离婚制度的专著的遗憾,颇有开拓性。

鉴于传统定婚具有的婚姻效力,传统离婚涉及的范围更大,主要有七出、义绝、和离与违律婚断离;另有定婚撤销,以及政治、战争或犯罪等引起的婚姻解除。汉代具有规范属性的七出呈现且践行于实际的婚姻生活中,义绝离婚的观念亦开始形成,在司法中有所体现,并与夫妻不相和谐的两愿离婚共同构成离婚体系的雏形,在唐代形成以七出、三不去为基础,义绝为手段,和离、违律婚断离为主要补充的离婚体系的内在结构,协调妇女地位和利益,并为后世所承袭,影响域外。

婚姻会产生某些不稳定因素,直接威胁夫妻关系的存续,甚至有可能导致离婚,但并非所有的婚姻不稳定因素都一定导致离婚的后果。离婚是婚姻不稳定因素在法律上的体现。婚姻解除是一种法律事实,古今中外概莫能外。而婚姻关系解除虽然在逻辑表达上相对周延,但传统中国重视的是婚姻之义,或者婚姻之礼,而非婚姻关系,故本书大小标题中都没有使用"婚姻关系解除"一词,而是代之以"离婚"或者"婚姻解除"的表达。当然,由于传统文化的语境下,离婚一词的使用远远没有休弃、弃、离正、断离等词语广泛,因而无论如何解释都难免有削足适履之嫌。只是每个人都是时代的产物,为了和生活在现代的民法学者进行交流,"离婚"和"婚姻解除"是最易于理解的法律术语。

离婚涉及两姓中的夫妻双方。如果说"丈夫"是男方、夫家、男性的代表，"妇女"一词则指代妻子，即从女方嫁过去的女子，与女性、女方的表达意义一致。当"妇女"与"利益"结合在一起，用在本书的论证之中，则指代妇女在面临离婚纠纷时可能涉及的利益，包括与身份和财产有关的利益。前者如维持和解除婚姻的权利，特别是因婚姻解除而产生不同的身份上的刑事责任，还有是否被收回所获的封号，以及能否保持与子女的身份关系等；后者如财产权，包括妇女从娘家带去的嫁资，以及若男方在婚姻中有过错，妇女有可能获得的补偿等。这些统统可以归结为妇女利益，也可以称之为妇女正当利益，需要加以维护。尽管不同的时代对妇女正当利益中的"正当"有不同的理解，但中国古代具有宗法伦理的文化背景，凡与此相符合的即为正当利益。当然，这种宗法伦理要求的"正当"也与传统中国妇女的主观追求和心理需求基本相符。

婚姻固然始于男女的结合，但不仅仅关涉夫妻两个人，而是涉及一系列的社会关系，可谓组成社会的细胞。离婚关涉身份财产变化和各方利益协调等诸多内容，调整离婚纠纷的司法模式是指官府出面解决离婚纠纷时所遵循的处理模式，它随时代、地域和文化的不同而各具特色，体现出强烈的民族精神，且不同国家之间利益保护的范围、方式、程度及其背后的某些特定理念也大异其趣。

鉴于古代中国没有行政与司法的划分及民事案件与刑事案件之区别，故本书所涵盖的离婚裁断包括所有离婚纠纷。本书通过分层探究、结构解析的运思理路勾勒中国传统离婚制度的司法模式和观念特色，即在阐述离婚的基础上，分析离婚制度的伦理依据，从对众多判牍和案例的梳理中，分析离婚的多元调整机制及解决纠纷的司法模式，进而从司法活动参与人、司法程序、司法依据和司法判决结果等方面凝练出处理离婚案件的司法模式。

由于罗马是欧洲制度文明的发源地，现代的许多法律术语及原则，考其流变，多源于此，具有典型性，进行制度方面的比较研究无法绕过罗马。传统中国形成了以中华法系为代表的东方法律文化，离婚制度及观念的内容也是中华法系的产物。所以,对离婚制度的解析为对比基于不同离婚原因、不同规范构成和不同理念基础的离婚纠纷解决机制中的中国特征和精神奠定基础,并为稳定婚姻、构建和谐家庭、维系社会伦理提供借鉴。

现行婚姻法律制度充分保障离婚自由,把感情破裂作为法定离婚理由,并成为法院判决离婚诉讼的重要标准。实际上,离婚往往涉及身份、家庭与社会的多个面向和多重关系,不仅涉及夫妻解除婚姻关系的自由,还涉及未成年子女的亲权、老人赡养、财产分割,以及公共道德等社会责任,尤其是妇女利益维护。仅以离婚自由为价值导向,把感情视为考量标准,摒弃有责主义,使男女双方享有充分的离婚自由,不受伦理限制,可能引发离婚率上升、婚姻责任感减弱、恐婚和不婚思想的流行及蔓延,影响家庭稳定和人力资源的可持续性发展。一旦涉及诉讼,妇女处于被动境地,很难获得足够证据证明男方的财产状况,特别是转移财产的情况,导致离婚诉讼中女方举证困难和妇女权益保障不力等问题。虽然学界对此一直比较关注,但现有的研究主要局限于法理上的探讨,指出感情破裂的法定离婚理由存在不够科学、涵盖不全和可操作性不强等问题,因此"婚姻法学界多数学者主张把准予离婚的破裂主义定位在婚姻(或婚姻关系)破裂上"①。至于如何对感情破裂的法定离婚理由进行伦理限制,以救济离婚时的弱势方,尤其是妇女一方,兼顾相关利害人的权益,并积极引导婚姻向善,学界则少有论及。实际上,这与我国倡导婚姻稳定、维护家庭和谐的传统,以及保护弱者的仁道观都不相称。

传统中国对离婚纠纷相对完善的调整机制,形成了富有特色的司法模式,但正史中有关离婚的记载较少,专题研究仍有待加强。随着考古

---

① 巫昌祯教授在得出这个结论的同时,亦明确赞同婚姻(或婚姻关系)破裂说,并且从婚姻关系调整对象、感情破裂不能涵盖婚姻关系全貌且难以认定,以及国外离婚立法趋势等方面进行分析。详见巫昌祯:《民法法典化与离婚制度的完善》,载《山东大学法律评论》2003年刊。厦门大学的蒋月教授对此亦有系统详尽的探讨,参见蒋月:《改革开放三十年中国离婚法研究回顾与展望》,载《法学家》2009年第1期。其余观点,概不赘述。

资料和地方文献的发现,离婚文书和案例相对增多,应当依据新史料,以各种离婚因素为核心,分析国家利用七出、三不去、义绝、和离、违律婚断离等机制,实现保障无过之妇、尊崇有功之妇、保护弱势之妇的仁道理念。在男尊女卑的社会背景下,国家从身份、名分、财产等方面进行调整,发挥伦理、道德、法律、习惯等多种方式的共同功效,形成兼顾与衡平的离婚制度,且解决离婚纠纷的司法模式在司法参与人、司法程序、司法依据和司法判决方面呈现出不同于一般田土、钱债纠纷和刑事案件的特点,同样值得关注。

离婚理由取决于社会的发展状况,直接决定了整个社会婚姻稳定、家庭和谐乃至国家秩序安定的程度。剖析男权社会离婚制度中对妇女利益的维护,不仅需要了解立法内容,更要考量司法模式。传统和域外解决离婚纠纷的司法模式,均会在考虑离婚理由之时,根据社会的需要进行程度不等的伦理限制,以衡平自由和正义,使其符合各方利益,特别是作为弱势方的妇女的整体需求。

毫无疑问,学界越发需要全方位、多视角审视中国传统离婚制度及观念。因而,无论是在学术研究上,还是在现实生活中,专题研究的意义都很重大。

长期关注离婚制度是积淀、丰富研究底蕴的前置条件。中国传统离婚制度的专题研究相对薄弱,值得在这方面做一些尝试。义绝是一个具体且相对专业的小话题,义绝制度相关的史料便于集中收集和整理,前人研究义绝制度的成就和局限也是整个婚姻法制方面的研究成果的一个反映,故义绝制度自然成为初步梳理和深入研究的切入点。

由于义绝制度只是中国传统离婚制度的一部分,在对义绝制度进行整理的基础上,继续思考无疑成为当务之急,如此方能逐步深化对整个传统文化影响下的离婚制度的认识。借着对义绝制度的研究,进一步拓展研究视野,对传统的离婚制度进行全面探究,了解法定离婚制度的理论基础、历史演进、变化特点和成因,归纳离婚法制的结构特点和历史借鉴,成为必然选择。

离婚作为与身份相连的社会行为,身份与契约、社会与个体的博弈极为有趣。传统离婚制度中的义绝、七出以及和离,分别给国家、家庭和夫妻个人的意识表达留出空间,违律婚断离为婚姻制度提供伦理保障,通过离婚达到维护家族利益从而维护社会秩序的根本目的。这种建立在男权基础上的离婚制度虽然与现在的离婚理念有别,但是毕竟有其现实合理性。只有对其进行客观理性的分析,而非泛道德的批评,才能加深对中国传统离婚制度的认识。这些认识为现行婚姻立法和司法如何正确处理离婚中的个人自由与社会责任之间的关系,避免自由离婚的缺陷,完善婚姻立法,提供更多的思考和借鉴。

当代中国的离婚法律是世界上最自由的法律之一,其衡量标准只有一个:夫妻感情破裂。这种离婚法在充分给予夫妻双方自由选择权的同时,也引发了一些社会问题,诸如离婚率上升、婚姻责任感和伦理道德感减弱、单亲家庭增多,以及由此引发的未成年人犯罪增多等问题。现实的离婚问题也使得一些年轻人患上了"恐婚症",延迟结婚或者不结婚,这些都必然会影响家庭稳定和人力资源的可持续性发展。"恐婚症"的蔓延、"闪婚闪离"现象的存在,是婚姻不稳定的反映,恰恰说明现实的婚姻法律制度是有问题的,不能给初涉婚姻的年轻人提供足够的安全感。这些负面影响相当程度上是离婚的过度自由所引起的。这些问题已经引起了当代婚姻法研究者的关注,比较有代表性的研究成果是《离婚自由与限制论》①,该书还提出了相应的对策和建议。

离婚现实令人深思,而西方自由离婚问题引发的婚姻不稳定,远较中国更甚。在离婚法中,国家干预力引导离婚制度的走向,左右利益衡量的尺度。解决问题的责任感令人不得不反观传统离婚制度及观念,冷静剖析其中国家干预力的变化,及其如何协调国家、家庭、夫妻等方面的

---

① 参见夏吟兰:《离婚自由与限制论》,中国政法大学出版社2007年版。

矛盾。事实上，这些棘手的问题早已经为缔造中华法系的先人所考虑，并早在千余年前就已经在实践中予以解决。今天看起来颇为专制和野蛮的七出，最初就是为了限制夫家自由休妻、修复家庭秩序而提出的；义绝则是国家强制离婚，是为了协调家族间的矛盾冲突、维护社会秩序的稳定而设；和离则是夫妻不相和谐，两愿离婚，这是夫妻个人意愿的表达；违律婚断离则是在婚姻不合法的情况下，通过官府断离来为婚姻提供伦理保障。总之，如何从传统离婚法制中汲取有益因子，为自由离婚的限制提供思考的视角，当为历久弥新的研究主题。

二、关于传统离婚法制的既有研究

虽然国内外学界明显缺乏从法律史视角切入离婚制度及观念，从而透析礼法的发展历程的研究，但亦有一些关联性研究阐述了传统中国婚姻法律的表达形式、离婚规范和身份及财产的处置，以及中国家族法原理、婚姻与妇女问题等具体内容。

(一) 国内研究现状

从现有国内研究来看，直接涉及礼法中传统中国离婚制度及观念的研究并不多见，然而仍有一些研究可以提供一定的基础。

其一，关于传统中国婚姻法律的表达形式。

陈顾远、陈鹏等以历史沿革为线索，用西方的法学理论、概念体系、学说名词和研究方法对传统婚姻规范进行整理，阐述婚姻的观念变化和规范沿革，使得传统中国的婚姻制度得以呈现于世，为后代学者进一步研究婚姻法制打下了坚实的基础，有助于了解婚姻制度的立法变迁。其中，陈顾远先生的《中国婚姻史》可谓现代婚姻史研究领域的开山之作，不仅视婚姻为社会现象，同时又将其视为法律现象，从这两种视角研究中国婚姻史，为婚姻领域的专题研究奠定了基础。①

---

① 参见陈顾远：《中国婚姻史》，上海文艺出版社1987年版。

陈鹏的代表作《中国婚姻史稿》梳理了上起周秦,下迄明清的婚姻规范的演变,称得上是一部资料丰富的佳作。该书史料比较翔实,不仅有律令的规定,而且结合条法事类和史料笔记中的记载,叙述婚姻语源、婚姻目的、婚姻观念和婚姻政策,以及婚姻之形态,具体包括婚姻与政治、门第婚、重婚与世婚、财婚、佚婚、冥婚、收继婚,论及婚礼、定婚、结婚、离婚、媵妾、赘婿婚与养媳等问题,分析各个时代的社会政治、伦理道德对婚姻制度的影响及其发展变化,力求作出合理的解释。①

胡长清的《中国婚姻法论》是以婚姻法专题研究见长的成果。② 虽然该书不是从历史变迁的视角研究婚姻法,而是根据其在中央政治学校讲授亲属法时的讲稿中的婚姻法部分编写而成,偏重解释民国时期民法亲属编,但仍论及婚姻之语源、意义、性质、种类,婚姻制度的沿革及立法学说,以及结婚、婚姻之普通效力、夫妻财产制、离婚等。同时,胡长清进行比较法研究,译介国外婚姻法著作,其中以日本著名民法学家栗生武夫的著作《婚姻法之近代化》为代表。③《婚姻法之近代化》一书上起罗马亲属法、中世纪欧洲各国法律,下至日本近现代民法中关于婚姻的各项内容,以罗马法、教会法为参照,比较了欧洲主要国家婚姻家庭法中有关婚姻、离婚、夫妻关系等的规定,重点是近代大陆法系各国对习惯法、罗马法以及教会法等的扬弃。该书基于翔实充分的资料,大量采用比较、对照的方法,较全面地反映了近代欧洲、日本等国婚姻、家庭、夫妻关系等相关规定的具体内容,有助于中国学者了解外国婚姻家庭法。

研究某一时代婚姻关系的成果同样引人注目,如唐代婚姻法、清代婚姻关系和婚姻冲突等。向淑云、王跃生、郭松义等主要集中于研究某个具体朝代的婚姻情况,分别透析唐代的婚姻法和婚姻形态,清

---

① 参见陈鹏:《中国婚姻史稿》,中华书局1990年版。
② 参见胡长清:《中国婚姻法论》,法律评论社1931年版。
③ 参见[日]栗生武夫:《婚姻法之近代化》,胡长清译,中国政法大学出版社2003年版。

代的婚姻冲突、婚姻关系和民间婚书等内容。① 具体来说,我国台湾地区学者向淑云的《唐代婚姻法与婚姻实态》一书,从唐代婚姻法及其实际成效两方面考察了唐代的婚姻状况,可谓迄今为止在全面研究唐代婚姻法及其实施方面分量较重的一部专著,特别是,该书探究了唐代的婚姻是否因为受胡风的影响而使传统的婚姻礼俗和规范发生了变化。②

新材料的发现、研究视角的拓展,进一步丰富了婚姻关系、婚姻法制的研究,出现了一些专门研究地方志、地方档案和清代内阁刑科题本的学术成果,代表性的有王跃生的《清代中期婚姻冲突透析》③《十八世纪中国婚姻家庭研究:建立在1781~1791年个案基础上的分析》④《直系组家庭:当代家庭形态和代际关系分析的视角》⑤。其中,《清代中期婚姻冲突透析》是王跃生以中国第一历史档案馆所藏的刑科题本中的婚姻家庭类(抑或称婚姻奸情类)档案中的2000多个案例为基础撰写的关于清代中期婚姻冲突的一部学术专著。该书探讨了休妻的基本规定在清代中期的作用程度和方式,进而从七出在个案中的表现、七出之外的休妻行为、休妻的社会影响等几个方面揭示七出在婚姻冲突中的司法实践效果。⑥ 王跃生通过对档案中的案例进行观察,了解休妻的规定与实践之间的关系,对传统伦理规范在民间的实施效果形成进一步的认识,分

---

① 参见郭松义:《伦理与生活——清代的婚姻关系》,商务印书馆2000年版;王跃生:《清代中期婚姻冲突透析》,社会科学文献出版社2003年版;王跃生:《十八世纪中国婚姻家庭研究:建立在1781~1791年个案基础上的分析》,法律出版社2000年版;等等。
② 参见向淑云:《唐代婚姻法与婚姻实态》,台北商务印书馆1991年版。
③ 参见王跃生:《清代中期婚姻冲突透析》,社会科学文献出版社2003年版。
④ 参见王跃生:《十八世纪中国婚姻家庭研究:建立在1781~1791年个案基础上的分析》,法律出版社2000年版。
⑤ 参见王跃生:《直系组家庭:当代家庭形态和代际关系分析的视角》,载《中国社会科学》2020年第1期。
⑥ 参见王跃生:《清代中期婚姻冲突透析》,社会科学文献出版社2003年版,第95—125页。

别从婚姻缔结与解除过程中的冲突、婚姻存续期间的冲突以及出轨行为等几个方面,对社会基层和民众的婚姻状况进行了考察。该书中丰富的材料和独到的见解不仅描绘了一幅底层社会婚姻生活的鲜活图景,有助于读者更清晰地解读清代中期婚姻冲突的具体情况,而且也为中国社会史的研究提供了全新的视角和方法。

至于《十八世纪中国婚姻家庭研究:建立在1781～1791年个案基础上的分析》一书,也是王跃生通过对收藏于中国第一历史档案馆的刑科题本中的婚姻家庭类档案中的2000多个案例进行研究从而撰写的专著,是借助档案开展中国婚姻家庭研究在资料上的一个突破,也是一部利用档案资料对一个特定历史时期,即18世纪的婚姻家庭进行全面系统研究的专著。该书从男女初婚行为着手,分析婚姻状态,考察妇女再婚和童养婚的个案、婚姻论财的买卖性质及其对婚姻的抑制作用,进而探讨婚姻与生育的关系及生育特征,以及家庭成年子女数量、家庭规模、家庭结构及其相关因素。该书使我们对这一历史时期的婚姻家庭有所认识,有助于了解18世纪中国婚姻家庭的种种特征。即使在当代中国,传统因素对婚姻家庭仍具有较深影响。对这一距离现代较近的历史时期的婚姻行为和家庭形态进行观察分析,不仅具有较高的理论价值,而且有助于学界加深对中国现实社会的了解。王跃生通过对收集到的大量个案资料进行深入研究,提出了诸多新观点。特别是在第四章"妇女再婚的个案分析"中,王跃生从丧偶妇女再婚、已婚非丧偶妇女的买卖性再婚、有子妇女的再婚情况、妇女再婚的社会环境、政府对再婚个案的处理特征等方面具体探讨了妇女再婚的环境和具体情况①,而再婚的环境直接关涉婚姻解除的取舍,是考察离婚不可或缺的内容。

王跃生的《直系组家庭:当代家庭形态和代际关系分析的视角》

---

① 参见王跃生《十八世纪中国婚姻家庭研究:建立在1781～1791年个案基础上的分析》,法律出版社2000年版,第82—125页。

一文,通过探讨"中国当代家庭形态的'现代'趋向显著"①,但亲子关系仍具传统性,揭示出"直系组家庭已婚成员在居住方式上有较高的分爨异居表现,但本地多有可以相互关照的直系亲属资源。双系视角的直系组家庭所包含的高龄老年亲代比例较单系高,意味着需要夫妇关心乃至直接履行赡养、照料义务和责任的对象增多。研究显示,即使在当代城市,男女婚后居住方式一定程度上仍受传统习惯影响,妇系和有女受访者(女儿婚后)居住地分散程度高于夫系和有子受访者。这需要夫妇在养老功能履行上增强对双系老年亲代的赡养和照料意识"②。

对清代婚姻关系和民间婚姻状况进行研究的另一位代表性学者是郭松义,他的《伦理与生活——清代的婚姻关系》和《清代民间婚书研究》两本专著,在正史之材料外,运用了大量地方档案材料和契约文书等史料,对从社会伦理与实际生活的互动中研究清代婚姻法律的表达形式大有裨益。

以《伦理与生活——清代的婚姻关系》一书为例,该书作者通过图表等大量数据说明,不同社会阶层的婚姻行为、伦理存在很大差异,上层社会与一般民众之间存在不同,为了解清代婚姻法律的表现形式提供视野开阔的社会背景和伦理文化。以卖妻和典妻现象为例,由于该现象在乾隆时期以后有增无减,且日渐蔓延,开始引起朝廷的重视。与丈夫的卖妻和典妻相伴而生的结果是,妇女的拒嫁和弃夫他嫁行为也不少见。就社会分层来看,这些行为多发生在下层百姓中间,而在上层社会较为少见;就地域分布来看,这些行为在沿海经济发达地区明显多于内地,"独特的自然条件和社会环境,使得这些地区的妇女所承受的传统道德包袱,较之中心地区要轻松得多,同时男子对女子也较宽容大度,反映在

---

① 王跃生:《直系组家庭:当代家庭形态和代际关系分析的视角》,载《中国社会科学》2020年第1期。

② 王跃生:《直系组家庭:当代家庭形态和代际关系分析的视角》,载《中国社会科学》2020年第1期。

婚姻关系上,即女子可以较少受约束地表达自己的意愿"①。

《清代民间婚书研究》以婚书为独特视角,把婚书这种当事人持有以用作证据的最直接、最原始的材料视作研究对象,不仅丰富了对清代下层民众婚姻生活的理解,更便于了解清代婚姻缔结和解除的法定程序,从而展现婚姻各方之间、婚姻各方与社会道德以及国家法律之间的真实关系,这是在其他任何史料中都难以具体地和系统地领悟到的。② 婚书是一种特别的史料,与清代典章制度、法律条文及历史背景相结合,通过相互援引参照,呈现出其意义和价值,使研究的内容得到深化,并揭示婚书在社会生活与司法实践中的作用。譬如,在该书第三章"非法婚契"中,作者论及"嫁卖生妻"的契约、典妻文书和其他相关契约、"有妻更娶"的婚约。这类非法婚契,"在民不举官不究的前提下,与被官方认可的合法婚契一样,也是能够对事者起到约束作用的"③。有关婚书的研究,更加便于了解清代婚姻缔结和解除的法定程序。

其二,关于传统中国离婚规范的内容。

瞿同祖在《中国法律与中国社会》一书中,运用类型法建构了中国古代法律和社会的基本特征,分析婚姻法律和礼俗与传统社会的关系,阐释七出、义绝与和离等婚姻解除的方式。④ 陈顾远先生在《中国婚姻史》"婚姻之人为的消减——离婚问题"部分,较为明确地谈到了传统离婚、离异用语的区别及其与现代的不同,"离婚用语与离异等用语殊有区别,盖离婚为言每只以消减与夫家或妻家之姻亲关系为主,而离异云云则非绝对消减夫妻关系不可。故在离婚等事之性质上亦有别于今义也。至于社会对于离婚之态度,并因时代有其所异"⑤。陈鹏的《中国

---

① 郭松义:《伦理与生活——清代的婚姻关系》,商务印书馆2000年版,第507页。
② 参见郭松义、定宜庄:《清代民间婚书研究》,人民出版社2005年版,第11页。
③ 郭松义、定宜庄:《清代民间婚书研究》,人民出版社2005年版,第225页。
④ 参见瞿同祖:《中国法律与中国社会》,中华书局2003年版,第137—142页。
⑤ 陈顾远:《中国婚姻史》,上海文艺出版社1987年版,第234—235页。

婚姻史稿》亦对传统的离婚法制进行了极为全面的研究,包括离婚用语、离婚性质、离婚原因。离婚原因包括违律为婚、义绝、七出、法定原因、政治原因、其他原因。该书还从离婚程序、离婚效果等方面较为全面地阐述了历代离婚的情况、变化,以及离婚与政治的关系、对家庭的影响。① 这使传统中国的离婚制度能够以比较清晰的面目呈现于世,为后代学者进一步研究离婚制度和其他婚姻法制打下了坚实的基础。向淑云在《唐代婚姻法与婚姻实态》中谈到和离之法,"和离是指夫妻双方协议,而两愿分离。足见唐律重视双方意愿,给予适度自由"②。

我国台湾地区学者戴炎辉著有《中国固有法上之离婚法》,该文在分别探讨固有离婚法的本质、种类、用语及刑事法的性格和离婚法的演变之后,重点探讨了两愿离婚、弃妻、义绝、妻之擅去及诉离、离婚之方法及其效力,并认为古代法上的离婚观念、主体方式和刑事法的性格有别。③ 董家遵在《中国古代婚姻史研究》中专门论述离婚的内容,着重分析了汉唐时期离婚与政治的关系,以及协议离婚与强迫离婚的具体情形,认为相对于士大夫以上的贵族家庭而言,贫苦之家协议离婚更加盛行,特别是"应该'从夫'的妇人,在妻方父权强迫之下,竟可与夫离异"④。通过分析七出这一制度的由来及其影响,董家遵认为七出的目的"不是保障婚姻的持久,也不是专给男子以离婚的便利,而是在宗法主义的基础上来维护家族的利益",质疑了"许多人以为古时的'七出'只是'教人之具',不是'御世之准',换句话说,就是说当时的'七出'不过是少数人在礼书说说,没有定为律例或被人采作离婚的根

---

① 参见陈鹏:《中国婚姻史稿》,中华书局1990年版。
② 向淑云:《唐代婚姻法与婚姻实态》,台北商务印书馆1991年版,第131页。
③ 参见戴炎辉:《中国固有法上之离婚法》,载戴炎辉:《传统中华社会的民刑法制》,财团法人戴炎辉文教基金会1998年版,第99—202页。
④ 董家遵:《中国古代婚姻史研究》,载王承文编:《董家遵文集》,中山大学出版社2004年版,第173页。

据"的错误论调。① 这些研究不乏真知灼见,丰富了对离婚制度演变特点的认识。

清代丰富的史料和学者深入的研究,便于了解清代离婚规范及其外部环境。王跃生在《清代中期婚姻冲突透析》中运用具体的案例专门分析了"妻子离婚权的运用"和"婚姻解体中的冲突",认为"官方赋予已婚妇女的离婚权利很少为妇女用来保护自己的利益。即使在利益受到侵害之时,如被嫁卖等,多数妇女也表现出对丈夫安排的屈从。即使不满,也多借助民间手段来解决,妇女社会地位之低在这些方面充分表现出来"。② 并且,"丈夫对妻子的占有权还可以延伸到休弃之后"③。作者运用个案分析的方法,条理清晰地阐明清代离婚缘由和离婚法律规范的实际执行情况。

郭松义的《伦理与生活——清代的婚姻关系》与《清代民间婚书研究》均涉及离婚规范,前者把出妻问题置于宏观的社会背景中分析,认为"无子出妻,等于丈夫给妻子头上悬了一柄利剑,迫使生不出儿子的妻子必须处处赔小心,好似欠了丈夫和夫家一笔偿不清的罪恶债,永远抬不起头来,使本来就不平等的夫妻关系,倾斜得更厉害了"④。这些研究深入分析了由出妻而引发的妇女利益维护对家庭、社会等伦理、生活方面的影响。后者对婚书的研究,阐释了清代婚姻缔结和解除的法定程序,认为清代民间婚书反映出官府断离不是以丈夫出立休书,而是以双方向县衙呈递甘结、存衙备案的形式执行。比如在《清代民间婚书研究》第四章"休书"中,作者在介绍了清律对夫妻离异的有关规定后,开始从具体的民间休书探讨离异的程序和休书的格式、由官府审断的离婚

---

① 参见董家遵:《中国古代婚姻史研究》,载王承文编:《董家遵文集》,中山大学出版社2004年版,第175页。
② 参见王跃生:《清代中期婚姻冲突透析》,社会科学文献出版社2003年版,第26页。
③ 王跃生:《清代中期婚姻冲突透析》,社会科学文献出版社2003年版,第36页。
④ 郭松义:《伦理与生活——清代的婚姻关系》,商务印书馆2000年版,第481页。

文书和案例,以及妻方行使离婚权的律条。作者考证大量的休书后得出结论:"属于违律结亲由官府判离者,多由各级衙门审结时核定,将原定婚书上缴涂毁,聘礼发还或入官,女子归宗或由官媒进行嫁卖。"①至于"类似'七出'和'义绝'一类的情况,官府法律并不予以干预。像这种权力在丈夫及丈夫家族的离异,必须由提出离异者出具文字凭证,讲明离异的原因和有关保证事宜,这就是当时习称的'休书'或'离书'。而一旦官府断离,这样的离异,就不是以丈夫出立休书,而是以双方向县衙呈递甘结、存衙备案的形式执行"②。因此,有关民间婚书的研究为了解下层民众的离婚观念、离婚种类和离婚法制的民间执行力提供了不错的认识视角。

其三,关于传统中国妇女法律地位的演变,以及身份财产的探讨。③

赵凤喈的专著《中国妇女在法律上之地位》,称得上是中国妇女法律史研究的开山之作,有关妇女在婚姻家庭法上之地位的论述十分深刻、见解独到。该书根据法律地位把女子分为在室女、出嫁女和归宗女,她们在婚姻解除中的地位不同,财产身份有别。该书还从离婚的种类与原因、离婚与别居、离婚后男女双方之抚养费和离婚后子女之监护与给养等方面,分析妇女在离婚法中的地位。④ 对于三从原则,赵凤喈将其视为妇女遭受不平等待遇的重要标志,予以猛烈批判,认为"女子可

---

① 郭松义、定宜庄:《清代民间婚书研究》,人民出版社2005年版,第290页。
② 郭松义、定宜庄:《清代民间婚书研究》,人民出版社2005年版,第307页。
③ 例如,赵凤喈在《中国妇女在法律上之地位》(商务印书馆1928年版)中指出,在室女、出嫁女、归宗女在婚姻解除中的地位不同,财产身份有别;史凤仪在《中国古代的家族与身分》(社会科学文献出版社1999年版)中认为,中国古代的离婚制度片面保护男方的利益,基本上不承认妇女有离婚请求权;美国学者伊沛霞的著作《内闱——宋代的婚姻和妇女生活》(胡志宏译,江苏人民出版社2004年版)从内闱视角分析宋代婚姻和妇女生活;美国学者白馥兰的著作《技术与性别——晚期帝制中国的权力经纬》(江湄、邓京力译,江苏人民出版社2006年版)从技术之中蕴含的性别关系探讨中华帝国后期的社会结构及社会核心纽带,并认为社会的核心纽带实质上是夫妻关系。
④ 参见赵凤喈:《中国妇女在法律上之地位》,商务印书馆1928年版,第51—61页。

谓从出生以至于死亡,无日不立于服从之地位;其为家庭所虐待,为社会所蔑视,受种种不平等之待遇,皆'三从'说为之厉阶也"①。

陶希圣在《婚姻与家族》一书中论述了宗法及宗法之下的婚姻、妇女及父子。他认为,大家族的发展有不同的分期,比如西周到春秋是宗法制度,战国到五代是亲属组织的族居制度,宋代以后渐变为家长制的家族制度,20世纪为夫妇制之家族制度,经历了形成、分解、没落的过程。但无论哪一个时期,妇女都不享有掌控命运的力量,决定古代妇女命运的势力有三:第一是家庙及宗统,第二是舅姑②,第三才是夫。③

邓小南则从社会学的视角梳理唐代妇女地位与社会的关系,指出所谓"内外之际"的秩序性规范,不仅规训女性,亦规范制约男性。④ 史凤仪认为,中国传统离婚制度片面保护男方利益,基本不承认妇女有离婚请求权。史凤仪的《中国古代的家族与身分》一书立足于家族的形态与流变,运用古今中外比较研究的方法,分析家族制度对婚姻、亲属以及身份关系的影响和作用。史凤仪认为,所有离婚实质上都是为了家族利益而进行的弃妻行为,无论是法定弃妻,还是法律强制离异,抑或协议弃妻,甚或官府断离。任何一种形式的离婚制度,均为从家族利益出发所确认的规范。因而中国传统的婚姻是家族的婚姻,而不是个人的婚姻,从婚姻的缔结到解除,都由家长操纵和决定,自然离与不离的权利也基本上由家长掌握。离婚制度主要以保护男方的利益为主,至于妇女的离婚请求权基本上不被承认。⑤ 陶毅、明欣合著的《中国婚姻家庭制度史》一书,是20世纪出版的一部婚姻家庭法制史专著,是新中国成立以来婚姻家庭法制史方面的佳作,其中专门涉及了离婚的内容,论述了妇

---

① 赵凤喈:《中国妇女在法律上之地位》,商务印书馆1928年版,第2页。
② "舅姑"是古语对"公婆"的称谓,在分析文献时结合语境使用。
③ 参见陶希圣:《婚姻与家族》,商务印书馆1934年版。
④ 参见邓小南:"内外"之际与"秩序"格局:兼谈宋代士大夫对于〈周易·家人〉的阐发,载邓小南主编:《唐宋女性与社会》,上海辞书出版社2003年版,第97—123页。
⑤ 参见史凤仪:《中国古代的家族与身分》,社会科学文献出版社1999年版,第140页。

女在婚姻中的地位。① 这些研究深刻揭示了传统离婚与家族的关系，为认识妇女身份地位的演变提供了基础。

关于妇女的陪嫁物在婚变时如何处置，毛立平的《清代嫁妆研究》一书正是为解决这方面的疑问而著。在实际的离婚财产处理中，离婚时女方可以带走自己的陪嫁物，妆奁不混同于夫家财产，"这足以说明，妇女拥有对自己嫁妆的独立占有权，这为她们自由支配嫁妆，并利用嫁妆树立和巩固其在夫家的地位提供了前提和保证"②。实际上，妇女对自己嫁资的占有和处置能力的大小，在一定程度上反映了对妇女利益维护的程度。如果把这一问题与西方法律文化中的古罗马法相比较，其发展路径将会呈现迥异的特色，其蕴含的中国特征将表现得一览无余。

聚焦《民法典》中有关离婚的规定，相关的财产身份争议研究成为热点，最引人注目的是离婚后夫妻共同债务的解决。自 2011 年到 2018 年，最高人民法院审理的相关案件已有 100 件③，广泛分布于 26 个省、自治区、直辖市。④ 特别是 2014—2017 年，全国涉及夫妻共同债务的案件跨入每年以"十万件"为计量单位的时代，但恐怕这也只是冰山一角，放眼各地的夫妻共同债务纠纷，可谓波澜不惊的婚姻生活之下仍有暗流涌动。最高人民法院不断颁布关涉夫妻共同债务认定的司法解释⑤，但往

---

① 参见陶毅、明欣：《中国婚姻家庭制度史》，东方出版社 1994 年版，第 244—281 页。
② 毛立平：《清代嫁妆研究》，中国人民大学出版社 2007 年版，第 208—211 页。
③ 在无讼网搜索平台，以"夫妻共同债务"为关键词，以最高人民法院为审理法院，搜索自 2011 年到 2018 年的相关案件，共有 121 件，其中有 21 件争议的问题并非夫妻共同债务，予以排除，所以相关案件总数为 100 件。
④ 山东、福建各 11 件；河北、辽宁各 7 件；江苏、黑龙江各 6 件；云南、四川、安徽各 5 件；内蒙古 4 件；广东、浙江、吉林、贵州、江西各 3 件，甘肃、天津、重庆、上海、山西、湖北、河南各 2 件；湖南、青海、北京、陕西各 1 件。
⑤ 已失效的包括：最高人民法院《关于适用〈中华人民共和国婚姻法〉若干问题的解释（二）》（法释〔2003〕19 号）、最高人民法院《关于适用〈中华人民共和国婚姻法〉若干问题的解释（二）的补充规定》（法释〔2017〕6 号）、最高人民法院《关于审理涉及夫妻债务纠纷案件适用法律有关问题的解释》（法释〔2018〕2 号）。现行的有：最高人民法院《关于适用〈中华人民共和国民法典〉婚姻家庭编的解释（一）》（法释〔2020〕22 号）。

往只围绕简单或边缘问题,如赌债、吸毒债务排除和共债共签。笃信技术性的财产审理方式可以解决夫妻共同逃避债务这一问题的司法人员,不断脚痛医脚、头痛医头地企图制止夫妻共同逃避债务。该问题尚未解决,却导致最高人民法院《关于适用〈中华人民共和国民法典〉婚姻家庭编的解释(一)》第34条更加助长虚构债务之风,司法人员为应对剧增的夫妻共同债务认定案件而焦头烂额。

在100件相关案件中,关涉夫妻共同债务认定的案件有94件,其中适用再审程序的案件有87件,占比92.6%,且约80%的案件中的债务最后都被认定为夫妻共同债务,数据如图1和图2所示。

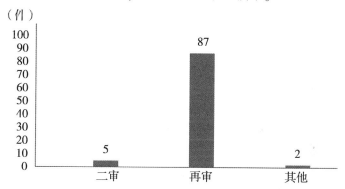

图1 94件关涉夫妻共同债务认定的案件的审理程序

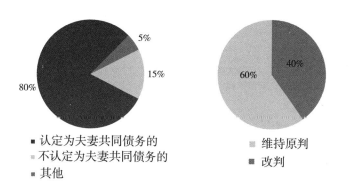

图2 最高人民法院判决结果

最高人民法院的判决惊人地相似,即绝大部分都被认定为夫妻共同债务,但其判决结果或者所依据的规定往往存在矛盾。比如最高人民法院在一案中①,明确否认"夫妻共同生活"的证据,转而又求助于"夫妻共同生活"的认定原则。在另一案中,债权人提出涉案债务为夫妻共同债务,并举证证明,但最高人民法院并未采纳,而是认为"本案所涉债务是石军为相关公司提供担保所负,为相关公司的经营活动而设定,并非因夫妻共同生活所负,也没有证据足以证明相关公司经营活动的收益用于夫妻共同生活,本案所涉债务不应认定为夫妻共同债务"②。在另一案中③,最高人民法院又采用直接推定的方式将涉案债务认定为夫妻共同债务,而由否定涉案债务为夫妻共同债务的非借贷方承担证据不足的败诉结果,致使涉案的担保之债成为夫妻共同债务。该认定原则又与温州市中级人民法院一般不把一方对外担保之债认定为夫妻共同债务的态度相矛盾。④

夫妻共同债务的认定在学术界、实务界和民众的婚姻家庭生活中引起了巨大关注。目前学界存在大量涉及夫妻共同债务问题的研究,但并未着力检讨司法乱象的根源所在,更多的是疲于应对顾此失彼且漏洞频出的司法解释,不再考量传统伦理价值,而是聚焦财产法规则,分析共同债务与连带债务的区别和推定规则,以及举证责任、家事代理权、共债共

---

① 参见张慧敏与高海燕民间借贷纠纷再审案,最高人民法院(2015)民申字第71号民事裁定书。
② 中国农业银行股份有限公司南京建邺支行与石中琦等人案外人执行异议纠纷案,最高人民法院(2016)最高法民申413号民事裁定书。
③ 王琅与李文龙借款合同纠纷再审案,最高人民法院(2015)民申字第752号民事裁定书。
④ 2012年8月7日通过的浙江省温州市中级人民法院《关于审理民间借贷纠纷案件若干问题的意见》第10条规定:"夫妻一方以个人名义为他人借款提供保证或无对价受让债务,债权人主张夫妻应共同承担保证责任或偿还责任的,一般不予支持。"

签等。①

甚为遗憾的是,研究者多依据自己留学时所去往的国家的夫妻共同财产和债务的制度或理论进行讨论,观点相互矛盾之时也难免有重复之嫌,且鲜有追问不同国家对夫妻共同债务的认定采用不同的传统和形态的深层原因,更怠于深究是否与中国夫妻共同债务认定的文化传统和制度背景、民间习惯具有兼容性,以及相关的配套制度在中国是否存在及其适宜性如何等根本性问题。在学术上,现有的相关研究成果尚未对认定夫妻共同债务过程中存在的争议的本质及历史演变追根溯源;在实践中,也没有从民间借贷违约频发的宏观背景关注夫妻共同债务的认定。核心问题是司法解释和法院判决以财产契约属性的民商事规则取代了共同生活的婚姻纠纷考量原则,这一价值取向的偏差,突破了合同相对性,过度保护债权,以致债权规范自身失却了保护债权和管控风险的功能,进而导致夫妻共同债务案件激增。只强调保护债权,不讲债权规范,就会为那些放高利贷者或者职业放贷人以违规违法方式放贷提供可乘之机。这不是鼓励交易,这是制造新的经济纠纷和社会矛盾。②

有鉴于此,立足礼法的发展与交融,研究中国传统离婚制度及观念,可以从夫妻共同债务的法理伦理属性、责任认定原则和责任履行模式等方面阐释夫妻共同债务认定的法律制度变迁及其借鉴,这不仅具有现实意义,而且体现了学术研究的价值。

---

① 代表性成果有:夏吟兰:《我国夫妻共同债务推定规则之检讨》,载《西南政法大学学报》2011年第1期;贺剑:《论婚姻法回归民法的基本思路——以法定夫妻财产制为重点》,载《中外法学》2014年第6期;贺剑:《夫妻财产法的精神——民法典夫妻共同债务和财产规则释论》,载《法学》2020年第7期;朱虎:《夫妻债务的具体类型和责任承担》,载《法学评论》2019年第5期;刘征峰:《夫妻债务规范的层次互动体系——以连带债务方案为中心》,载《法学》2019年第6期;刘征峰:《共同意思表示型夫妻共同债务的认定》,载《法学》2021年第11期。

② 参见马贤兴:《夫妻债务司法认定及实案评析》,法律出版社2018年版,第32页。

(二)国外研究现状

国外学界直接针对本问题的研究极为少见,但有一些比较相关的研究成果,比如中国家族法原理、婚姻与妇女问题等方面的成果,不仅可以丰富文献材料,而且拓展了分析视角。国外主要有日本学者和海外汉学家对中国法律与社会、家族法和我国香港特别行政区法律传统的相关研究。

首先,日本学者滋贺秀三的《中国家族法原理》,对传统中国婚姻家庭关系的身份特征概括精到,是比较具有代表性的研究成果。该书通过引用大量实地考察的报告、对话笔录,解构了传统中国家族法的结构原理。此处论及的家族法,以祭祀传承为终极目标,概括为"父子一体,夫妻一体,兄弟一体",与传统中国"分形同气"以及"宗"的思想一脉相承。"视己之身为亲之生命的延长,视亲之身为己之生命的本源,于是不加区分地视两者为一个生命的连续,这也可以说是中国人的人生观之基本。"①具体到夫妻关系和妇女地位,一定程度上也是一种制衡机制。妻子不仅以丈夫为天,而且与丈夫同体,特别是在丈夫死后,如果是无子的寡妻,她有权替丈夫立嗣子。即便嗣子成为家长,涉及买田置地之类的大事时,依旧需要征得其母同意,不得擅自决定。对于来自娘家的嫁资,丈夫在处置时需要征得妻子的同意,至于首饰细软等妻子的私人财产,丈夫则不能拥有,妻子享有全权的处置权。

其次,美国学者伊沛霞的著作《内闱——宋代的婚姻和妇女生活》,以宋代为时间维度,立足妇女视角,把婚姻生活作为研究对象,描绘宋代妇女的生活状态,以展示宋代社会以及整个中国传统社会历史的发展状况。正如该书作者所言:"宋代妇女生活的语境既包括权力的结构,也包括帮她们将自己定位于这些权力结构之内的观念和符号。它嵌

---

① [日]滋贺秀三:《中国家族法原理》,张建国、李力译,法律出版社2003年版,第29页。

在历史之内,其特征由社会、政治、经济和文化进程塑造并反过来影响那些进程。"①书中也谈到妇女的嫁资,认为宋代妇女的嫁资实际很高,"从嫁妆的角度看,宋代似乎是妻子和女儿们遇上的最好的时期。但是嫁妆在后来遭到的限制多半也始于宋代,因为宋代的儒家学者在女人要求和使用嫁资的问题上流露的感情比较复杂"②。该书作者也关注了妇女角色与家庭和社会的关系,尤其关注寡妻的生活,充分体现了"婚姻是关于一个家族的认识:婚姻对女人意味着什么,与其说一个女人和一个男人结婚,还不如说她和一个家族谱系结婚"③。该书对妇女史的研究和重新审视,不仅仅告诉我们历史上的女人的形象,"还挑动我们重新审视我们对历史和历史进程的理解"④。

这种自觉将妇女史的研究融入整个大社会历史进程中从而对其进行认识的研究,对研究传统中国婚变中关于妇女利益维护的司法机制,具有极大的启发意义。

白馥兰的《技术与性别——晚期帝制中国的权力经纬》,在揭开迷雾重重的物质文化史的同时,也展现出视角独特的妇女史叙事风格。对于性别关系,白馥兰认为,"在中华帝国后期的社会结构中,核心社会纽带是夫妻关系,理想地表现为一种积极合伙人关系。其间,妻子通过在家内的工作,对家庭自身和外部世界作出物质的、社会的、道德的贡献"⑤。

---

① [美]伊沛霞:《内闱——宋代的婚姻和妇女生活》,胡志宏译,江苏人民出版社2004年版,第2页。
② [美]伊沛霞:《内闱——宋代的婚姻和妇女生活》,胡志宏译,江苏人民出版社2004年版,第98页。
③ [美]伊沛霞:《内闱——宋代的婚姻和妇女生活》,胡志宏译,江苏人民出版社2004年版,第176页。
④ [美]伊沛霞:《内闱——宋代的婚姻和妇女生活》,胡志宏译,江苏人民出版社2004年版,第239—240页。
⑤ [美]白馥兰:《技术与性别——晚期帝制中国的权力经纬》,江湄、邓京力译,江苏人民出版社出版2006年版,第288页。

亦有其他西方学者关注中国的家庭和亲属关系①，或者对女性问题②、婚姻史③，以及离婚问题予以关注④，一定程度上拓宽了研究视野。另外，共同财产和债务⑤、罗马私法基础和继承法等研究⑥，具有比较视野的启迪。

国内外学界对上述问题的讨论，为进一步的研究提供了坚实基础，但已有研究过于偏重婚姻史、妇女史和身份法，较少关注礼法发展变化中的离婚制度及其理论探究，以及纠纷解决的司法模式及其理念等，加上学界对传统离婚抨击甚多，更少有关于妇女利益维护的探讨。

对于传统离婚理由，学界很少专门论及。而对于那些可能引起离婚的具体因素，需要深入研究。相对于婚姻家庭史的研究热潮，学界较少进行离婚法制的基础性研究，对离婚制度多元协调机制与相关纠纷解决的司法模式也较少进行扎实梳理，对传统中国离婚肇因虽有涉及，但对不同离婚理由和因素，特别是离婚制度的哲学基础、结构体系和演进规律的理论探讨，以及对离婚案例、司法运作和救济机制的全面动态分析，则明显不足和薄弱。至于不同协调机制各自适应的社会条件与背景，产生、演变的共同规律，以及其与婚姻制度、家庭关系、社会关系、经济与政治制度等的关系的探讨，更付之阙如。

可以预见，学界研究会进一步深化，表现为研究者不再满足于男权社会中妇女在离婚时毫无权益维护的简单结论，而将研究的触角深入离

---

① See Hugh D. R. Baker, Chinese, Family and Kinship, Columbia University Press, 1979.

② See Vern L. Bullough, Brenda Shelton and Sarah Slavin eds., The Subordinated Sex: A History of Attitudes Toward Women, The University of Georgia Press, 1973.

③ See R. B. Outhwaite ed., Marriage and Society: Studies in the Social History of Marriage, Europa Publications Limited, 1981.

④ See Gwynn Davis and Mervyn Murch, Grounds for Divorce, Oxford University Press, 1988.

⑤ See James L. Musselman, Rights of Creditors to Collect Marital Debts After Divorce in Community Property Jurisdictions, Pace Law Review, Vol. 39, 2018.

⑥ See George Mousourakis, Fundamentals of Roman Private Law, Springer, 2012.

婚发生的各个层面进行分析;对于男权社会中妇女在离婚时的利益维护也不局限于毫无生存空间的模式化认识,而将进一步探讨离婚中妇女利益维护司法模式的主要体制、保障内容和社会成因;同时,从中归纳出离婚纠纷解决的司法模式及对妇女利益维护的演进规律,提炼妇女利益维护的基本理念,以便在法律制定过程中体现妇女利益维护的文化理念,使相关研究为妇女权益的保护提供社会文化上的经验教训和历史借鉴,使其更具有实际价值。

因此,随着新材料的增多和新研究方法的出现,立足案例的收集和分析,探究传统中国的离婚制度及观念,关键在于揭示礼法融合与此消彼长过程中七出、义绝、和离和违律婚断离等离婚制度的演进历程及其规律、结构特点、思想逻辑与历史借鉴等,形成一系列突破性研究和创新性认识,实现独特的学术和实践价值。

立足礼法融通探究中国传统离婚制度及观念,有利于提供认识传统中国离婚制度的新视角,澄清历史认识误区。学界长期以来形成一种思维定式,认为在"男为天,女为地"的男尊女卑的古代社会,婚姻制度是保护丈夫及其家族的单向权力(利)结构,妇女社会地位低下,离婚时没有权益保障可言。这种"标签式"认识有失全面和公允。既然学界对古代离婚持有排斥态度,当然鲜少从中研究妇女权益维护。实质上,这种对家庭和社会秩序单一而肤浅的理解,实乃历史认识的误区。简单专制式的家族单向权力(利)结构并非中国古代社会秩序,尤其是婚姻家庭秩序的实际情况。这种认识是对历史简单贴标签,有失全面和公允,需要对其正本清源。

另外,目前有关礼法融通中离婚制度及观念的研究缺乏整体性、系统性、专业性,也没有注意到离婚纠纷的司法处理在制约男权之时,客观上也相应地保障弱势妇女的利益这一特点。礼法视角阐释了官府通过国家强制和自主意愿并举,道德伦理与诉求协调兼用的处理离婚纠纷的多元机制、观念与司法模式,维护婚姻家庭稳定与社会和谐。这与罗马对婚变中妇女利益的维护从权力能动,经由合意离婚成风,到宗教约束的历史发展路径形成鲜明对比。

可见,围绕离婚的制度和观念,着重研究离婚制度及观念形成过程中的伦理依据,礼法融通律制度,从而分析离婚制度设计之中国特征,必将弥补该领域法律史研究的不足,实现学术上的突破。这对此前的研究是一个重要的补充,也提供了认识古代制度与司法的一个窗口,开启了有关传统中国礼法研究的新视角。该研究力求实现认识上的突破,具有一定的学术价值。

礼法融通中离婚制度及观念的研究有助于解释和适用离婚法律制度,从而提供有针对性的理论支撑和立法启示。现行离婚制度中感情破裂的法定离婚理由给离婚双方充分的自由,几乎没有限制,或者现有的限制没有发挥应有的制约作用,致使离婚成本极低,离婚变得愈发容易和草率,从而引发诸多社会问题,特别是骤降的结婚率与陡然升高的离婚率以及生育意愿日益下降等,亟待从传统离婚制度中获得有益启迪,以古鉴今。诸如离婚率上升、离婚诉讼中受害方举证困难、弱者权利得不到救济、不愿离婚方的利益受到损害,以及把离婚当作套取利益的手段等问题,都在困扰离婚争议的解决。因为"一个人无论何时何地肯定会找到适当的动机来考虑的利益,唯有他自己的利益"①。这些问题不断变化和蔓延,必然使得婚姻的神圣感和责任感大大降低,不可避免地导致社会道德水平下降和社会公德观念淡漠,现行婚姻法律制度中的离婚理由日渐背离引导婚姻向善的实际意义,很难发挥法律对婚姻的积极预测和指引作用,而"法律的实际意义应该是促成全体人民都进于正义和善德的(永久)制度"②。这些问题的出现,恰恰说明以感情破裂作为法定离婚理由的单一考量存在很大的局限性,值得深入分析。

传统离婚制度无论是在立法理念上,还是在司法判决上,都与现行

---

① [英]边沁:《道德与立法原理导论》,时殷弘译,商务印书馆2000年版,第351页。
② [古希腊]亚里士多德:《政治学》,吴寿彭译,商务印书馆1965年版,第138页。

离婚制度有很大不同。因为官府处理各种离婚纠纷,是在稳定婚姻,维护儒家伦理、宗法伦理的过程中达到对妇女利益的维护。由于儒家的治国理论始于治家,治家的男权之下关注妇女利益的仁道观,运用包括过错、无过错和折中主义的混合处理方式,多方位综合协调离婚时妇女的利益,其与维护合法的聘娶婚、倡导婚姻稳定、劝和不劝离等理念,一并构成官府判决离婚的基本原则。这种重视婚姻伦理和责任的文化理念具有穿越时空的影响力,是至今仍默默起作用的社会实际法和民族精神。

当下"不婚""不育"与"闪离"观念蔓延,说明婚姻法和离婚制度不能给婚姻提供足够的安全保障。离婚诉讼中的妇女利益维护面临诸多不利处境,如法定离婚理由立法标准的模糊性致使妇女难以取证,离婚诉讼自身的程式化愈发加剧婚姻变动,离婚救济制度的形式化置妇女于不利地位等。这迥异于传统中国官府根据不同情形区别不同离婚理由,从而在不同面向维护妇女利益的差别处理模式,即在男权社会中,妇女是弱者,须对其予以保护,"前贫贱后富贵""有所取无所归",不得去妻;在宗法制度下,妇女操持家务和延续香火,是有功者,得尊崇,故而"与更三年丧",不得休妻等。这些处理模式所实现的社会效果明显不同。

古今中外的对比有助于理解离婚诉讼或解决纠纷的制度设计、立法规范、司法判决,以及其中综合兼顾的利益考量,从而实现既保障离婚自由又重视婚姻责任,以及保护妇女等弱势群体的价值理念。

维护宗法伦理是官府处理婚姻纠纷的基本原则,而传宗接代、承祖祭祀、相夫教子等又是古代妇女的基本职责。官府在调判离婚纠纷、维护宗法伦理之时,实际上也在维护离婚妇女的利益。传统离婚纠纷处理中依法裁断,参考经义礼制、天理人情的文化理念,为保障妇女权益提供了本土资源的创造性借鉴,具有实践价值。

在与近代欧洲的比较中,离婚制度彰显了中国特征。国家限制离婚,处罚无故出妻的男子,形成了兼顾与衡平的保障机制。古代中国通过国家、家庭、个人及社会伦理机制,调整离婚中妇女的身份财产利益,并随国家、家庭、个人的消长,呈现从重视家族事务逐渐向重视个人事务演变的趋势,愈发维护妇女利益。这与近代欧洲的发展路径形成鲜明对比:罗马帝国后期,无夫权婚姻流行,合意离婚成风;中世纪宗教婚占据主导,盛行婚姻不消解主义,以别居取代离婚。离婚既成奢望,更勿言婚变中妇女权益的保障。

礼法融通中离婚制度及观念呈现的多元调整机制对今日中国法律制度建设具有借鉴意义。在男女尚未真正实现平等的社会,需要建构有效机制,以确保将离婚给妇女及利害关系人的伤害降至最低。通过男女差别保护,实现保障弱势配偶的离婚制度理念,值得创造性借鉴。从传统中汲取本土资源,能够使婚姻法更加完善,切实保障那些离婚后经济上处于弱势地位的妇女不因离婚而陷入贫困。

三、研究思路和方法

本书对法学、历史学、社会学、政治学、人类学等多学科研究方法有所运用,其中重点运用法社会学和历史法学的研究方法。法社会学研究方法注重研究"行动中的法",对礼法融通过程中中国传统离婚制度及观念的研究从众多的案例出发,可以了解当时的习惯法、民间法和伦理法,从而探讨国家成文法在社会生活中的折中和变异。历史法学研究方法则认为法是民族精神的体现。离婚制度、观念理论和纠纷解决的司法模式研究须与民族传统、地理环境相结合,阐述其生成的文化动因。

法社会学研究方法注重从社会实际法入手进行研究,尤其关注那些通过社会知识的沉淀,被国家默认或容许的社会生成法。研究传统离婚制度及观念须从"行动中的法"入手,考察成文法与习惯法、民间法和伦理法的相互关系,深入分析不同保障机制的政治、经济和文化成因及在不同历史条件下成为人们行为规范的过程,而不仅限于法条和法官判决中的成文法表达。

历史法学研究方法注重从民族的历史和风俗习惯中发现、认识法律。法律和一个民族所特有的语言、生活方式和素质一样,是一个民族特有的技能和习性,在本质上将一个民族不可分割地联系在一起,具有明显属性。这些属性之所以能融为一体,是由于民族的共同信念。研究古代婚姻变动中妇女利益维护的司法模式及其理念也需要透过法律条文去探析条文背后所蕴含的深意,与中华民族的性格、文化、地理环境相结合,分析礼法融通中引发离婚的诸多因素。以小见大,阐述中华民族历史上"共同的法"或"同一的法",为破解"文化密码"尽绵薄之力。

此外,其他的研究方法也会有所涉及。

一如典章梳理法。围绕不同主题,纵向梳理不同典章关于离婚制度、惯例等的规定,以及礼法融合与此消彼长中离婚制度的演进历程及其规律、结构特点、思想逻辑与历史镜鉴,从而揭示离婚纠纷处理的司法模式中体现出的兼顾与衡平机制。离婚制度的设计建立在婚礼大本的基础上,而婚礼的建构蕴含家国天下情怀的价值,是先贤智慧的集中体现,为解读文明密码和社会结构之钥匙。

二如案例分析法。选取有代表性的案例,有利于深入分析七出、三不去、义绝、和离的区别和联系,从独特的学术视角,运用统计学、经济学和社会学的方法对微观个体的需求进行离婚制度的理论和实证研究,立足地方档案、契约和碑刻等阐释制度设计所发挥的治理效能。家人作为法律主体参与离婚纠纷的解决,不仅有利于发挥制度适用性、保障决定公正性,也助益于实现婚姻家庭伦理道德与人文精神等的良性互动格局。

三如离婚制度的历史和域外比较法。关注不同历史时期、不同离婚情形下的离婚纠纷判决中礼法的此消彼长,以及与制度奠基时期的古罗马离婚制度实为历史和比较研究的基础。同时,通过分析明清江南、徽州、赣州、龙泉等地区的典型案例,寻求离婚纠纷处理在经济发达地区以及资本主义萌芽对传统的撞击中,解纷缘由和说理的变化过程和发展趋势,从中阐述国家与家族之间产生深层次互动的路径,进而揭示明清时期不同地区社会环境、自然环境、农业生产、市镇文化等各种因素,对于离婚制度及观念的发展及文化性格的形成所起的重要作用。特别是礼法融通进程中,影响离婚纠纷这类家事争议案件判决的因素复杂多样,并成为推动离婚法律制度和观念变迁的关键内容。

四如系统论方法。将对离婚制度及观念的考察纳入社会整体背景,把握引发离婚的诸要素之间的关系。既有规范分析方法中的规范研究是法学研究中最基本和最重要的方法。礼法融通的离婚制度及观念研究根据外在体系和内在体系理论,对制度相关的概念进行系统的规范分析,为婚姻家庭法的身份属性和司法解释的民法属性之间的理论冲突寻求解决之道,融贯人类命运共同体的社会根基和践行路径。在礼法交互融通中研究离婚制度及观念,助推家风在基层社会治理中的功能发挥,深挖其合理性、自治性因素和民主性精华,以及实现家族乃至社群共同富裕的因素,为治理体系的完善与治理能力的提升提供坚实的文化基础和智力支撑。

五如跨学科综合分析法。充分运用社会学、政治学、历史学、法学、人类学等相关理论,全面分析唐代形成的以七出、三不去为基础,义绝为手段,和离、违律婚断离为主要补充的内在结构,以便呈现礼法交融、协调妇女地位和利益的处理离婚纠纷的司法模式的鲜明特色。

由于古代婚姻的效力始于定婚,所以离婚范围较广,需要深入研究。整体而言,采用分层探究、结构解析的运思理路甚为必要:首先,从对立法、判牍和案例的梳理中说明引起离婚的各种因素;其次,分析不同离婚肇因中处理纠纷的不同方式;最后,阐明离婚制度的理念特征和司法模式,提炼出其中蕴含的中国特征及启示,从而弥补该领域法律史研究的不足,进而为维护婚姻稳定、促进家庭和谐,以及建构社会伦理提供借鉴。在离婚剧增、婚姻责任感减弱的社会转型期,这一研究亦颇有启示作用。

在男女尚未实现真正平等的发展阶段,在离婚诉讼中妇女利益的维护面对诸多不利处境的社会背景之下,法社会学和历史法学研究方法的运用,有利于更加系统地探讨中国传统离婚制度及观念中的多元机制及司法模式,总结该机制和司法模式的立法理念和结构特点,分析至今仍默默起作用的传统因子,进而在古今中外对比的基础上,指出诉讼离婚中各方利益衡平兼顾的价值取向,以便在法律制定、修改和司法实践中创造性地借鉴历史资源。

四、几点必要的说明

从礼法视角揭示中国传统离婚制度的立法演变、司法模式、理论内容与观念特色,这本身就是一个富有创新性的研究。在男女尊卑有别的古代社会,一旦发生离婚纠纷,官府便会利用宗法伦理、道德法律等机制限制男权,协调妇女利益,达成礼法融通。另外,传统离婚制度及观念研究的时间节点、涵盖内容和涉及范围都需要予以说明。

(一)学术创新

随着考古资料、中央和地方档案以及契约文书的陆续发现和整理,离婚文书、案例和惯例方面的内容日益丰富,系统考察和深入研究中国传统离婚制度及观念,从中分析礼法变化,有助于澄清认识误区,深化对离婚制度及特点的认识,弥补学界研究的不足,极具创新意义。具体来讲,学术创新性体现在以下几个方面。

一是新的研究角度的开启。从案例出发,把礼法融通作为运思理路的切入点,揭示离婚制度及观念,探究纠纷解决的司法处理模式如何在男尊女卑的社会中实现妇女利益维护,开启解读传统法律文化的新视角,有助于更为动态、客观地还原传统中国离婚争议的真实面貌。基于大量新搜集的地方档案、契约、文书等,从界定中国传统离婚理由的视角揭示蕴含在离婚制度中的思想理念、机制内容和司法模式,总结其历史演变的特征规律、社会成因和现代启示,既利用了新材料,又使立意新颖、理论创新,开启了法律史研究的新角度。

二是礼法融通中离婚制度的多元调整机制的新颖论断。七出、三不去属于道德保障机制。七出的提出在于矫正弃妻之风,同时规定三不去,防止男子富贵休妻,保障为公婆尽孝和无娘家可归的妇女的婚姻家庭权益。义绝属于国家协调机制,双方家庭成员有互伤的义绝情形时,官府强制离婚;明清更为关注夫妻关系,为受到家庭暴力的妇女提供救济。和离体现诉求机制,夫妻双方不和的可以离异,女方也可以提出离婚。违律婚断离注重伦理机制,女方不必负刑事加重责任。定婚撤销运用习惯机制,引导善良风俗,男方因战争或犯罪数年无法完婚者,女方在一定年限后可以解除婚约,强调意愿机制。另有政治原因而离婚的政府强制机制。

三是离婚制度内在结构的新结论。该结论澄清对传统中国家庭秩序、离婚纠纷司法裁断的简单化的单向权力(利)结构的认识误区,指出离婚制度及观念、纠纷解决的司法模式在启动主体、程序要求、裁决依据和判决结果上呈现出明显的特色,具有"国家、家庭和个人"三位一体的结构特点。义绝是国家意识表达,维护社会安定;七出是夫家意识表达,照顾家庭利益;和离是夫妻意识表达,考虑个人感受。该结构在违律婚断离形成的社会伦理圈中,实现道德和伦理的和解。同时,官府通过国家强制和自主意愿并举,道德伦理与诉求协调兼用的解决离婚纠纷的多元司法模式,维护婚姻家庭稳定与社会和谐。

四是离婚制度演进规律的新见解。随着社会变迁,离婚制度渐失家族性而更加重视婚姻关系,关注婚姻中的女方利益与男方责任分担,国家干预日益弱化。该制度设计愈至后世愈益关注夫妻关系,是婚姻制度、家庭关系、经济条件和政治制度等社会文化变迁的产物。

五是离婚理由全面考量的新见解。传统中国官府处理离婚纠纷时秉承劝和不劝离的理念,遵循过错、无过错和折中主义的离婚理由的全方位考量原则。其中,七出是过错离婚,和离是无过错离婚,义绝是对双方家族矛盾的折中处理,从而实现对无过、有功和弱势女性群体的整体保护,实现夫妻双方、家族之间的利益平衡,使礼法和谐融通。

在维护男权时,离婚制度也相应保障妇女利益,具有兼顾与衡平的特点。在男权社会中,妇女是弱者,须对其予以保护,所以"前贫贱后富贵""有所取无所归"的,不可去妻;在宗法制度下,妇女操持家务和延续香火,是有功者,得尊崇,故而"与更三年丧"的,不得休妻;在婚姻生活里,妇女品行无过者要保障,严惩男子的任意休妻行为。传统离婚中保护无过者、有功者、弱势者的仁道观,构成妇女权益保障机制的理念,并适应相应的社会条件及文化变迁,实现当时社会条件下的公平正义,为今天解决婚姻和妇女权益保护问题提供借鉴。

宗法社会是中国传统离婚制度及观念的宏观环境和文化背景,在家庭关系的和谐度与两姓交往的融洽度之考量中占据至关重要的地位,并在很大程度上决定婚姻关系的走向。官府在处理离婚纠纷时维护弱势妇女正当利益的司法裁断,也是对儒家伦理和宗法伦理的践行。

(二)具体说明

在礼法融通之中研究中国传统离婚制度及观念,有三个核心层面无法回避:一是要阐明离婚制度的不同理由奠基于礼、引礼入法、礼法消长的演变历程、深层结构、规律特点等;二是要分析不同离婚理由引发的不同离婚争议的多元调节机制、运行机理,以及离婚纠纷的司法判决模式的主体、程序、依据和结果的特征和礼法的具体运用、功能发挥;三是要说明植根于离婚制度中的离婚观念以礼为核心,体现儒家伦理的传统特征,迥异于古罗马的离婚理念,对当代极富借鉴意义。对此还需要作几点具体说明:

其一,时间的界定。对中国传统离婚制度及观念的研究,时间上从先秦开始,持续到1840年鸦片战争之前。先秦之前的离婚风俗习惯,以及近代以来离婚制度的近代化进程,暂不考证。

中国是一个具有制定法传统的大国,有关离婚的法律规定层出不穷。但因为时代久远和社会动乱等原因,保存下来的法典及离婚的相关规定甚少,给研究带来一定的困难。目前的研究只能根据现存较早的法典律令,如《唐律疏议》、唐令等的相关规定予以阐述,但并不排除新的有关离婚制度的资料被发掘及出土的可能性。

其二,范围的界定。礼法融通中传统法定离婚制度及观念的探究对象以汉文化圈为主体,至于少数民族的离婚习惯和风俗,暂不涉及。在介绍离婚法制时,范围限定在法典中的四大离婚制度:七出、义绝、和离以及违律婚断离制度。其他的离婚原因和规范,由于没有形成法定的离婚制度,暂不作专门考察。

其三,内容的说明。由于古代婚姻以从夫居为主要形态,夫家是婚姻的主要载体,故离婚法律制度的研究以此为内容展开,而赘婿婚等特殊婚姻形式的离婚,除非有叙述的必要,否则一般不单独分析。传统中国实行一夫一妻制,无论纳妾多少,合法的妻子只有一个,因此,在探讨法定离婚制度时,重点在于合法夫妻的离婚。对于妾的休弃、离异,除非有叙述的必要,否则一般不专门探讨。

离婚制度在礼法融通中不断演进,其特点呈现多面性。分析重点在于符合离婚制度发展趋势的变化规律,力求能够从制度变化的历程中获取某些有益之处。至于那些不尽合理之处,前人已经做过深入分析,毋庸赘述。

第一章　礼法下的离婚观念

礼法调整下的传统离婚制度及观念,从本质上来讲,与如今婚姻关系破裂的无过错离婚有很大的不同。处理离婚纠纷的司法官员,也并不是积极主动地维护婚姻中弱势方的利益,而是在履行婚姻之礼中稳定婚姻,维护儒家伦理、宗法伦理①,从而客观上实现了保护离婚中无过错妇女的目的。

第一节　离婚观念中的儒家家族伦理

儒家之礼的治国理论始于治家。儒家认为"家齐而后国治,国治而后天下平"②,家自然成了实现礼仪道德教化的核心③。治家的前提必然是婚姻稳定,这在客观上限制了丈夫随意离婚,自然也维护了妇女的婚

---

① 正是在这个意义上,现代学者多数认为古代妇女毫无离婚权,只能坐等男人休弃。一旦离婚,就会脸面顿失,走投无路,只能自杀。这其实更多的是文学作品中的"脸谱化"效应所致,如《孔雀东南飞》中的刘兰芝,便是古代婚变中妇女形象和命运的代表。实质上,这并不是立法和司法实践中的真实情形。
② 《礼记·中庸》。
③ 能否处理好家庭关系,在家里成为模范,是考察一个人德行的最好标准。这就是"刑于家",这里的"刑"通"型",就是成为样本、榜样之意。早在传说时代,这已经成为考察未来部落首领的重要方式。据《尚书》记载,尧年老之时,需要选择未来的部落首领,当时岳举荐了舜,称其"瞽子。父顽,母嚚,象傲,克谐。以孝烝烝,乂不格奸"。为了考察舜,尧把自己的两个女儿娥皇、女英嫁与舜,以便了解舜的德行。尽管这个说法未必属实,但反映出了儒家重视家庭和睦的伦理观。

姻家庭稳定。当然,稳定婚姻、限制离婚观念的建构需要诸多方面的努力。

一、儒家婚姻伦理中的夫妇之义

传统中国以"义"来定义婚姻之礼,并以是否符合"义"作为衡量婚姻关系是否适宜的准则,进而上升为判断其是否符合道德规范的标准,从而区别于动物寻偶求伴的本能。当婚姻之义被破坏,在法律层面解除婚姻,就是不可避免的结果。

(一)作为衡量婚姻关系准则的夫妇之义

"义"字被先人引入婚姻缔结和终结的判断标准之中,使夫妇之义成为衡量婚姻关系的准则,因而夫妇之义绝也是婚姻关系解体的必要条件之一。为什么要把"义"这个字引入婚姻,这是个很值得考究的问题,即为什么不用其他字,如信、仁、智、和、缘等,而偏偏用义?从词源学上讲,"义者宜也"①,就是适宜、合适。谊、宜同声同韵,为同源字,无需另外解释,皆为宜。因而在古文之中,"义"又往往写作"宜"或"谊","义"与"宜"通假,可见于《礼记·中庸》。另外,《汉书》之中也常常见到类似词组。"义"的含义从最初的"适宜、合适"变为后来的"道德规范"经历了一个发展过程。

(二)道德规范层面的义

在孔子的思想体系中,"义"即指原则。孔子在《论语·阳货》中认为"义以为上"②,即凡事要符合一定的原则方为可取。《礼记·中庸》的"义者宜也",强调恰当合适之意。孟子则将"义"作为一项道德规范,在《孟子·离娄下》中称"义"是"人之所以异于禽兽者"③。荀子在《荀

---

① 《礼记·中庸》。
② 《论语·阳货》。
③ 《孟子·离娄下》。

子·王制》中更进一步把"义"视为人生的价值所在,"水火有气而无生,草木有生而无知,禽兽有知而无义,人有气、有生、有知,亦且有义,故最为天下贵也"①。"义"作为一种道德规范,集中代表了古人的伦理思想。比如,班固在《汉书·刑法志》中认为,人作为"有生之最灵者也"②,能够结成群体、组成国家的基础在于知晓伦理。在强调群、重视义的儒家思想中,通晓伦理是"人之所以异于禽兽"的关键所在,故《礼记·曲礼》称"夫唯禽兽无礼,故父子聚麀。是故圣人作,为礼以教人,使人以有礼,知自别于禽兽"③。人禽之辩的理论是建构古代婚姻制度的基础,别于禽兽的夫妇之义重在强调婚姻的社会性、身份性,从而防止淫癖和乱伦,最后达成社会整体上的和谐。

(三)人禽之辩的婚姻基石

别于禽兽的夫妇之义重在强调婚姻的社会性,重视社会整体的和谐。由于婚姻的目的从来不涉及男女本人,所以瞿同祖言:"男女的结合而需顾及夫妻本人的意志实在是不可想象的事。"④别于禽兽的婚姻之礼必然需要一系列规范,对人类动物性的本能欲望进行压抑,维护人伦道德的大本。在男女授受不亲的伦常中,谈婚论嫁是双方家庭的事情,男女双方不能随意接触和表达感情,议婚必须依靠专门的媒妁进行。《礼记》要求"男女非有行媒,不相知名;非受币,不交不亲"⑤。媒妁之言相对于古代的掠夺婚而言,的确是一种进步的表现,它沟通了两个家族,便利了家族间的联系,既满足了宗法制度的需要,又有利于国家的稳定,同时也可以避免男女双方私奔,挑战伦理秩序,最终达到巩固家长制的目的,而且可以用婚姻六礼来保证婚姻程序的合法性。当谈到婚姻关

---

① 《荀子·王制》。
② 《汉书·刑法志》。
③ 《礼记·曲礼》。
④ 瞿同祖:《瞿同祖法学论著集》,中国政法大学出版社1998年版,第98页。
⑤ 《礼记·曲礼》。

系的解除时,当然不可能任由男女双方自作主张。义绝的强制离婚就是明显的限制。一旦出现了对双方亲属的伤害行为,不管男女双方的感情如何,婚姻都必须解除。这里维护的是婚姻的大义,牺牲的是夫妻的"小利",也是维护家族利益所应有的选择和取舍。

二、婚姻解除中家族的主导作用

传统婚姻的缔结是双方家族的事务而不是基于个人的感情,而建构在市民社会基础上的现代婚姻本质上是个人的私务,两者是完全不同的。后者强调婚姻以男女双方的感情为基础,重视其自由性和独立性。上述婚姻理念是随着社会的不断发展而逐渐发展起来的。

(一)双方家族事务而非个人感情的婚姻取向

以义为纽带联结夫妇关系,唐代把破坏夫妇之义的义绝行为载入律典,作为婚姻解体的重要原因,其目的是从法律上维护家族关系。唐代把对双方家族成员及成员之间的伤害行为作为打击的重点,否则任由其发展,必然会使婚姻的纽带——义的联结作用消减,最终动摇国家的基础。引礼入律从汉代开始,到唐代基本完成,唐律被评价为"一准乎礼""得古今之平",这种美誉说明家族伦理法律化在唐代达到了极致。"在家族制度下,男女婚姻即限之以'必告父母'、复拘之以'非媒不得',故千年来恒河沙数之青年男女,一变为受命结婚之工具,伉俪之爱,仅为婚姻之副产品而已。"①在这种意义上说,"在中国的婚姻制度中,男女本人之个性的情爱的要素,被极端地忽视,尤其是女性一直处于被压迫的地位"②。婚姻的目的是"将合二姓之好,上以事宗庙,而下以继后世也"③,由此可以看出,婚姻既有对祖先的考虑,也关涉千秋万代的子孙

---

① 陈鹏:《中国婚姻史稿》,中华书局1990年版,第13页。
② [日]滋贺秀三:《中国家族法原理》,张建国、李力译,法律出版社2003年版,第389页。
③ 《礼记·昏义》。

兴旺，唯独没有对男女双方的个人感情和浪漫爱情的考虑。这并不是说古人没有对浪漫爱情的追求，因为《诗经》的很多篇章都是记载刻骨铭心的爱恋的。从《汉广》中就可以看出主人公对汉水游女的爱慕之情。即便是为她牵鞍、喂马也在所不惜，但由于整个社会都没有给予男女双方婚姻的自主权，其结果只能是"不可求思"①。同时在以"聘则为妻，奔则为妾"②为主流意识的社会，男女双方终究难逃婚姻被包办的命运。在聘娶婚制度下，青年男女要正式结婚，非得有媒人在中间牵线、撮合不可，否则只能自取其辱。正如太史敫对私定终身的女儿说："女不取媒因自嫁，非吾种也，污吾世。"故"终身不睹君王后"。③ 到了战国时期，孟子总结性地说："不待父母之命、媒妁之言，钻穴隙相窥，逾墙相从，则父母国人皆贱之。"④

正当合法的婚姻只能由两个家庭来完成缔结，通过第三者（媒人）的穿插协调，不断进行沟通联结，双方的门第、身份、聘财、嫁资都在考虑之列。几个回合的辛苦斡旋之后，才可能达成正式的契约，宣告婚姻成立。这对于两个家庭来说是件大事，妻子的名分、地位具有不可动摇性，所以，明清有关义绝的立法才会把"以妻为妾"作为法定的离婚原因。这关注的不仅仅是妻子作为婚姻主体本身应享有的正当权利，更是因为妻妾失序会导致两个联姻的家族外交失谐。春秋时期的秦晋之好、宋楚结盟等都是以世代联姻的方式来达到政治势力的扩张。有时即使妻子被休弃，双方也会继续维持姻亲。所以《刑案汇览》中才会有即使夫死妻嫁，妻子也不能义绝于夫之父母，一旦有侵害行为发生就必须以服制来定罪，按以幼犯尊加倍处罚的规定。

---

① 《诗经·国风·周南·汉广》。
② 《礼记·内则》。
③ 参见《史记·田敬仲完世家》。
④ 《孟子·滕文公下》。

(二) 由家长决定而非基于当事人合意的婚姻

婚姻经媒妁之言,由父母作主,在得到法律肯定的同时,也成为民间法为家法族规所认可。章溪郑氏家规规定,如有"匪耦相从,似妻非妻、似妾非妾者,虽已生子,止作外妇论"①,死后不得入祠堂。另有镇江颜氏家规规定,如有"来历不明、私奔苟合"的情形,除将本人治以不肖之罪外,所纳之人不论为妻为妾,概不许载入宗谱。② 当然,缔结婚姻之后,如果两姓家族之人发生互相伤害行为,则交由国家进行处理。

唐代最早把义绝载入律条时,对男女双方之间的互伤行为规定得极少,仅有的"妻欲杀夫"更多的也是因为谋杀夫就是对夫之父的伤害,损害了家长的尊严。在这种情况下,妻子的行为不仅造成夫妇之义的丧失,也使妻子失去了自己的名分和地位。义绝从反面证明了家长的尊严是凛然不可侵犯的。义绝不仅指夫妻双方间的伤害行为,更包括媳对舅姑、婿对翁亲的伤害行为,这从《刑案汇览》的很多案例中都可以看出来。③ 家长不仅享有主婚权,决定着整个婚姻的建立,而且其某些行为会成为法定的强制离婚要件,此时即使婿杀害了翁亲,也不会按服制论,承担以卑犯尊的加重刑,只以常人论即可。

既然婚姻是两姓间的结交,婚姻的决定权就操纵在两个家长之手,故有"父母之命、媒妁之言"④之说,这种结婚原则在周代已经形成,并成为后世遵循的标准。婚姻中家长的权力和地位是至高无上、不可动摇的,任何对家长权威的破坏都是对婚姻之义的破坏。⑤ 而对于妻子来说,即使只是辱骂舅姑等尊长,也都属于义绝所列举的对夫妇之道的破坏,直接后果是导致婚姻解除。婚姻解除后,即便有对男方父母的

---

① 《章溪郑氏宗谱》,1931年本,卷首。
② 参见《古润颜氏宗谱》,1915年本,卷七,《祠约》。
③ 参见(清)祝庆祺等编:《刑案汇览》,北京古籍出版社2004年版,第145—146页。
④ 《孟子·滕文公下》。
⑤ 参见《白虎通义·嫁娶》。

不恭敬行为等,女方也不必承担身份上的刑事加重责任。从这一角度考虑,婚姻解除时考虑到了妇女的利益。

第二节 离婚理由中的宗族延续使命

传统中国礼仪中对婚姻伦理道德的经营,夫妻名分的关注,家庭纲常的倡导,儒家学者可谓煞费苦心。尤其对离婚妇女的要求及其地位的设定,更为不可或缺。滋贺秀三在《中国家族法原理》中分析得极为精辟:"女性因婚礼之举行而被列入确定的夫家之秩序之中,因为名分已经确定,所以只要女性愿受压迫,在社会功利的意义上,妻的地位就是充分安定的。"①一旦女子不安于现状,出现了伤害姻尊亲的行为、奸非行为、谋杀丈夫的行为,则夫妇之义即绝,妻的名分顿失。

一、上合祖宗的离婚担当

婚姻的社会性突出表现在宗族延续上。《礼记·昏义》明确定义了婚姻的作用是"将合二姓之好,上以事宗庙,而下以继后世也"②。这个定义所考虑的,既有两个家族的关系,又有对祖先供奉血食的义务,更有广继后世的重大责任。很明显,这些都是在强化婚姻的宗族性,扩大婚姻的社会功能,淡化或消除男女双方的主体意识,使夫妻双方都尽可能地把婚姻的成就感建立在整个家庭的发展上,并能够从中看到自我价值的实现和转化。

随着婚姻观念中家庭意识的强化和个体意识的淡化,婚姻更好地发挥着和睦家庭、稳定社会的作用,实现延续家族、传承社会的功能。这种婚姻伦理观念一旦成为主流意识形态,就会转化成潜意识深深影响婚姻

---

① [日]滋贺秀三:《中国家族法原理》,张建国、李力译,法律出版社2003年版,第390页。
② 《礼记·昏义》。

中的男女,使他们心甘情愿为整个社会秩序的和谐而默默奉献。

(一)祖宗血脉纯洁的保证

婚姻要算真正实现"上以事宗庙,而下以继后世也"的功能,夫妻感情必须服从祖先家族的千秋大业。周代已经奠基了中国古代婚姻制度的模式。从最初国家建立的形态看,周族作为部落的小邦,带有浓厚的氏族部落的色彩。很自然的,周礼带有鲜明的家族法特色,是一种家本位的法,强调父权至上,推崇孝道。中国由于地处内陆平原的大河流域,缺少与外界交流的机会,刀耕火种的生产方式决定了延续生产方式、传播生产技术都需要借助父辈甚至祖辈,敬祖、孝道、妇德自然就是教化的重点,婚姻中的家族观念较重,特别强调宗法的观念,重视血脉的传承。在周代的婚姻六礼中,从最初的纳采、问名、纳吉、纳征到请期、亲迎,都是双方家长及媒人在运作。即便完成了这些程序,结婚流程也远没有结束。迎娶对女子来说只是入门,只有庙见和成妇之礼都举行完才能真正成为夫家的成员。否则,婚姻关系不能算完全成立。

可见,已故的祖先仍然对现实中的卑幼的婚姻具有一定的支配力量。结婚,对女子而言是从娘家归入夫家之宗,所以在周代,女子出嫁称为"归",《诗经·国风·周南·桃夭》中的"之子于归"便很好地体现出这一点。

妇女保有妇德,不得有奸非行为,则是从伦理的角度要求并保证祖宗血脉的纯洁。尽管男女双方的义务要求并不对等,但其本质还是相同的,即防止奸淫内乱行为的发生。比如义绝中的奸非行为,在儒家的贤人看来都是"禽兽之行",绝非人类所能为的。为了区别于禽兽就需要严惩这些行为,而最大的惩罚就是把损害婚姻之义、夫妻之道的前提条件拆除,即釜底抽薪。唐律要求这些行为发生并经官府认定后,婚姻即强制断离,否则要处徒刑一年。

奸非行为是对婚姻之义的最大亵渎,对道德伦理的最大嘲弄,对礼制秩序的最大挑战,有损于祖宗血脉的纯洁性。对这些挑战人伦风化的行为予以严惩,重在保证祭祀的圣洁,家族血脉的纯洁。国家强制此类婚姻解体,对不解除婚姻关系的人给予处罚,就是"理想"的纠正方式。

传统婚姻涉及的问题是双方家族的行为,要想维持家族联姻的稳定秩序,就要求婚姻中男女的一切行为举止皆以有利于家族关系的和睦为出发点和最终归宿。而维持家族和睦就要遵守社会人伦道德的要求,维持夫妻的名分。对妇女来说,保有妇德就显得尤为重要,保有妇德首要的就是对丈夫忠贞。

(二)祖宗永享血食的实现

由于婚姻是两姓之好的结合,完成祭祖继世的任务自然成为婚姻的根本使命。《孟子·离娄上》载:"不孝有三,无后为大。舜不告而娶,为无后也。君子以为犹告也。"①孟子主张婚姻应由父母做主,媒人牵线,但如果告父母可能导致无后的话,宁肯不告父母,故而他赞成"舜不告而娶""君子以为犹告也"。只要完成了传宗接代的任务,就是对父祖最大的孝敬。

荀子强调承宗继嗣。"亲迎之礼,父南向而立,子北面而跪,醮而命之:'往迎尔相,成我宗事,隆率以敬先妣之嗣,若则有常。'子曰:'诺!唯恐不能,敢忘命矣!'"②所谓"宗事",就是传宗接代之事。荀子以对话的形式,借父亲教育儿子的口气表达出自己传宗接代的婚姻观。《仪礼》中也表达了同样的观点,并有同样的记载:"父醮子,命之,曰:'往迎尔相,承我宗事。'"③

这些记述说明传宗接代的婚姻观由来久之。既然如此,两姓和好,婚姻和谐,家庭和睦,国家兴旺就是婚姻的应然状态,是其社会功能使然。

妻子若有谋杀丈夫的行为,则必然导致婚姻终止,因为谋杀丈夫不

---

① 《孟子·离娄上》。
② 《荀子·大略》。
③ 《仪礼·士昏礼》。

能保证祖宗永享祭祀,危及了祖宗的千秋大业。因为在古人的观念中,特别强调父子一体,如《礼记·哀公问》中所说的"身也者,亲之枝也,敢不敬与"①。所以滋贺秀三认为:"视己之身为亲之生命的延长,视亲之身为己之生命的本源,于是不加区分地视两者为一个生命的连续,这也可以说是中国人的人生观之基本。"②妻子对于丈夫的谋杀,岂不就是对丈夫的尊长的大逆不道。从本质上看,妻子一旦杀害了丈夫,特别是在丈夫是独子且无子的情况下,丈夫的父亲作为长辈就失去了后人供奉香火的机会,将永不能享祭祀。

二、妇孝有德的离异制约

夫唱妇随是家族延续、安顺发展的首要条件,也是宗法伦理的必然要求。当然,和睦的家庭、稳定的婚姻同样建立在子顺妻贤的基础上,在这种意义上的婚姻自然不是夫妻感情和个性的彰显,而是维护国泰民安、进行社会治理的需要。凡是与此目的不相符合的行为都可能破坏婚姻的和谐,不得不予以矫正。具体表现为:家和是国泰的基础,子孝是家和的保证,妇顺则是保证婚姻和谐、实现家和国泰的关键。而妻子唯有保有妇德,才能真正做到柔顺和家,免于被丈夫休弃。

(一)保有妇德的优势

妻子顺从是保有妇德的最好体现,也是和好婚姻、安顺家族的关键。培养妻顺的第一步由女方的父母来实施,表现为父母对即将嫁为人妇的女儿的忠告:"戒之敬之,夙夜无违命。"③

第二步落实在婚礼程序中,比如"亲迎"的婚礼仪式要求"男帅

---

① 《礼记·哀公问》。
② [日]滋贺秀三:《中国家族法原理》,张建国、李力译,法律出版社2003年版,第29页。
③ 《白虎通义·嫁娶》。类似含义最早见于《孟子·滕文公下》:"必敬必戒,无违夫子!"后来《白虎通义·嫁娶》《明史》中也有类似表述。

女,女从男,夫妇之义由此始也"①,要求女子应具柔顺之德。

第三步则是对夫妇家庭功能的定位,男女内外有别,其表述虽然有异,如"男不言内,女不言外",或者"女正位乎内,男正位乎外",抑或"男子居外,女子居内"等之类,但均建构了传统中国理想的两性关系和角色定位。

第四步则涉及妇女在家里的具体任务,也就是主内,即主中馈,照顾家人的饮食起居等家事,且不得逾越这个职责而干预家外之事,如"牝鸡司晨"之类,因为在古人看来,这颠倒了既有的天地阴阳秩序。妇人不干预外事逐渐演变为古代天经地义的准则,成为约束古代妇女行为的规范。

规范妇女行为的准则只有落实在日常生活中,才会变成妇女的品德。在夫家的具体做法是:"在父母舅姑之所,有命之,应'唯',敬对。进退周旋慎齐,升降、出入、揖游,不敢哕噫、嚏咳、欠伸、跛倚、睇视,不敢唾洟。寒不敢袭,痒不敢搔。不有敬事,不敢袒裼,不涉不撅,亵衣衾不见里。"②

近乎苛刻的行为规范就是要求成妇做到恭敬顺从,小心翼翼侍奉舅姑。言谈举止、表情动作都必须注意到,在舅姑面前不得有随便的行为,诸如伸懒腰、目光游离、打喷嚏、吐痰等不雅的行为,即使凉了也不敢加衣,痒了也不敢挠,诸如此类的清规戒律意在使女子不能自专自由,而应小心谨慎,养成柔顺妇德。

对于如何侍奉舅姑,儒家经典也有明确的规定,正如《礼记·内则》所言:"妇事舅姑,如事父母。鸡初鸣,咸盥漱,栉縰,笄总,衣绅。左佩纷帨、刀砺、小觿、金燧,右佩箴、管、线、纩,施縏袠,大觿,木燧。衿缨,綦屦,以适父母舅姑之所。及所,下气怡声,问衣燠寒,疾痛苛痒,而敬抑搔

---

① 《礼记·郊特性》。
② 《礼记·内则》。

之。出入,则或先或后,而敬扶持之。进盥,少者奉盘,长者奉水,请沃盥。盥卒授巾。问所欲而敬进之,柔色以温之。"成妇的责任主要在于照顾家人的衣食起居。从鸡叫头遍开始,媳妇就要起床梳理,带上各种服务用具到公婆处侍候盥洗、用饭,做到恭敬、温和、色柔、气怡,唯公婆的意志是从。"子妇孝者敬者,父母舅姑之命,勿逆勿怠。若饮食之,虽不耆,必尝而待;加之衣服,虽不欲,必服而待;加之事,人代之,己虽弗欲,姑与之,而姑使之,而后复之。"

即使公婆有过失也必须低声下气,轻柔劝谏,时刻不违孝敬的原则。"父母有过,下气怡色柔声以谏,谏若不入,起敬起孝,说则复谏,不说,与其得罪于乡党州闾,宁孰谏。父母怒,不说,而挞之流血,不敢疾怨,起敬起孝。"公婆没有命令,媳妇不敢退居私室休息,儿媳的去留命运取决于公婆而非儿子。"子妇有勤劳之事,虽甚爱之,姑纵之,而宁数休之。子妇未孝未敬,勿庸疾怨,姑教之;若不可教,而后怒之;不可怒,子放妇出,而不表礼焉。"

(二) 对保有妇德者的尊崇和保护

《礼记》的教导在于为妇女提供标准和榜样。对妇女来说,从娘家到夫家的角色转换是一个大问题,未必人人都能处理好,这也可以从班昭写《女诫》一事中看出来。班昭病重之时,眼看着自己的女儿在娘家比较自由随便,担心女儿将来嫁到夫家之后处理不好婆媳、姑嫂、平辈或亲戚等关系,对自身的角色定位不准确,于是写出《女诫》来指导女儿。《女诫》可谓古代女性教育的开篇之作,班昭本人更是德才并举,其德和才深得汉和帝的器重,汉和帝多次召她进宫,让皇后和诸嫔妃拜她为师,向她学习儒家经典、天文、数学,从而使班昭名声大振。每当遇有外邦前来进贡珍贵稀奇之物时,皇帝便让她即席为赋作颂。因班昭丈夫姓曹,人们便尊称她为"曹大家",当时人们把学识高、品德好的妇女尊称为"大家"。后邓太后临朝当权,班昭曾参与政事,深受信任。班昭逝世后,邓太后亲自为这位多年的老师素服举哀,并派使者监办丧事,给予她应得的荣誉。班昭对妇女的教导也在家谱族规中体现出来,浦江郑氏家规强调每天早晨男女都要朗诵男女训诫之辞。①

班昭的殊荣从另一方面也说明这样德才兼备的女子在社会上并不多见,实际生活中的妇女并非都能做到这些,她们有时会因性格、习惯、做事方式的不同而导致婆媳之间以及与夫家其他人的诸种关系不协调。儿子夹在中间往往左右为难,如果一味地照顾妻子的感受,就很难做个孝子,并进而引起夫权和父权的冲突。从整体上考虑,夫家为了保持家庭内部和谐的大局,就会行使休妻权,通过七出的方式消除家庭矛盾,使家庭重新恢复到和顺的正常状态,并为新的两姓结好准备条件,重新寻找尽职的媳妇。只有妻顺才能更好地保证子孝,实现家和。

家和是家族内外的和谐,家族内的婆媳不和、夫妻不和,以及其他矛盾都有可能升级为两姓之间的冲突,双方打骂械斗的互伤行为破坏了双方结好的感情基础,从根本上损害了婚姻之义,故通过义绝强制离婚的制度处理婚姻双方有损婚姻之义的行为。同时,两姓之间的矛盾又会影响家族成员之间的关系和夫妻关系。"岂知床笫之间,变成仇敌,即不离异,未见其能相久安。"②如果儿媳对有杀亲之仇的夫家成员一如既往地恭敬侍奉,岂不成了反亲事仇吗? 如果对公婆流露出不满和仇恨,又会有违孝道,没有妇德。对于此种两难局面,仅凭一方家庭很难处理,义绝强制离婚制度则从根源上解决了这种尴尬局面,对义绝情形断离,即使遇到赦免也不能复合,这正是对两姓家族失和的补救,避免使仇雠之人共同生活。至于夫妻不睦的和离制度,则是由夫妻双方自己解决婚姻冲突,实现私力救济,把国家的干预控制在适度的范围内,通过离婚把损失最小化,尽可能使家庭的利益得到照顾,使保有妇德者受到保护。

---

① 参见《郑氏规范(义门规范)》,成都文伦书局,宣统二年本。
② (清)沈家本:《寄簃文存》卷五。

第三节 婚姻礼义中的离婚应有之意

婚姻为国家礼仪之大本。隆重的婚礼不仅强化了婚姻中的天意和缘分,而且赋予婚姻庄严肃穆的神圣性。婚姻在缔结两姓之好的同时,更使两个家族相互支持,彼此照顾,实现共同荣耀的目的。而解除婚姻无疑会导致两姓交好的中断、利益共同体的瓦解,破坏儒家极力倡导的婚姻之义,故不在儒家有识之士的倡导之列。特别是宋代儒家伦理占据主导地位之后,不断强化离婚的耻辱感,自然在一定程度上起到了限制男方休妻的作用,客观上维护了妇女利益及其婚姻的完整。

一、婚姻礼仪中的离婚观念

婚姻既然是人伦之基,"礼之本"①,那么,它的稳固必然关系到江山社稷的安定,天下黎民的福祉。故而,历代当政者都会不遗余力地完善婚姻制度,建构符合宗法伦理秩序的婚姻文化。宗法伦理重要的原则就是亲亲、尊尊的等级秩序。首先,表现在婚姻制度上即为遵从父母的权威,孝敬双方的姻亲。父母在婚姻中处于实际的主体地位,"女子之夫为婿,婿之父为姻,妇之父为婚"②。上述对婚姻的定义应该说仅是从礼的要求来讲的,并不具有法律效力。唐代将其引入律文,《唐律疏议》中"居父母夫丧嫁娶"条疏议曰:"妻父称婚,婿父称姻"③。在婚姻依父母之命,结两姓之好的礼制要求下,婿之父母与妻之父母都可称为婚姻的主体。具体来讲,婚姻所指又不仅限于双方父母四人。《说文解字》女字部载:"婚,妇家也……姻,婿家也。"《尔雅·释亲》载:"妇之党为婚兄

---

① 《礼记·昏义》。
② 《尔雅·释亲》。
③ 《唐律疏议·户婚》。

弟,婿之党为姻兄弟。"①由此可知,除父母双亲外,双方的家族也相互成为婚姻。婚姻被称为"家族外交"委实并不过分,这也可以从《诗经》中得到佐证。《诗经·小雅·正月》:"彼有旨酒,又有嘉肴。洽比其邻,昏姻孔云。"唐代孔颖达的注疏(即孔疏)有云:"毛以言幽王彼有旨酒矣,有嘉善之肴也,礼物甚备足也,唯知以此礼物协和亲比其邻近之左右与妻党之婚姻,甚相与周旋而已。"对于《诗经·小雅·角弓》中的"兄弟昏姻",东汉郑玄的注解云"骨肉之亲",孔疏云"骨肉唯谓同姓耳"。②"此笺通言骨肉者,以婚姻之亲与宗族与家族同。"③在婚姻成文法尚未形成以前,关于婚姻之文化秩序已经建构,宗族家族的关系是维持婚姻的基础。

与此同时,君主作为天下人的父母,势必视家族联姻为事关国家政治之大事。在周代时婚姻就具有政治上的附厚别远之意,通过不同家族的联姻来巩固政治联盟,起到安抚远邦的作用,以维护统治。各级贵族则希望通过联姻增强实力,扩大统治集团的势力范围,最大限度地巩固其政治上的优势,婚姻的政治意义空前突出。④ 正因如此,管仲在葵丘之会上才会明确地把"以妻为妾"作为攻伐的原因之一。"以妻为妾"并不仅仅是妻子个人的名分问题,更意味着一国外交地位的降低。

传统中国的礼仪秩序建立在婚姻家庭的礼制基础上,"夫昏礼,万世之始也"⑤。婚礼为夫妇之义而立,然后才有父子君臣之礼。"而所以成男女之别,而立夫妇之义也。男女有别,而后夫妇有义;夫妇有义,而后父子有亲;父子有亲,而后君臣有正。故曰:'昏礼者,礼之本也。'"⑥作

---

① 《尔雅·释亲》。
② 《十三经注疏》。
③ 参见陈鹏:《中国婚姻史稿》,中华书局1990年版,第3页。
④ 比如《诗经·国风·召南·何彼秾矣》就反映了周平王之孙女下嫁齐侯之子的情景,这也是姜姬联姻的明证。
⑤ 《礼记·郊特牲》。
⑥ 《礼记·昏义》。

为礼之大本的婚礼在古代受到了极高的重视,被列为吉礼极力推崇。《周易·贲卦》浓墨描绘了婚礼时的文饰之盛,如"贲其趾,舍车而徒""贲其须""贲如濡如,永贞吉""贲如皤如,白马翰如"等,表现了太阳落山、黄昏娶妇之时的彩饰之盛。①

儒家先贤同样重视婚姻礼仪,孟子、荀子皆不例外。孟子认为,婚礼是男婚女嫁的必然程序,即便是满足生理需求,也应当依礼而行,而不能舍弃婚姻之礼任性而为。"色与礼孰重?曰:'礼重。'……曰:亲迎,则不得妻;不亲迎,则得妻,必亲迎乎?""逾东家墙而搂其处子,则得妻;不搂,则不得妻,则将搂之乎?"②因此,孟子旗帜鲜明地认为:"不待父母之命、媒妁之言,钻穴隙相窥,逾墙相从,则父母国人皆贱之。"③

荀子亦把婚姻之礼视为男女结合的重要条件,尤为强调婚姻的程序性:"男女之合,夫妇之分,婚姻娉内,送逆无礼:如是,则人有失合之忧,而有争色之祸矣。"④荀子清楚地认识到婚姻之礼的公示性,因为备齐聘礼、完成纳币和送迎等礼仪,就意味着确定了夫妻名分,自然不会发生争女抢妻的祸害。相反,如果违背婚姻之礼,"昏姻之礼废,则夫妇之道苦,而淫辟之罪多矣"⑤。儒家建构婚姻程序神圣性的目的在于引导和调控男女之间的交往,使其向理性、规范、有序的方向发展,而不是压制和否认男女两情相悦的自然属性。"丈夫生而愿为之有室,女子生而愿为之有家。父母之心,人皆有之。"⑥因此,只有完成纳采、问名、纳吉、纳征、请期、亲迎的全部过程,婚礼才算告一段落。

婚礼的完成对于女方来说只意味着成亲,或者说成妻,但绝不是成妇,意即还没有真正成为夫家之人,因为女方还没有进行庙见的成

---

① 《周易·贲卦》。
② 《孟子·告子下》。
③ 《孟子·滕文公下》。
④ 《荀子·富国》。
⑤ 《礼记·经解》。
⑥ 《孟子·滕文公下》。

妇之礼,自然不能真正成为丈夫宗室的成员。儒家强调尊祖敬宗,这也在成妇之礼上表现得淋漓尽致,祖宗可以埋葬,但他们仍然支配现实中卑幼的婚姻。从这个意义上讲,女子只有结了婚,才算找到了自己的归宿,难怪周代女子出嫁常常被称为"归",这一思想体现在《诗经》的许多诗篇中。① 即便女子成了夫家的一员,但也并不意味着这就是永远的归宿,原因之一就是丈夫出妻而导致婚姻解除的危险时刻存在。为了应对这个问题,使自家的女子能够在夫家站稳脚跟,上流社会的家庭都会对女子进行专门的训练②,"以教九御妇德、妇言、妇容、妇功"③。郑玄注:"妇德谓贞顺,妇言谓辞令,妇容谓婉娩,妇功谓丝枲。"四功中首要的是妇德,即顺从,以便女子在婚后能严格地遵守妇道,使她们获得丈夫及其家庭的首肯和支持。

固然,婚姻之礼的要求有很大的理想成分,未必能够真正落实到婚姻生活当中,但毕竟可以从中了解到婚礼在整个国家政治和民众生活中所占有的举足轻重的地位。这些仪式有助于强化婚姻的神圣性,增强婚姻的责任感,维护婚姻的伦理性,从而为婚姻的和顺持久提供形式保证,在其日益熏陶下,营造出劝和不劝离的社会氛围。

二、合法聘娶中的离婚约束

既然婚姻是家的起点,又是国的重要组成,那么在婚姻伦理中,孝和德便是首先要提倡的。在家族制度下,一家之权,统于父祖。"子孙崇先报本,生养死祭,所谓孝也,故娶妻者,父母存,则奉事舅姑,舅姑殁,则供祭祀。"④欲完成祭祀,必须保证后继有人,婚姻的功能自然包括传宗接代。《白虎通义·嫁娶》云:"人道所以有嫁娶何?……重人伦,广继嗣

---

① 代表性的如《诗经·国风·周南·桃夭》中的"子之于归"。
② 班昭在《女诫·妇行》中更为明确地提出:"女有四行,一曰妇德,二曰妇言,三曰妇容,四曰妇功。"
③ 《周礼·天官·九嫔》。
④ 陈鹏:《中国婚姻史稿》,中华书局1990年版,第6页。

也。"到了唐代,又有:"衣者,蚕桑也;食者,耕农也;男女者,继祖之重也。"①当时有御史大夫上表曰:"夫妇之道,王化所先;婚姻之礼,人伦攸尚。所以承绍家业,嗣续祖妣,静而思之,安可不敬。"②婚姻的稳定是使家族时间上后继有人、空间上庞大兴盛的保证。

遵循婚姻六礼的男女结合,必然听从父母之命、媒妁之言,切实履行纳采、问名、纳吉、纳征、请期、亲迎的程序,只有如此才是合法婚姻。早在商朝初年,成汤的婚事已经遵循"使人请之有侁氏……请取妇为婚"③的流程。这样的妻子才有名分——明媒正娶的妻室,才能获得家庭社会的承认和国家的有力保护。也就是说,在一夫一妻多妾的婚姻制度下,妻子是唯一的正室,家庭所有成员都必须尊重她作为正妻的地位,不允许轻易将其休弃或移位,禁止以妾为妻之类的扰乱妻妾等级伦理的行为,以防有损信义,引发矛盾,"并藕匹嫡,乱之本也,故应离"④。

如果男女双方私定终身,缺乏媒妁的沟通,则为私奔。毫无疑问,私奔婚,或者称之为自由婚,不可能得到国家的有效保护,妇女一旦涉足此类婚姻就很难避免婚后被休弃的命运,最好的例子就是《诗经》中的弃妇诗。⑤ 凡是没有履行六礼进行正式聘娶的婚姻,其神圣性和责任感都将大打折扣,因而两家开始议婚时必须依靠专门的媒妁进行。"男女非有行媒,不相知名;非受币,不交不亲。"⑥可见,媒妁之言是两姓结好,成立聘娶婚姻,即合法婚姻的必备要件。

---

① 《新唐书》卷一百四十七。
② 《唐会要》卷八十三。
③ 《吕氏春秋·本味》。
④ (清)沈家本:《寄簃文存》卷五。
⑤ 《诗经·国风·卫风·氓》是弃妇诗的代表,描述得最为生动,"桑之落矣,其黄而陨。自我徂尔,三岁食贫……三岁为妇,靡室劳矣。夙兴夜寐,靡有朝矣。言既遂矣,至于暴矣"。就是这样一位为了家庭成天辛苦劳累,不分早晚干活的女子,吃苦多年,终于熬到家境渐好、生活安定下来后,却被丈夫无情地抛弃,"女也不爽,士贰其行。士也罔极,二三其德"。
⑥ 《礼记·曲礼》。

为了保证媒妁发挥沟通两姓、促成聘娶婚的作用,周代专门设立"媒氏","掌万民之判",功能在于保证婚姻合法。一旦父母生儿育女,就需要立即在媒氏处登记。等男女到了适婚年龄,媒氏就履行督促职能,要求这些适婚的男女及时嫁娶。"凡男女自成名以上,皆书年月日名焉。令男三十而娶,女二十而嫁。凡娶判妻入子者,皆书之。"①只要有正式婚约,都需要如实登记,如未向媒氏登记并取得准许而擅自缔结婚姻,媒氏则要依法追究男女双方的责任。

即便是在民间,婚姻依然需要媒妁来沟通,其重要性在《诗经》中所有体现,如"娶妻如何?匪媒不得"②。如同斧头用于砍树一样,娶妻也必须由媒人来牵线。"析薪如之何?匪斧不克。娶妻如之何?匪媒不得。"③男方如果无法找到良媒向女方提亲,女方则不得不推迟婚期。"送子涉淇,至于顿丘。匪我愆期,子无良媒。"④这些例子足以证明,聘娶婚的首要前提是媒妁打通男女两家的交往,否则青年男女没有媒人在中间牵线、撮合而私定终身的话,只能自取其辱。太史敫对私定终身的女儿说:"女不取媒因自嫁,非吾种也,污吾世。"故"终身不睹君王后"⑤,由此可以看出,媒妁在缔结合法婚姻中的作用何等重要。

媒妁在周礼中的重要性自不待言,国家加强对媒妁的管理自然显得尤为重要。据现有史料考证,《唐律疏议》最早规范媒妁行为:"为婚之法,必有行媒。"但唐代行媒的要求和实际情况如何,则不得而知。而最能反映官媒活动的是元杂剧,如《温太真玉镜台》《琵琶记》《㑇梅香骗翰林风月》《桃花女》《秋胡戏妻》等都谈及官媒。⑥ 官媒在元代指那些在

---

① 《周礼·地官·媒氏》。
② 《诗经·国风·豳风·伐柯》。
③ 《诗经·国风·齐风·南山》。
④ 《诗经·国风·卫风·氓》。
⑤ 《史记·田敬仲完世家》。
⑥ 具体参见崔兰琴:《从元杂剧试析元代婚姻成立与解除要件》,载《成都教育学院学报》2005年第10期。

官府登记的媒人,由官府统一管理,又称"媒互人",这一行业可以说达到了职业化、专业化的程度。法律对媒人的主体资格、业务能力、行为规范都有明确要求。

其一,在对媒人的主体资格的要求上,"今后媒妁从合属官司、社长、巷长、耆老人等推举选保信实妇人充之,官为籍记姓名"①。可见,元代的媒人必须是诚实可靠的妇人,由乡社掌管风化的长老推选出来,经过官府的登记后,由官府统管,称为"官媒",或者"媒互人"。

其二,在行为规范上,官媒受官府约束,其从业所得的报酬,亦设有定例,不得滥取。"诸男女婚姻,媒氏违例多索聘财,及多取媒利者,谕众决谴。"②严格约束媒人的行为,以防其利欲熏心,防止其"穷的我说他有钱,丑女我说他(她)娇态,讲财礼两下欺瞒"③。那些充官媒者,以斧与秤为招牌,为人做媒时,则携此而行。正如元曲《琵琶记》中的唱词:"(外)婆子你手中拿着秤斧,却是为何。(丑)告相公,这是媒婆的招牌……"秤是权衡轻重,以示公平的象征,故以秤为招牌,也表示其行为规范受到严格的约束,行媒时努力使男女双方合适,结为合法的婚姻。保护合法的聘娶婚就成为维护家庭稳定,保护妇女婚姻的重要途径。

三、伦理道义中的妇女保护

官府处理婚姻纠纷的前提是维护宗法伦理,而传宗接代、承祖祭祀、相夫教子等宗法职能的落实,无疑需要妇女全力参与。官府维护宗法制度的政治伦理之时,客观上也在维护离婚妇女的利益。

唐代义绝的有关规定把婚姻两姓中的侵害行为作为首要的条件写进律文,并要求官府断离,体现了国家着力维护婚姻的伦理秩序。只有

---

① 《通制条格》卷四,《户令》。
② 《元史·刑法志》;高潮、马建石主编:《中国历代刑法志注译》,吉林人民出版社1994年版,第696页。
③ 杂剧《㑇梅香骗翰林风月》第四折。

制止了这些伤害婚姻大义的行为,宗法伦理秩序才可能稳定。由于夫族和妻族间的互伤或者夫妇对对方家族的伤害,直接损害了双方家族利益,此时如果不制止,还继续维持婚姻关系,不仅有可能进一步导致双方矛盾的恶化,更有甚者将危及整个国家秩序的稳定。

另外,明清时期又增加了一系列禁止性条文,扩大了违律婚断离的调整范围,重在强调国家对政治伦理的维护。其中,禁止典雇妻妾、僧道娶妻、强占良家妇女等行为的律条都与维护妇女利益相关,例如将那些依仗强势强夺良家妇女,通过奸占将其霸占为妻,甚至直接强夺良家妇女配与自家亲属的豪强之人一概处以绞刑。其中的良家妇女,明显是受害一方,对其不予处罚,而是将其交给她们的家长或者亲人。

明代根据婚姻中矛盾冲突的新变化,在基本继承唐代相关禁止性条文(如禁止妻妾失序、居丧嫁娶、父母囚禁嫁娶、同姓为婚、尊卑为婚、娶亲属妻妾、娶部民妇女为妻妾、娶逃亡妇女、良贱为婚等)的基础上,重新作出了调整。禁止典雇妻妾重在维护正常的夫妻关系,防止侵犯妇女的权益;禁止僧道娶妻,是为了确保僧道与世俗的界限明晰,维护僧道的纯洁性和独立性,便于国家管理,并从维护社会秩序的大局出发,避免了无辜女子被僧道欺骗;禁止豪强霸占良妇,打击了豪强势力的嚣张气焰,否定这类婚姻的效力,直接维护了良家妇女的利益。

由此可见,儒家伦理、宗法伦理等社会伦理道德,成为官府处理离婚纠纷、维护妇女利益的司法行为的法理支撑。官府通过维护社会伦理,倡导救济弱势者的仁道精神,实现对离婚妇女利益的维护。

第四节　守贞节制中的管束轻率离婚

从整体观的思维模式来看,离婚是解决婚姻冲突的手段之一,但该手段并非被积极提倡的手段,实乃被动的方式,可谓不得已而为之,充其量只能算治标之举,很难从根本上消除婚姻、家庭甚或社会上的不稳定因素。

一、任意离婚的限制

为了从根本上稳定婚姻,避免离婚的结局,制度设计者的整体态度表现为倡导守贞节制,限制任意离婚。就法律而言,国家许可离婚,但不是允许自由离婚,离婚需要合法理由,否则将对任意弃妻者予以处罚。① 官府以此为依据,在司法判决中嘉奖守贞者,而处罚轻易解除婚姻之人。

(一)守中持正的节制观

自然万物有序生长、人类社会繁衍不息乃天地间不移之规律。然而,物极必反、盛极必衰又是不可避免的结果。因此,做到守中持正,把握好事物发展的度显得尤为重要。察于天地自然变化的《易经》,贯穿其中的就是这种守中持正的节制观,这种观念同样适用于离婚之理。

《易经》极为倡导守中持正,原因在于盛极必衰。对太过之事必须节制,但节制也要有度,反对苦节,不提倡过分节制。做到无过无不及,乃中庸之道,以节道来定制度。例如,违律婚断离规定了诸多禁婚关系,通过伦理道德之网来节制男女随性任性结合,把为婚妄冒、有妻更娶、以妻为妾、同姓为婚、尊卑为婚、娶逃亡妇女、监临娶所监临女、和娶人妻和良贱为婚等有悖礼法的结合视为违律婚而强制断离,规范婚姻的前提条件。由此可见,离婚制度的设计是"节而不荒"。

婚姻之礼在于顺合男女之情,而又有所节制。离婚之制则通过结束婚姻达到人合正道,恢复家族正常秩序,去恨留情。此情乃父母、家族的共同之情,防止婚姻中的矛盾愈演愈烈,伤害更大。离婚制度的理念与当时整个婚姻观念相契合,婚姻取法自然,阴阳交合,婚礼在晚上举行即

---

① 以唐律为例,《唐律疏议·户婚》"妻无七出而出之"条规定:"诸妻无七出及义绝之状,而出之者,徒一年半;虽犯七出,有三不去,而出之者,杖一百。追还合。"

是取意于阳去阴来,阴阳相合。婚礼成则夫妇之道生,家庭之礼有。而一旦婚姻不和、阴阳失序,则允许离婚,通过决狱消除斗讼,使人合正道,归于平和。因此,中国礼法允许离婚,不似西欧中世纪实行的婚姻不消解主义,即不允许离婚的做法。又由于对离婚有所节制,有效避免了离婚成风及社会道德水平下降的情况及其负面影响的出现。总之,离婚制度实现了国家干预与家庭自治的有机结合,各有其司,各留其位。由于中国传统婚姻的表现形式为妇女作为外姓人进入夫家,在婚姻中出现冲突时往往成为弱势的一方,那么使妇女贞专柔顺、和睦家庭必然是避免离婚、维持婚姻持久的关键之一。

(二)妇女单方面的贞节观念

婚姻之礼建立在男女有别的基础上,男子可以纳妾嫖娼,但妇女必须保持忠贞,这样才能保证家族继嗣上的纯种和广继。稳定婚姻的前提是保证男女身份上的不可变移性,力求使性别角色的定位能够为广大的妇女所接受,使其心悦诚服地践行。

男女有别是倡导妇女单方面的贞节观念的思想基础。男女之别的婚姻伦理观念是先秦的儒、法、墨诸家的共同观念。

其一,儒家是"男女授受不亲"的极力鼓吹者。"男女授受不亲"的思想理论首先由孟子提出,他说:"男女授受不亲,礼也;嫂溺,援之以手者,权也。"①这个男女关系中经权的理论对中国古代婚姻伦理观念影响很大,男女授受不亲之礼是常态,是经;嫂溺,援之以手,是权宜之计,是非常态。这成了中国传统处理非婚男女关系的最权威的伦理原则。荀子反对男女无别,认为"礼义不修,内外无别,男女淫乱,则父子相疑……夫是之谓人祅"②,男女有别是制定礼仪的基础,是人禽之别的根本。

---

① 《孟子·离娄上》。
② 《荀子·天论》。

其二，法家改法立教亦从男女之别着手。商鞅改革秦国陋习，实行男女之别，"始秦，戎、翟之教，父子无别，同室而居。今我更制其教，而为其男女之别"①。"民众而无制，久而相出为道，则有乱。故圣人承之，作为土地、货财、男女之分。"②商鞅把男主外、女主内作为发展经济的理想模式，认为"女事尽于内，男事尽于外，则入多矣"③。韩非子亦认为，"男女无别，是谓两主，两主者，可亡也"④。《管子》把男女之别作为廉耻伦理教育的重要内容，认为男女无别，风俗必乱。"男女无别，则民无廉耻。"⑤"入州里，观习俗……宫墙毁坏，门户不闭，外内交通，则男女之别毋自正矣。"⑥"要淫佚，别男女，则通乱隔……明男女之别，昭嫌疑之节，所以防其奸也。"⑦总之，男女之别乃礼仪之始，"是故正君臣上下之义，饰父子兄弟夫妻之义，饰男女之别，别疏数之差"⑧。

其三，墨家同样重视男女之别，认为"宫墙足以为男女之别，则止"⑨。如果"出入无度，男女无别。使治官府则盗窃，守城则倍畔，君有难则不死，出亡则不从"⑩。

既然儒、法、墨诸家都倡导男女之别，足见男女有别的观念已经成为先秦时期比较公认的婚姻伦理观念，成为男尊女卑法定离婚制度的思想基础。

既然男女有别，贞专顺从就成了妇女的理想美德，妇女"从一而终"的观念被提倡、宣传，并有效渗透到整个社会意识形态之中。汉儒引礼

---

① 《史记·商君列传》。
② 《商君书·开塞》。
③ 《商君书·画策》。
④ 《韩非子·亡征》。
⑤ 《管子·权修》。
⑥ 《管子·八观》。
⑦ 《管子·君臣下》。
⑧ 《管子·版法解》。
⑨ 《墨子·节用中》。
⑩ 《墨子·尚贤中》。

入经,更大大强化了妇女单方面守贞的观念。如"三从"中的"既嫁从夫""一与之齐,终身不改"①,以及反复强调的"妇,服也,以礼屈服也"②,又如"妇人有三从之义"③"夫有再娶之义,妇无二适之文"④。七出中的"淫出",单方面把女子的私通行为作为被休的重要情形,丝毫不涉及男子的婚外性行为。妇女单方面的贞节观念的强化从思想根源上很大程度地关闭了妇女主动离婚的闸门。

程朱理学更加强化贞节观念,提出"饿死事小,失节事大"⑤的观点。此观点把妇女的贞操提高到人格的高度,强化女子"从一而终"的服从意识,极力维护男子单方面的出妻之制,使男尊女卑的社会秩序不断得以固化,力求使婚姻处于比较稳定的状态。

(三) 姻缘宿命论

姻缘前定的宿命论具有精神麻醉作用,使人从心理上甘愿听命于现世的婚姻,打消离婚的念头。姻缘中的"缘"字含有浓厚的天命神意的成分。为什么是此两家合好,而不是彼两家合好呢?这就是俗话中的"缘分",而"缘分"的背后实质上就是天命神意。因此,婚姻六礼中特别包含了"占卜"环节,以求得天意的指引。特别是在纳吉和请期中,这一做法表现得尤为突出,从而衍生了"天设一对,地造一双"的说法。所谓的天命神意在婚姻关系上的表现,即古人通常所说的夫妇之义,古人将其涵盖、包容在婚姻伦理之中,并把婚礼作为礼仪的根本,故天造地设才能成就良缘。"义"是一个典型的伦理范畴,而这样的伦理范畴必须是符合天命神意的。从宽而论,实际上一切伦理在中国古人的视野中都是符合而且必须符合天命神意的,这从礼的起源中就可得到一定的印

---

① 《礼记·郊特牲》。
② 《白虎通义·三纲六纪》。
③ 《仪礼·丧服·子夏传》及《白虎通义·嫁娶》亦有此言。
④ 《后汉书·列女传》。
⑤ 《二程遗书》卷二十二。

证。在婚姻问题上,甲家之所以和乙家合好,是因为有天命神意,用伦理概念来说就是这两家之间有"义"存在,所谓的两家之"合"其实就是"义合",而义合就是通过一男一女的婚姻来实现。由于婚姻是两家之"合好",所以这样的"义合"是全面的、饱满的、整体的、圆融的。一旦出现"义绝"情形,如夫妻双方亲属之间发生伤害行为,就破坏了那个全面的"义合"了。既然"义"被破坏了、不存在了,那么个体男女婚姻的基础或纽带也就不存在了、断了,即义绝了,那么这个婚姻就要解体了。在天命神意受尊重和信仰的社会,国家也必须以其行为捍卫神意,否则就会影响其"天命",义绝强制离婚的目的在于消除婚姻家庭里更大的隐患,从而限制家庭或个人的离婚选择权。①

宗教中的前世姻缘、因果报应的学说强化了妇女的服从意识,抑制了离婚观念的滋长,增强离婚的耻辱感。"到了唐宋以后,佛教中的六道轮回、因果报应的思想深入人心,并与儒家的伦理道德、中国固有的宿命观念、道教的幽冥鬼神思想相结合,一起在世俗生活中扎根,表现在两性观念上,也由魏晋时代的猎奇式的志怪性的婚姻结合逐步演变为一种固定的程式——婚姻的命定思想。"②随着婚姻一线牵、男女姻缘前世定的命定思想的逐渐流行,其对妇女的禁锢作用更大,使她们甘心听命于现实的定局,安心于依父母之命、媒妁之言所缔结的姻缘——哪怕是不幸的姻缘;也使她们听命于男子的摆布,从一而终,甘愿忍受守贞殉烈之苦,无力反抗不合理的姻缘,通过禁锢妇女达到稳固家庭的目的。

总之,宗法礼教的倡导者和追随者为了从整体上限制离婚行为,从源头上避免婚姻中的不和谐因素,故而极力倡导天命神意和宗教中的前世姻缘、因果报应的观念,并在思想观念上强化妇女的服从

---

① 天命神意观对离婚制度的影响得益于上海交通大学凯原法学院方潇教授的指点,谨表谢意。
② 杜芳琴:《女性观念的衍变》,河南人民出版社1988年版,第187页。

意识,在具体的立法和司法判决中考虑守贞之妇的利益,使其心甘情愿地为丈夫和夫家固守贞操。当然,这也就意味着结婚、再婚的成本大大增加。

二、再婚成本的增加

限制离婚,提高结婚和再婚的成本,均有意无意地成了维护婚姻稳定的有效手段。后世层出不穷的婚姻竞财行为,大大提高了结婚的成本;旌表制度的不断完善,使再婚的成本相对增加;宋代之后不断强化的离婚耻辱感,相应地增加了离婚的精神成本,使许多妇女成为守贞大军中的一员。

(一)聘财攀升使结婚成本增加

缔结正式的婚姻需要一定的成本,不仅汉儒的礼经中有明确的表示,而且实际的婚姻中也是如此,《周礼》中亦有"俪皮之礼""执币""执羔""执雁"和"玉帛"等语。这些聘礼并不意味着婚姻就是买卖,而是说明婚姻是两家结好的契约,"玄𪏭束帛并不是身价,乃是定钱"①,一旦两家关系有变,婚姻就会解除,女方也可以带走自己的嫁资,如汉律规定:"弃妻,畀所赍。"②虽然女方不能参与对男方家财的分割,但在婚姻的解除上成本不算太高。随着社会经济的不断发展,风俗奢靡,男方聘财的数量不断攀升,女方妆奁愈益丰厚,使得结婚的成本日益增加,离婚时又不断限制女方嫁资的返还。《元典章》规定:"随嫁奁田等物,今后应嫁妇人不问生前离异、夫死寡居,但欲再适他人,其元随嫁妆奁财产,一听前夫之家为主,并不许似前搬取随身。"离婚妇女或寡妇如果再婚,就要丧失原先从父母处得来的妆奁物及其他继承来的财产,至于夫家的财产,更是不得带走。明清两代受元代的影响,都有类似规定。这使得离

---

① 陶希圣:《婚姻与家族》,商务印书馆 1934 年版,第 39 页。
② 郑玄在为《礼记·杂记下》作注时称:"律:弃妻,畀所赍。"

婚变得既不合算,又不太容易。

  元代曾公开对聘财征税①,将其列入杂课,与"合买诸物""买当文契"及"贸易田产"等同,"依例投税",婚姻犹如买卖。明清时期,婚姻论财之风有愈演愈烈之势。洪武五年专门下诏:"古之婚礼,结两姓之好,以重人伦。近世以来,专论聘财,习染奢侈。其仪制颁行。务从节俭,以厚风俗。"②县志亦有所反映,湖州府乌程县县志记载,"婚姻论财,虽士大夫不免"③;扬州更讲排场,"婚姻彩轿之费至数十万,贫者亦称贷致之"④;遂安县"嫁女尚妆资,高者至破产不计,卑者或勒索聘财"⑤。因争聘财而涉诉者亦不少见,贫困地区也受此影响。安徽泾县的嫁娶以奢靡著称,江西新城县则把嫁娶视为求利之窟,相互讨要,靡费无度。⑥清代此风蔓延更广,不仅经济发达的江浙一带流行婚姻竞财,中原及西北地区也不能幸免。康熙以后,河南内乡县婚姻亦多论财,不仅女方父母苛索聘礼,男家亦谈妆奁厚薄;陕北的洛川县,在乾嘉之际,婚姻费货财,声乐导迎送,已成为时人之所趋。⑦即便是名不见经传的山西曲沃县,康熙时婚姻已是唯财是论,"较聘财,几于鬻女;责资状,近于索负"⑧。婚姻论财带来一系列的不良影响,其中之一就是"清代溺婴之严重化与嫁娶中奢靡之风的蔓延有着重要的

---

  ① 《元典章》卷二十二,户部八,"聘财依例投税"条:"至元八年三月,尚书户部据真定路申,人户张增等告:收管到亲家娶女聘财绢匹,税务作漏税拘管事,呈到省札,该制司讲究到中都路运司备在城税使司申,从来婚姻财礼若允议表里不曾收税,若将本绢等物,依价准折财钱,合行投税。随路不曾奉到省府明文,合无拟将各人今次物色,验价收税,遍行各路照会,使民易避难犯,呈准省札,依例收税实行。"
  ② 《明史》卷五十五。
  ③ 乾隆《乌程县志》卷十三,引明崇祯志。
  ④ 嘉庆《重修扬州府志》卷六十,引明万历《江都县志》。
  ⑤ 《遂安县志》。
  ⑥ 分别见嘉庆《泾县志》卷十;同治《新城县志》卷一,引明隆庆志。
  ⑦ 分别见康熙《内乡县志》卷五;乾隆《陕西通志》。
  ⑧ 郭松义:《伦理与生活——清代的婚姻关系》,商务印书馆2000年版,第103页。

关系"①。结婚成本如此之高,那些幸免于难,能够生存下来的妇女,一旦成婚,无论其自身,还是其娘家,抑或其夫家,都不愿轻言离婚,婚姻能够维持在比较稳定的状态中。

(二)旌表行为使再婚成本增加

由于传统离婚不单是夫妻个人的事务,很大程度上是由家长决定,而家长的决定不仅取决于家庭关系,还常常受社会主流意识的影响。从对妇女的影响来说,集中体现在加强贞操意识,强化妇女的守节观念,极力宣扬"失节事大"的思想。宋元以后,尤其是明清时期,不断强化贞节表彰制度,对贞节烈女大书特书,为妇女提供示范和引导。

同时,不断加强表彰的力度,增强守节的诱惑力,从经济上刺激家长要求妇女守节。"从《大清律例》的规定与旌表制度来看,对于清朝一个贫困家庭而言,家里一旦有一位妇女被强奸未成,但经调戏而羞忿自尽,除了侵害她的犯罪行为人将受到绞监候的判决外,犯罪行为人必须给予该妇女家人(尸亲)埋葬银二十五两,另外在自杀的妇女被旌表后,地方官还要给她的家人三十两银,两者加起来总共五十五两银,对于一个普通家庭来说,这是一笔很大的金额。"②

根据相关研究,清代工人每年的工资不到几两。③ 守节的经济诱惑也反映在家法族规中,"族中有孝行、贞节合例请旌者,助坊费拾千文"④。既然守节如此划算,再婚的成本则会相对增加,离婚也变得越来越不经济。

---

① 郭松义通过对各个地方档案材料中"因艰于妆奁而溺女"的事例进行考察、统计、分析后得出该结论。参见郭松义:《伦理与生活——清代的婚姻关系》,商务印书馆2000年版,第127—133页。
② 陈惠馨:《传统个人、家庭、婚姻与国家——中国法制史的研究与方法》,五南图书出版股份有限公司2006年版,第179页。
③ 参见陈惠馨:《传统个人、家庭、婚姻与国家——中国法制史的研究与方法》,五南图书出版股份有限公司2006年版,第179页。
④ 《常熟丁氏家谱》,光绪二十九年本,《义田规条》。

贞洁烈女的数量愈及后世王朝,数量愈多。"尝考正史及天下郡县志,妇人守节死义者,秦、周前可指计,自汉及唐,亦寥寥焉。北宋以降,则悉数之不可更仆矣。"①宋代程朱理学,可谓功不可没。

元代的守节旌表有所克制,在具体的实践中不提倡过分的贞节观,也不提倡已聘未婚的女子为未婚夫守节的行为,把此种行为看作太过,不可以提倡。对于已聘未婚的女子在未婚夫过世的情况下如何处理聘财,元代的做法是,女方可另嫁他人,男方不得追回聘财。如果丈夫身亡,寡妻"志节卓异,无可养赡,官为给粮存恤"。②

明代之后,为政者更加不遗余力地倡导守节之风,朱元璋即位之初就下诏:"民间寡妇,三十以前夫亡守制,五十以后不改节者,旌表门间,除免本家差役。"③守节之女如同建功立业的男子一样可以树碑立传,得到旌表,享受物质奖励。"明代的贞节观越来越局限于对妇女的生理特区的保护,有时不免失其大义。为此,未遭侮辱之前,已先死之,以保清白,既无斗争,亦毫无意义,结果迫使许多受礼教毒害的妇女轻生赴死"④,完全失去古人"贞节"的初义。

清代受汉族传统礼教的影响,要求按照明代旧制褒扬节孝,恤其子孙,旌其门风,以励节风。

户部支取库银建立石造坊,对贞妇、烈女给予旌表,对守志寡妇予以奖励。⑤ 康熙《衢州府志》有记:"凡民间寡妇三十以前亡夫,守志四十以后不改节者,旌表门间,除免本家差役。"

不仅政府旌表节妇、烈女,强化妇女为丈夫、男子守贞从一的贞操观,家法族谱也极力倡导和奖励守贞之女,"凡妇女有守节自誓者,为宗

---

① 《方苞集》卷四,《岩镇曹氏女妇贞烈传序》。
② 参见杨一凡、田涛主编:《中国珍稀法律典籍续编》(第二册),黑龙江人民出版社2002年版,第410页。
③ 《明会典》,洪武元年诏。
④ 汪玢玲:《中国婚姻史》,上海人民出版社2001年,第348页。
⑤ 《清世祖实录》卷六。

长当白诸有司,旌表其节,庶可以励薄俗。有司未行,即当备入于谱表立传,以载家乘外篇"①。对于那些可以荣耀祖宗的贞节烈女,即便是娘家的宗谱,也会记载她们的事迹,如黄冈王氏宗谱规定:"女出嫁守节者,亦传之,表节烈也。"②

更有甚者,那些守贞之女在生前就已经被立传而得以广泛宣扬。如海宁渤海陈氏等宗族规定,年逾五十的节妇即可在宗谱中立传。③为了表彰她们,泗阳徐氏宗谱规定,"孝子节妇,实足以光耀祖宗,族长必须诣官呈报,禀请瑾表",且所需费用"皆出于公项"。④

有些义庄也积极采取措施解决守节之妇的生计问题。如苏州有名的范氏义庄即有相关规定,不仅周济守节的寡妇,还优抚守节的节妇,"如本族聘他姓女未成婚而亡,能归本族夫家守节者,给加"⑤。这些旌表行为和周济之举也给妇女造成很大压力,使已婚妇女不敢也不能轻易离婚、更换丈夫;寡妇也羞于随便改嫁,另适他人。

(三) 离婚耻辱感强化使精神成本增加

一般来说,社会对离婚的态度在一定程度上能够左右当事人对离婚的选择。在对待离婚相对宽容的环境中,离婚往往比较容易,女方再嫁也不受太多的限制。相反,在离婚耻辱感比较强的环境中,离婚常常意味着人生的失败,这种失意感是巨大的精神成本,制约着当事人主动选择离婚的念头,不轻言离婚成为社会的主导意识。

虽然唐代从法律上禁止任意弃妻,但纵观宋代之前,人们基本上不太非议离婚,也不以离婚为耻,人们对离婚的态度比较宽容。当然这种价值导向经历了一个发展的过程。宋代之后,人们开始以离婚为耻,司

---

① 《邹氏家乘》,光绪二十一年本,卷首,《旧谱凡例》。
② 《黄冈王氏宗谱》,光绪十二年本,卷一,《凡例》。
③ 《海宁渤海陈氏宗谱》,光绪二十八年本,卷首,《初修凡例》。
④ 参见《泗阳南州堂徐氏宗谱》,1934年本,卷一,《家法》。
⑤ 乾隆《范氏家乘》卷十五。

马光训导子孙:"夫妻以义合,义绝则离之。今之士大夫有出妻者,众则非之,以为无行,故士大夫难之。"①愈到后来,情况愈加严重。

明清时期,犯奸的女子不受三不去的限制,夫家可以出妻,单方面强加于女方的贞节道德枷锁开始加紧。再嫁妇女及所谓不贞者受到贬低,从法律上剥夺她们应有的名分。清律规定:"再嫁之妇不得受封,所以重名器也。命妇再受封,义当守志,不容再嫁以辱名器。"②

至于被休弃之妇,处境更为艰难。弃妇不得不面对自己家族的冷眼,女方家族出于脸面考虑,难以接受被休弃之女,所以父母不愿领回被休弃的女儿。

随着离婚耻辱感的强化,男人也逐渐认同这一观点,把出妻视作自己治家无方的结果,是人生的一大失败,而不是把离婚视作追求幸福之举。由于离婚属于不可外扬之家丑,对于夫妻、婆媳、姑嫂等内部矛盾,尽量大事化小,小事化了,内部消化。总之,宁肯隐忍,也绝不轻易出妻。既然离婚被看作丢人现眼之丑事,离婚自然非常人所为,需要极大的勇气,必须付出高昂的精神成本。

---

① (宋)司马光:《家范》。
② 《大清律例刑案汇纂集成》卷四,《户律婚姻》。

第二章　礼法中的离婚制度

离婚制度的萌芽，奠基于礼。"昏礼者，将合二姓之好，上以事宗庙，而下以继后世也。"①七出、义绝的离婚理由以礼制为指导，符合婚姻合两姓之好的要求，把家族利益作为首要考虑的内容。传统中国的礼仪制度奠基于周代，汉唐得以承继，唐律更是在清代纪昀等编纂的《四库全书总目提要》中被提升到"一准乎礼""得古今之平"的地位。同样，七出、义绝等离婚理由也在周代到汉代的礼仪中开始出现，并在唐律中得以体系化，形成以七出、三不去为基础，义绝为手段，和离、违律婚断离为主要补充的内在结构。

第一节　渐次呈现的离婚礼制

离婚关涉两个家族的利益考量，离婚理由自然多种多样，范围广泛，不仅有家族内部纠纷引发的离婚，也有两姓家族之间的矛盾与不合甚至互相伤害导致的离婚，当然也有夫妻之间的不和谐导致的离婚。另外，政治原因、政府干预、战争与犯罪等因素也会引起离婚。婚姻中的不和谐因素逐渐累积，最终将发展到无法调和的地步，婚姻解除则不可避免，各种离婚之礼也渐次出现。

---

① 《礼记·昏义》。

一、礼制规范的离婚样态

既然婚姻是礼仪的大本,是决定礼制成败的根基,那么离婚必然涉及多种因素。婚姻礼制需要发挥敦睦夫妇人伦、维护家庭稳定的社会功能,在以家庭为本位、宗法家族为社会生活重心的古代中国尤为重要,离婚情形也极其复杂。中国传统离婚类型多样,有合法婚姻的解除,也有违律婚断离、定婚撤销和外力因素引起的婚姻解体等,比今天离婚的范围大得多。造成婚姻解除的各种情形,不仅有七出与和离引起的两愿离婚,也有义绝导致的国家强制离婚,还有其他撤销婚姻的情形,但目前专门论及的成果甚少,对其应深入研究。

传统中国每个家庭都有自己的实际情况,受篇幅所限,本书无法对所有离婚情形一一列举,能够进入研究视野的离婚情形,主要为可能在实际上引发婚姻解除,并且能够成为司法人员判决离婚的法律依据和必要条件的因素。

在中国传统离婚礼制中,七出可谓流传最广、使用最为普遍的理由,学界对其不乏关注。[①] 当提到离婚时,人们首先想到的往往是"去

[①] 这些研究大致可以归为两类:一类是在婚姻家庭史中的分散性研究,研究者在论述离婚时或多或少都会涉及七出、三不去的概念、内容、由来、承袭和实践等,粗略勾画出七出、三不去的基本轮廓,是进一步研究七出、三不去的基础。其中代表性的著作有:陈顾远:《中国婚姻史》,上海文艺出版社 1987 年版;陈鹏:《中国婚姻史稿》,中华书局 1990 年版;史凤仪:《中国古代的家族与身分》,社会科学文献出版社 1999 年版;陶毅、明欣:《中国婚姻家庭制度史》,东方出版社 1994 年版;王跃生:《清代中期婚姻冲突透析》,社会科学文献出版社 2003 年版;等等。另一类是集中于某个朝代的专门性研究,如汉代和唐代的七出、三不去,有助于了解汉唐时期七出、三不去的具体情况。其中代表性的学术论文有:董家遵:《汉唐时"七出"研究》,载王承文编:《董家遵文集》,中山大学出版社 2004 年版,第 174—183 页;金眉:《试析唐代"七出三不去"法律制度》,载《南京大学学报(哲学·人文科学·社会科学版)》2001 年第 6 期;刘玉堂、陈绍辉:《论唐代的离婚立法——以"七出"之制为中心》,载《江汉论坛》2004 年第 2 期。

妻""出妻""弃妻"等字眼,而不是义绝①、和离②、违律婚断离等其他情形,故若不了解七出的由来和作用,就无法深入研究离婚情形和离婚理由。③

义绝作为一种强制离婚制度,是指不管当事人的意愿如何,只要婚姻中出现了法定的伤害夫妻之义的行为,婚姻就应该断绝。应当离婚而不离者,国家将予以处罚。一旦判决离婚,即使以后遇到赦免,也不能重新结合。在婚姻关系解除之后,官府再追究相关侵害人的刑事责任。据史料考证,义绝一词最早出现在汉代。有关义绝制度的规定最早出现在唐律之中,此制虽经许多变化,但名称和基本制度未变,一直实行到清末,延续千余年。

如果夫妻之间情意不相和谐,无法继续婚姻生活,自然无法强行使之结合,所以和离也是引发婚变的因素。目前有关和离的研究主要散见于婚姻家庭史的研究中④,学者在谈到古代离婚时,往往会论及和离。此外,在一些有关离婚的论著中,作者也会谈到和离⑤,这是进一步研究

---

① 有关义绝制度的理论基础、立法和司法演进,以及对演进规律的初步探究,参见崔兰琴:《中国古代的义绝制度》,载《法学研究》2008年第5期。

② 有关和离的研究,以及对和离法律地位的探讨,分别参见崔兰琴:《中国古代法上的和离》,载《法学研究》2010年第5期;崔兰琴:《独立抑或附属:再论和离的法律地位——兼与范依畴商榷》,载《政法论坛》2012年第2期。

③ 唐律中的七出之制在妇女利益维护方面的作用,参见崔兰琴:《唐律"七出"中的妇女利益维护:从无过者到无助者》,载《妇女研究论丛》2014年第4期。

④ 相关的论著主要有:陈顾远:《中国婚姻史》,上海文艺出版社1987年版;陈鹏:《中国婚姻史稿》,中华书局1990年版;苏冰、魏林:《中国婚姻史》,台北文津出版社1994年版;陶毅、明欣:《中国婚姻家庭制度史》,东方出版社1994年版;赵凤喈:《中国妇女在法律上之地位》,商务印书馆1928年版;史凤仪:《中国古代的家族与身份》,社会科学文献出版社1999年版;向淑云:《唐代婚姻法与婚姻实态》,台北商务印书馆1991年版。

⑤ 相关论文主要有:戴炎辉:《中国固有法上之离婚法》,载戴炎辉:《传统中华社会的民刑法制》,财团法人戴炎辉文教基金会1998年版;董家遵:《论汉唐时代的离婚》,载王承文编:《董家遵文集》,中山大学出版社2004年版,第170页;胡曰武:《唐律"婚书"考》,载《法学研究》1982年第2期;杨际平:《敦煌出土的放妻书琐议》,载《厦门大学学报(哲学社会科学版)》1999年第4期;张艳云:《从敦煌〈放妻书〉看唐代婚姻中的和(转下页)

和离的基础。但如何定位和离,学界认识不一。其中代表性的观点有三种:其一,积极说。把和离类同于今天的"协议离婚"或"两愿离婚",认为"协议离婚,古已有其事"①。其二,消极说。把和离称作"协议弃妻",反对前两种称呼。认为在"男为天,女为地"的男尊女卑的社会,法律不承认妇女的离婚请求权,被"三从"枷锁牢牢捆绑住的妇女只能终身屈从于丈夫,岂敢与之分庭抗礼,不相和谐呢?② 其三,折中说。认为即便和离时有父母与妻家的协议,但"在两愿离婚中,父母居于道义上监护的地位,仅有一时的制衡权而已"③。对于和离,理解时存在很大的分歧,甚至是迥然不同的评价,因此愈加需要深入细致地研究。

据史料考证,和离出现于唐律中。法律制度具有继承性,在唐代的和离之法出现以前,和离经历了怎样的萌生、发展和定型的过程,这是一个值得探究的问题。甚为遗憾的是,在迄今为止可以查找的材料中,相关的记载寥若晨星。据有限的材料考证,基本可以把和离溯源至《周礼》。④

离婚情形的出现预示着婚姻存在危机,夫妻情分难以维持,是离婚的前提条件,但不一定必然导致离婚。离婚是由离婚情形发展演变而来,并由一方当事人启动,或者诉诸司法机关裁决的结果。另外,也不排除存在伤害夫妇之义的情形时,国家强制离婚。

(接上页)离制度》,载《敦煌研究》1999第2期;牛致功:《唐人的"离婚"刍议》,载《学术界》1994年第2期;金眉:《论唐代婚姻终止的法律制度》,载《南京社会科学》2001年第11期。

① 陈顾远:《中国婚姻史》,上海文艺出版社1987年版,第244页。另如陶毅、明欣在《中国婚姻家庭制度史》中亦持该论,参见陶毅、明欣:《中国婚姻家庭制度史》,东方出版社1994年版,第170页。

② 参见史凤仪:《中国古代的家族与身分》,社会科学文献出版社1999年版,第146—147页。

③ 戴炎辉:《中国固有法上之离婚法》,载戴炎辉:《传统中华社会的民刑法制》,财团法人戴炎辉文教基金会1998年版,第110页。

④ 已经有一些学者关注到和离制度的起源问题,较为普遍地认为,《周礼·地官·媒氏》的相关记载可以被认为是和离的渊源。参见陈顾远:《中国婚姻史》,上海文艺出版社1987年版;张艳云:《从敦煌〈放妻书〉看唐代婚姻中的和离制度》,载《敦煌研究》1999年第2期;陈晓:《先秦时期妇女的离婚问题》,载《文史杂志》1999年第4期。

二、离婚理由与婚姻关系的解除

出现离婚情形是离婚的前提条件。婚姻中产生了变故,使婚姻双方的和睦相处变得甚为艰难时,在客观上已经为婚姻解除提供了条件。然而,这些前提条件充其量只是不利于婚姻关系的发展,属于量变,不会自动引发婚姻关系终止这一质变结果。正如七出涉及的七种情形中的任何一项都与家庭和睦、家族稳定息息相关,为夫家休弃子媳提供了很好的借口,但即便子媳存在不顺父母、无子、淫、妒,或者恶疾、多言、盗窃等情况,也不必然导致被休弃的结果。

汉代礼经中的七出,首项为"不顺父母",该行为的判断不取决于了媳的行为,而取决于父母的感受。如果父母不悦子媳的行为,哪怕事实上只是因为不可抗力的偶然因素,一旦儿子认为父母受了委屈而决定休弃妻子,妻子没有任何辩解的余地。但婚姻生活毕竟是现实的,除父母的感受外,家庭的经济条件和出妻经济成本也是重要的考量因素,以至于男方在一些情况下并不通过休妻的方式解决问题。

还有嫉妒出妻。申子曰:"妒妻不难破家,乱臣不难破国。一妻擅夫,众妻皆乱;一臣专君,众臣皆蔽。"① 当然,也有"至妒"之妇也未被休弃的事例,典型的如房玄龄之妻。唐代刘𫗧的笔记小说集《隋唐嘉话》对此事进行了生动的记述:"梁公夫人至妒,太宗将赐公美人,屡辞不受。帝乃令皇后召夫人,告以媵妾之流,今有常制,且司空年暮,帝亦有所优诏之意。夫人执心不回。帝乃令谓之曰:'若宁不妒而生,宁妒而死?'曰:'妾宁妒而死。'乃遣酌卮酒与之,曰:'若然,可饮此鸩。'一举便尽,无所留难。帝曰:'我尚畏见,何况于玄龄!'"应当离异而不离者,普通百姓之家更多。

如果说七出中解除婚姻关系的主动权在于丈夫,义绝涉及的离婚情

---

① 《钦定四库全书·子部·意林》第二卷,《申子》。

形则由国家强制断离,夫妻不再具有身份上的刑事连带责任。但从宋代的案例中可以看出,现实中也存在具有义绝的情形而官府并没有断离的情况,如"寿州杀人案"。

> 寿州有人杀妻之父母昆弟数口,州司以为不道,缘坐妻子。刑曹驳曰:"殴妻之父母即是义绝……不当复坐其妻。"①

为了方便起见,姑且将本案中的案犯称为寿州人。寿州人杀害了妻子的父母兄弟数口人,犯了十恶中的"不道"大罪,按律该处死,其妻子也要受到株连,应服法受审。但这样做确实有违人情,父母被人杀死,现在还要陪着凶手去受刑,实在令人难以接受。对此,宋时的司法人员还是有所认识的。刑曹,即司法审判人员,反驳说殴杀妻子的父母,已经构成了义绝,义绝当离,既然夫妻名分不再存在,刑事上的身份责任也就不应该再承担。免除妻子的刑事责任有利于妇女利益的保护,相对比较公允。但最后以"不当复坐其妻"免除了妻子的刑事责任,恰恰证明了婚姻关系依然维持。

清代亦有殴杀妻子或者嫁卖妻子之类的义绝情形,但同样并不必然解除婚姻关系,如"汪茂文殴妻案"。

> 看得汪茂文殴妻,毕氏情急投塘身死一案。当经验明通详,业奉各宪批饬查审,转行到县,随即拘集各犯当堂研审。缘汪茂文七月二十七日,往田主家邀同割稻。有老母阿胡,是日在园锄粟,其妻毕氏在室供爨,饷饭过迟,致姑嗔怒,毕氏不逊,以所携饭碗,向姑劈面掷去,老姑得不死于悍媳之手者,幸而不中耳。忤姑之罪,毕氏夫复何辞。迨茂文归,阿胡忿极相告,茂文遂执锄柄痛责其妻,毕氏腿腓臁胁手背等多处受伤,验有红紫等色,皆非致命。因母殴妻,此在茂文为子道当然,在毕氏为自作之孽,无足怪也。无何毕氏不自

---

① (宋)沈括:《梦溪笔谈》卷十一,《官政一》。

悔艾，临完潜出，投塘殒命……殴妻因而自尽，俱照律勿论外，汪茂文应照夫殴妻至折二齿以上，减二等杖九十律，应杖九十折则三十五板。①

此案中，汪茂文殴妻至折断七齿，按律应当构成义绝，夫妻身份已失，就不应再"照夫殴妻至折二齿以上，减二等杖九十律"处理。但此案并没有按照义绝处理，显然是因为毕氏殴姑在前。对于"夫殴妻至折"的义绝条文，不能仅从法条本身去理解，应该把它置于尊卑等级分明的礼制秩序中去理解。其一，夫殴妻往往有很多因素在其中。就如本案所言："因母殴妻，此在茂文为子道当然，在毕氏为自作之孽，尤足怪也。"在《刑案汇览》中也不乏此类案件。② 其二，在讲究三从四德的古代社会，丈夫相对于妻子而言是尊长，夫殴妻若有一定"理由"，即使殴妻致死也会因为夫妻的名分而减等，而不按义绝来处断，丈夫就可以凭借其身份减轻处罚。此案即是一例。

总之，汪茂文殴妻至折断七齿，按律应当构成义绝，夫妻身份已失。此案中，虽然妻子自缢身亡，婚姻关系自动解除，但实际判决并没有按义绝判决离异，而是按夫殴妻论处，"照夫殴妻至折二齿以上，减二等杖九十律"。丈夫凭借其身份减轻了处罚，亦说明判决时依然承认婚姻关系，并没有按照义绝强制断离。③

三、婚姻解除的多维效力

离婚，实乃离婚情形的效力在法律上的体现。离婚理由是婚姻矛盾

---

① 《明清公牍秘本五种》，郭成伟、田涛点校整理，中国政法大学出版社1999年版，第169页。
② 参见（清）祝庆祺等编：《刑案汇览》，北京古籍出版社2004年版，第1456—1457页，"母仅令殴责子将妻叠殴致毙"案，"尊长仅令训责辄叠殴妻至毙"案。
③ 参见《明清公牍秘本五种》，郭成伟、田涛点校整理，中国政法大学出版社1999年版，第169页。

的集中体现,如果夫妻双方不能有效地解决这些离婚情形,而任由其随着婚姻生活的持续而不断恶化,直至冲突无法调和时,婚姻解除就不可避免。

对夫妻双方来说,只有婚姻中的一方主动要求离婚,离婚理由才会成为离婚要件,产生法律上的后果;对国家来说,由官府强制离异,婚姻关系真正得以解除,离婚的效力方能在法律上体现出来。

(一)丈夫依据七出休妻

七出赋予了丈夫休弃妻子的选择权。当妻子具有七出所列的情形时,须由丈夫向妻子提出离婚,或者出具休书,才能解除婚姻关系。《南史》载有刘瓛出妻之事。刘瓛之母"孔氏甚严明……(刘瓛)年四十余,未有婚对。建元中,高帝与司徒褚彦回为瓛娶王氏女。王氏穿壁挂履,土落孔氏床上,孔氏不悦。瓛即出其妻"①。

无子去妻,符合家族社会子嗣延续的需要,从心理上人们能够接受,实际的婚姻生活中也存在。汉代之后,无子出妻亦可见于史籍。

如《南史·张裕传》中张稷之女无子被出便为一例。"稷长女楚媛,适会稽孔氏,无子归宗……"②妻子是无子的"替罪羊",足见无子出妻的正当性已经完全深入人心,婚姻传宗接代的家庭功能被放大到极致。但是,这种理念无法融入社会的主流意识之中。

汉代之后,史籍中虽有无子出妻的记载,但仍然无法否认无子并非妇人一人之过的客观事实。因而,无子出妻实在有违人情,宋代及明清时期,这方面的相关记载很少见到。

事实上,也不乏权贵之女因嫉妒而被出的例子。③ 至于淫佚、口舌、

---

① 《南史》卷五十·列传第四十。
② 《南史》卷三十一·列传第二十一。
③ 例如,《魏书·刘昶传》记载,刘昶次子刘辉,"尚兰陵长公主",他认为公主善妒,故"请离婚"。《魏书·李孝伯传》记载,李孝伯的侄子李安世,其妻是博陵崔氏,崔氏虽然"生一子玚",但仍然"以妒悍见出",李安世后来"又尚沧水公主"。

盗窃、恶疾之类的情形,尽管法律列举得很具体,但流传下来的相关事例着实很少。也许,从另一方面可以作出这样的推断,即此类现象并没有成为实际离婚行为中最常见的理由,毫无疑问更不会受到著书立传之人的特别关注而被不断提及。

(二)国家强制解除婚姻

义绝是国家强制解除婚姻的离婚理由,涉及与两个家族利益攸关的一系列伤害婚姻大义的行为,是中国传统婚姻法制中极富特色的离婚制度,这体现了国家对婚姻的干预。违律婚断离实际上也属于国家强制撤销婚姻的离婚情形,只不过其是因为婚姻的前提不合法而已。

敦煌文书 P3813 号《文明判集残卷》①记载了一件唐代妄冒为婚的例子:

> 妇女阿刘,早失夫聟(婿),心求守志,情愿事姑。夫亡数年,遂生一子,疑亡夫梦合,因即有娠,姑乃养以为孙,更无他虑。其兄将为耻辱,遂即私适张衡。已付聘财,刻时成纳(婚)。其妹确乎之志,贞固不移。兄遂以女代姑,赴时成礼。未知合为婚不?刘请为孝妇,其理如何?阿刘凤钟深曡(韠),早丧所天。夫亡愿奉舅姑,不移贞节。兄乃夺其永志,私适张衡。然刘固此一心,无思再醮。直置夫亡守志,松筠之契已深;复兹兄嫁不从,金石之情弥固。论情虽可嘉尚,语状颇欲生疑。孀居遂诞一男,在俗谁不致惑?疑与亡夫梦合,未可依凭。即执确有奸非,又无的状。但其罪难滥,狱贵真情。必须妙尽根源,不可轻与夺。欲求孝道,理恐难从,其兄识性庸愚,未闲礼法。妹适张衡为妇,衡乃刻日成婚,参差以女代姑,因此便为伉俪。昔时兄党,今作妇翁;旧日妹夫,翻成女聟(婿)。颠到(倒)昭穆,移易尊卑。据法不可容,论情实难恕。必是两和听政,据法自可无辜;若也妄冒成婚,科罪仍须政法。两家事

---

① 该残卷现藏于法国国家图书馆。

状,未甚分明,宜更下推,待至量断。①

此例中,阿刘之兄以自己的女儿代替守寡的妹妹阿刘,私自将其嫁与张衡为妻,存在假冒顶替的行为,属于违律为婚,"据法不可容",结果断离。

(三)夫妻不和的离婚

秦朝七出之礼虽定,但男女双方自愿离异的情况似乎也与其并行不悖。和离的观念反映在离婚实践中就是不用经由官府判决,男女双方自愿离异,使婚姻和平解体,最终化解夫妇之间的矛盾冲突,完全排除了国家的强制干预。

丈夫主动离妻的情形自然不胜枚举,仅《左传》就记载了无数事例,诸如"齐人来归子叔姬""姜氏归于齐""郯伯姬来归""杞叔姬来归"均为此类情形。

男方主动要求和离是比较常见的现象,只要女方没有异议,一般都能如愿,如《唐语林》所记载的张不疑以"不协"出妻②,《太平广记》记载的李逢年因"情志不合"去妻③。

此类离婚事例中的离婚缘由仅仅是"情志不合",既无七出之由,也无义绝之状,属于唐律所言的夫妻"情不相得"的情形。毫无疑问,这两个案例皆为唐代夫妻情不相得无法继续生活的事例,归入和离没有问题。但在程序上却都是男方出妻,即"出之"或"去之",结果顺利离婚。

(四)离婚的法律与习惯规范

离婚是离婚纠纷中的各种矛盾在法律上的集中体现,其中关涉妇女利益的协调和维护,由一定的法律加以规范。离婚形式的多样性决定了婚姻解除的理由各具特色,往往因不同国家、地区和文化的差异而不尽

---

① 刘俊文:《敦煌吐鲁番唐代法制文书考释》,中华书局1989年版,第442—443页。
② 参见《唐语林》卷四,《企羡》。
③ 参见《太平广记》卷二四二,《谬误》。

相同。因而,一些社会习惯和舆论因素也在某种程度上制约着丈夫的休妻行为,客观上亦能够在维护离婚妇女利益方面发挥一定的作用。

1. 从法律上满足妇女的离婚诉求

法律方面的相关规范主要体现在两方面:一是法司将丈夫虐待、殴打妻子的行为认定为义绝,判决离婚,为受到丈夫侵害的妇女提供救济;二是把和离之法作为一种独立的立法,使其与七出、义绝一样成为传统中国的离婚制度,从而赋予妇女同样的离婚选择权,从法律上承认两愿离婚的必要性、正当性。

一方面,义绝的范围被大大扩展,使得受伤害的妇女能够摆脱婚姻,该变化发生在元代。《元典章》中有许多断例,如"休弃·离异买休弃""嫁娶·夫自嫁妻""纵奸·逼令妻妾为娼""不义·将妻沿身雕青""内乱·妻告夫奸男妇断离""内乱·翁戏男妇断离"等,把丈夫虐待殴伤妻子、强奸继子之妇、调戏儿媳等行为都认定为义绝,并判决离异。当代学者曾代伟先生对此有专门研究,他通过对元代义绝的详细考证,明确把义绝的变化分作九个方面:将妻卖休转移,逼令妻妾为娼,女婿虚指岳丈奸亲女,媳妇诬告翁欺奸,妻告夫奸男妇,翁调戏、和奸及强奸男妇,夫殴伤妻母,丈夫故意损害妻子身体,将犯奸妻转卖为驱。① 这大大扩展了义绝的范围,反映出那个时代的新认识。

另一方面,在和离之法中赋予妻子一方离婚的选择权。和离是夫妻相处不和而两愿离婚。论及和离之法②,有一个问题不可回避,即和离是一项独立的离婚之法,抑或只是七出、义绝离婚的附属?难道果真"不能简单地把'和离'当成与'七出''义绝'并列的古代中国三大离婚形式

---

① 参见曾代伟:《蒙元"义绝"考略》,载《西南民族大学学报(人文社科版)》2004年第11期。
② 对和离之法的性质和地位的考察,参见崔兰琴:《独立抑或附属:再论和离的法律地位——兼与范依畴商榷》,载《政法论坛》2012年第2期。

之一"吗？①

首先，从律文的小语境和律学家的解释看，和离是一项独立的立法。

在迄今可考的《唐律疏议》的文本中，《唐律疏议·户婚》有关和离的立法规定为："诸犯义绝者离之，违者，徒一年。若夫妻不相安谐而和离者，不坐。"疏议对其解释为："'若夫妻不相安谐'，谓彼此情不相得，两愿离者，不坐。"

从和离条文的小语境看，和离在"义绝离之"条后，该条文由"若"引导，即"若夫妻不相安谐而和离者，不坐"。这里"若"字的用法至关重要。② 因为"若"和"以、准、皆、各、其、及、即"一起被"标曰八字之义，相传谓之律母"③。这八个具有通例性质的字被冠以"律母"之称，是构成律文的基础。律文中诸多条款皆由律母连缀而成，成为解释古代法律条文的关键所在。具体到"若"字的含义，唐代以降的律学家亦有相应的解释。如宋代律学博士傅霖在《刑统赋》的"例分八字"部分，对"若"字的解释为："若者，会于上意，再缴一作'续'前文也。"元代王亮在《刑统赋解》中增注："若者，亦更端之词。文虽殊，而会上意。"④傅霖和王亮两位律学家的解释都极为简洁，均在于强调"若"和上文的关系。清代律学家王明德的分析则较为具体："若者，更端之词，乃设为以广其义，虽意会乎上文，而事变无穷，欲更端以推广之，连类以引申之，则不得不设为以竟其意，故用若。律内用若字处最多，有自本律而特及于轻者……有自本律

---

① 参见范依畴:《中国古代的"和离"不是完全自由的两愿离婚》，载《政法论坛》2011年第1期。
② 笔者对于唐律律文的理解，首先得益于在中国政法大学读博士时徐世虹教授举办的唐律读书会，会上激烈的讨论使我获益匪浅；具体的分析则承蒙北京大学法学院博士生张传玺先生的不吝赐教，在此谨表谢意。当然，所有谬误之处，皆由笔者自负。
③ （清）王明德撰:《读律佩觿》，何勤华等点校，法律出版社2001年版，第2页。
④ （清）沈家本编:《枕碧楼丛书》，中国政法大学法律古籍整理研究所整理标点，知识产权出版社2006年版，第113页。

而特及于重者。"①王明德先生不仅注意到"若"和上文的会意,而且进一步分析"若"在引导后文中的作用。他着重谈到面对不断变化的客观实际,为了推而广之、引而申之,往往会用"若"连接,以表示处罚较轻,或处罚较重等不同情况的变化。

根据上述律学家的解释,"若"字无外乎发挥两种作用:一则表示和前面的内容有所关联,并没有转移到新的话题上;二则表示后面的内容是对前面内容的引申或者推广。但具体到上述和离条文中"若"字的用法,则必须结合唐律中的情形来探讨。一般来说,"若"在唐律中表现为两种用法:一种为引导一部分,有"或者"之义,表示一层一层的并列关系。如"殴伤夫外祖父母、伯叔父母、兄弟、姑、姊妹及与夫之缌麻以上亲、若妻母奸及欲害夫者,虽会赦,皆为义绝"中的"若"即是"或者"之义。另一种是引导一个完整的义项,不是表示一部分,而是表示"如果""假如"之义。此时"若"引导的部分类似于今天法律条文中独立的一款,既有行为模式,又有处理结果。和离之法中的"若"即属于后者,其中"夫妻不相安谐而和离者"是行为模式,"不坐"是处理后果。

"和离者,不坐",这种情况属于王明德先生"有自本律而特及于轻者"的一类。对于无故出妻处以徒刑的刑事责任,相较之下,和离则属于不予处罚的情况。沈之奇在《大清律辑注》的"律后注"部分亦给予肯定:"若夫妻不相和谐,两愿离者,其情不洽,其恩已离,不可复合矣,虽无应出之条、义绝之状,亦听其离,不坐以罪也。"②因此,和离之法与前面的"诸犯义绝者离之"并非附属关系,而是一项独立的立法。

从和离条文的大语境看,和离与七出、义绝同为离婚的重要缘由。

结合上下文的大语境来看,《唐律疏议·户婚》中的"诸妻无七出及义绝之状,而出之者,徒一年半;虽犯七出,有三不去,而出之者,杖一百。

---

① (清)王明德撰:《读律佩觿》,何勤华等点校,法律出版社2001年版,第2页。
② (清)沈之奇撰:《大清律辑注》,怀效锋、李俊点校,法律出版社2000年版,第284页。

追还合。若犯恶疾及奸者,不用此律""诸犯义绝者离之,违者,徒一年。若夫妻不相安谐而和离者,不坐"是一个大意群,包括了两层意思和三种情况:

先谈两层意思,这是从离婚的刑事责任方面来讲。第一层意思是从"诸妻无七出及义绝之状,而出之者"到"诸犯义绝者离之"。这一层的意思重在强调:出妻必须有正当的理由,即妻子有七出情形或者婚姻中存在义绝的情况,否则,无故出妻者将被处以徒刑一年半。第二层的意思是指"若夫妻不相安谐而和离者,不坐"。此层意在说明:如果夫妻由于彼此不和而离婚,即和离,则不用承担任何刑事责任。

再看三种情况,这是指离婚的三种缘由。具体包括七出、义绝与和离三种允许离婚的情况,这是唐代限制任意离婚条件下的三种法定离婚情况。第一种情况是七出。"虽犯七出,有三不去,而出之者,杖一百。追还合。若犯恶疾及奸者,不用此律"的含义是,即便符合七出的条件,但只要存在三不去的情形,就不可以休妻,否则处以"杖一百"的刑罚,且"追还合"。当然,妻子犯奸和恶疾这两种七出的情况不包括在三不去之内。实质上,七出有严格的限制和使用条件。第二种情况是义绝。由于义绝属于强制离婚的范畴,犯义绝应离而不离者,亦处徒刑一年,即"诸犯义绝者离之,违者,徒一年"。第三种情况是和离。疏议对和离的解释为:"'若夫妻不相安谐',谓彼此情不相得,两愿离者,不坐。"对于夫妻不合,沈之奇亦有阐释:"不相和谐,止是情意不合,恩绝非义绝也。曰不坐者,听其离耳。"①沈家本说得更明白:"情既已离,难强其合。"②由此可见,和离意味着只有当夫妻双方因不相和谐而两愿离婚时,国家才不予以处罚。

综合上述分析,在唐代禁止无故离婚、惩治任意休妻的立法背景

---

① (清)沈之奇撰:《大清律辑注》,怀效锋、李俊点校,法律出版社2000年版,第286页。

② (清)沈家本:《寄簃文存》卷五。

下,和离和七出、义绝一样,是独立合法的离婚形式,一并构成传统中国离婚制度。因此,和离并非七出、义绝的附属,而是一项独立的立法,在承认夫妻两愿离婚的基础上,从法律上明确赋予妇女主动离婚的权利。

2. 离婚中妇女利益的维护经由习惯调整到由礼法约束

无论是限制男子任意休弃妻子,还是义绝强制离婚,抑或和离与违律婚断离,以及定婚撤销等,这些制度的确立都不是一蹴而就的,其中维护妇女利益的相关内容也经历了由习惯调整到由礼法约束逐步发展的过程。

如果说七出始于犯奸、无子和不顺父母等家庭生活实践,那么义绝与和离则分别从最初的"尤义则离"和"夫妻反目以至于仳离"的习惯法发展而来,当然违律婚断离和定婚撤销也不例外。此处仅仅以比较具有代表性的七出为例予以说明,其他不再一一赘述。

以七出休弃子媳,并由她一人承担离婚的责任似乎有悖常理。然而,相较于可以无限制地任意休弃妻子而言,七出为男子休妻设置了条件,对妇女而言是明显的保护,称得上是一种社会的进步。当然,七出是由婚姻生活中存在的一个个习惯,经过较长的时期,逐渐发展而成的系统的制度。最初只是存在因淫佚、无子等被出的惯例,《左传》《诗经》都有记载,但直至《大戴礼记》才对七出有明确的记载。

即便以七出休妻,也有三不去予以限制,而且对于无子之妇有明确的界定。故而,极力维护七出者不乏其人,如清代李慈铭的《越缦堂诗文集》也在极力为七出辩解:"七出之条,自汉律至今,沿之不改。其六者无论矣,至于无子,非人所自主也,以此而出,则狂且荡色者将无所不为,而幽闲之仳离者恐不知其纪极。《唐律疏议》……谓妻至五十未有嫡子,听立妾子之长者。即是四十九以下无子,未合出之……斯言也,可谓深知《礼》意,而救世教之穷也。盖娶妻以承宗庙,不孝有三,无后为大,妻而无子,情之所矜,而礼之所弃,故不得不设为此条。然必待至五十,则有不更三年丧者寡矣。古人三十而娶,四十而仕,五十服官政,而女子二十而嫁,至于五十,则贫贱有不富贵者亦寡矣。是妇竟未有以无子去者,律虽设,而未尝用也,而况诸侯大夫无子不出。"李慈铭从"救世教之穷"的角度认识唐律无子去妻及其年龄限制,的确很有深度,并由此断定"是妇竟未有以无子去者,律虽设,而未尝用也"。① 虽然该结论难免有臆断之嫌,但也说明了七出对男方出妻的限制。

第二节 源于礼制的七出规范

一、七出规范的由来

七出在汉代又有七去、七弃之称。具体来讲,七出包括:"不顺父母去,无子去,淫去,妒去,有恶疾去,多言去,盗窃去。"三不去则指:"有所取无所归,不去;与更三年丧,不去;前贫贱后富贵,不去。"②故而,考究七出、三不去的提出,必须从《大戴礼记》和《春秋公羊传》两本典籍谈起。尽管学界通常把七出、三不去看作周代的离婚制度,但至今尚无直接材料证明周代存在完整意义上的七出、三不去。

(一)汉代礼经中的七出

《大戴礼记》的编定者戴德是西汉礼学家,在《本命》篇中载有七出(去)和三不去:"妇有七去:不顺父母去,无子去,淫去,妒去,有恶疾去,多言去,窃盗去。不顺父母去,为其逆德也;无子,为其绝世也;淫,为其乱族也;妒,为其乱家也;有恶疾,为其不可与共粢盛也;口多言,为其离亲也;盗窃,为其反义也。妇有三不去:有所取无所归,不去;与更三年丧,不去;前贫贱后富贵,不去。"

何休为《春秋公羊传》作注时提及的则是"七弃",内容和语序较之

---

① 参见(清)李慈铭:《越缦堂诗文集》卷一。
② 《大戴礼记·本命》。另外,何休在为《春秋公羊传》作注时提到的"七弃",内涵与此基本相同,只是顺序和措辞略有变化。

略有变化:"妇人有七弃,五不娶,三不去……无子弃,绝世也;淫佚弃,乱类也;不事舅姑弃,背德也;口舌弃,离亲也;盗窃弃,反义也;嫉妒弃,乱家也;恶疾弃,不可奉宗庙也。"①由于何休是东汉经学家,据此推测,把七出归为汉代的礼俗,也许更为客观。

(二)汉代律令中七出的缺失

学者据此认为汉代律令中应该有七出之条。清人李慈铭在《越缦堂诗文集》中认为:"七出之条,自汉律至今,沿之不改。"②程树德先生在《九朝律考》中亦认为:"疑汉当亦同是,七弃、三不去之条皆载于汉令。"③虽然汉代实际生活中的七出事例并不少见,但甚为遗憾的是,据现有史料考证,自汉至魏晋的几朝律令当中均无律条可以佐证七出、三不去的存在。

根据现存材料考证,七出、三不去的有关规定集中体现在法律的规定中,尤其是唐代的律令之中,唐代的格和式中尚没有见到七出、三不去的相关内容。当然,唐律中七出的顺序明显不同于汉代礼经规定的顺序,后文将详细论述。

(三)三不去作为补充

七出重在维护夫家的利益,但这种维护又是适度的,划定有明确的界限,通过三不去来限制任意出妻的行为。《大戴礼记·本命》有所谓的三不去,即"妇有三不去:有所取无所归,不去;与更三年丧,不去;前贫贱后富贵,不去"。何休为《春秋公羊传》作注时亦提及:"尝更三年丧,不去,不忘恩也;贱取,贵不去,不背德也;有所受,无所归,不去,不穷穷也。"据经文及注释,三不去的旨意大致可以归纳为以下几点:

其一,保障完满履行孝道的妻方权益。"与更三年丧,不去"的规定

---

① 《春秋公羊传注疏》卷八。
② (清)李慈铭:《越缦堂诗文集》卷一。
③ 程树德:《九朝律考》,中华书局2004年版,第115页。

在于肯定子媳对舅姑所尽的孝道，对家族所做的贡献。对于妻子而言，最大的贡献就是为公婆守孝三年，完满履行孝道。相应的，家庭就不能忘记妻子的恩情而随便出妻，亦即妻子理应享受履行孝道所带给自己的不被休弃的权利。这是家庭上的权利，即履行义务所理应享有的权利。

其二，反对富而弃妻，倡导社会良好道德。贫贱时娶妻，富贵时抛弃糟糠之妻，这属于"背德"，亦即违背今天所谓的社会公德。正所谓"贫贱之知不可忘，糟糠之妻不下堂"①。夫家娶妻时贫贱，为了改善艰难的生存条件，以便生活过得更好一点，常常需要妻子照料家庭生活。妻子数月、数年、数十年地节衣缩食，昼夜劳作，才能换来舅姑的满意，孩子的健康成长，丈夫的仕途腾达。家庭由贵而富，生活蒸蒸日上，这一切都离不开妻子的辛苦操劳。一旦生活安定，丈夫极易休妻。《诗经·小雅·谷风》中写道："将安将乐，女转弃予。……将安将乐，弃予如遗。"②为了防止春风得意的丈夫喜新厌旧，跻身豪门的夫家嫌贫爱富，趁机借七出的名义休妻，破坏夫妻之情，损害夫妇之义，需要相应地采取措施予以制止，故而有"贱取，贵不去，不背德也"③。

其三，防止弃妇无以生存，体现仁道精神。"有所取无所归，不去"体现的是忠恕、爱人的仁道精神，维护社会的公平正义。无论是《大戴礼记》中的"有所取"，还是何休所说的"有所受"，其根本上均指有地方迎娶、接受妻子，但现在妻子却因为不可抗拒的原因而无处可归，比如娘家人可能因病医治无效，人去楼空；抑或突遭变故，宅地易主，已无安身立命之处。当从夫居为婚姻的主要形式时，一旦离婚，往往意味着妻子将会被丈夫赶出家门，即使是身份显赫的贵族妇女也同样逃不过被出的可

---

① 《后汉书》卷二十六。
② 另一著名的"弃妇诗"——《诗经·国风·卫风·氓》也有类似描述。
③ 《春秋公羊传注疏》卷八。

能。贵族妇女被出称为"大归""来归"①,也是被休回娘家之意。《左传》中多处提到出嫁女来归或大归,其实都是指离婚女子回娘家居住。因此,"无所归"就是指妻子没有归去之处,而非嫁资、财物等无所归还。按照何休注释,这种情况下不得去妻的原因在于"不穷穷也",就是不能使无家可归的妻子走到穷途末路,此处的"穷"并非没有钱的贫穷,而是走投无路的意思。"有所取无所归"而休妻,将无法保障弃妇最起码的生存需要,有违仁者爱人的忠恕、仁道精神,因此需要以三不去为七出划定边界,考虑妻子为家庭所做的贡献,防止夫家忘恩负义,致使已经家亡人散的妻子无可归之处。

(四)限制随意休妻

汉代礼经中强调七出,其出发点在于限制离婚,维护婚姻的稳定。这种限制体现在两个方面:就家庭而言,夫家的七出不是无限制的,而是要受到三不去的限制;就整个社会而言,通过七出矫正先秦的出妻之风。

从汉代的历史背景来看,七出是对先秦离婚自由的矫正,防止无限制地随便休妻。据目前的史料推断,至少在春秋战国之时,出妻之风盛行,丈夫可以随意找个借口把妻子休弃,出妻在当时是很平常、很易见的。无论是王公贵族,还是普通民众,任意出妻的现象普遍存在。

从《左传》的记载来看,对于王公贵族来说,随便找一个借口就可以出妻。一如,荡舟使夫君受到惊吓而被休弃。《左传·僖公三年》载:"齐侯(桓公)与蔡姬乘舟于囿,荡公。公惧变色,禁之不可。公怒,归之,未之绝也。"②二如,妻子能干而与民争利也会被出。鲁相公仪休,

---

① 《春秋穀梁传·隐公二年》载:"礼:妇人谓嫁曰归,反曰来归,从人者也。"《春秋》经文记载:文公十五年,"齐人来归子叔姬";宣公十六年,"郯伯姬来归";成公五年,"杞叔姬来归"。这些都是被出而遣回娘家的例子,此处仅就鲁女而言。对于他国女子被出,则仅称"归"或"大归",即归而不返之谓。如《左传·文公十八年》载:"夫人姜氏归于齐,大归也。"姜氏为鲁文公夫人,鲁文公死后,其子被杀,不得不大归,故又称作"出姜"。

② 《左传·僖公三年》。

"见其家织布好,而疾出其家妇"①。三如,法家为了正法,也会从出妻开始。吴起出妻即源于妻子织的布不合他的要求。"使其妻织组而幅狭于度。吴子使更之,其妻曰:'诺'。及成,复度之,果不中度,吴子大怒。其妻对曰:'吾始经之而不可更也。'吴子出之。"②四如,女子无媒、不聘而嫁也会遭到休弃。《左传·成公十一年》:"声伯之母不聘,穆姜曰:'吾不以妾为姒。'生声伯而出之。"穆姜是声伯之伯母,她不以声伯之母为姒(妯娌),声伯之母生下声伯后就被出了。另外,女子娘家亲人失势,更有可能被出。《左传·哀公十一年》载,卫国大叔疾原"娶于宋子朝","子朝出。孔文子使疾出其妻而妻之"。意即宋子朝出奔,大叔疾就出弃了她的女儿而另娶孔文子之女为妻。

至于淫佚遭弃,亦有成例。文公十四年,"冬,单伯如齐,齐人执单伯,齐人执子叔姬"。《春秋公羊传》曰:"单伯之罪何道,淫也,恶乎淫,淫乎子叔姬。"结果次年(文公十五年)子叔姬被弃:"十有二月,齐人来归子叔姬。"《春秋公羊传》曰:"其言来,何,闵之也。"何休注:"闵,伤其弃绝来归。"《新序》亦载公慎氏的妻子因"淫"而被出,"公慎氏有妻而淫,慎溃氏奢侈骄佚;鲁市之鬻牛马者善豫贾。孔子将为鲁司寇,沈犹氏不敢朝饮其羊,公慎氏出其妻"③。总之,贵族之家出妻的原因无奇不有,花样翻新,妻子实在防不胜防。④

《诗经》中的婚恋诗比较能反映中下层社会的出妻之风。尽管《诗经》作品的创作年代很难一一具体指出,但从其形式和内容的特点来看,大体可确定:周颂是西周初年周王室的祭礼乐歌;大雅的大部分作品

---

① 《史记·循吏列传》。
② 后来其妻不服,于是请求其兄求情,其兄曰:"吴子,为法者也。其为法也,且欲以与万乘致功,必先践之妻妾然后行之,子毋几索入矣。"参见《韩非子·外储说右上》。
③ "公慎氏出妻"的记载最早见于《荀子》。《荀子·儒效》载"公慎氏出其妻,慎溃氏逾境而徙后来"。
④ 上述几例远远不能概括先秦时期贵族出妻的全貌,充其量只能给读者一种直观的感觉而已。

产生于西周前期,小雅大多是西周后期的作品,一部分迟至平王东迁;国风的大部分作品及鲁颂、商颂则产生于春秋前期。所谓"十五国风"就是十五个地方的土风歌谣,正如范文子所说,"乐操土风,不忘旧也"①。这些民谣属于文学作品,并不是真正的离婚案例,无法直接作为证据使用,但还是能从宏观上反映当地的离婚情况。

比如《诗经·国风·卫风·氓》之"桑之落矣,其黄而陨……女也不爽,士贰其行。士也罔极,二三其德";《诗经·国风·邶风·谷风》之"宴尔新昏,不我屑以……不我能慉,反以我为雠"等均是此一类。所以《诗经·国风·王风·中谷有蓷》才有此叹:"嘅其叹矣,遇人之艰难矣……条其啸矣,遇人之不淑矣。"《诗经·国风·卫风·氓》才有此诫:"于嗟女兮,无与士耽。士之耽兮,犹可说也。女之耽兮,不可说也。"足见当时出妻之风盛行。

即便是圣贤之家也是动辄出妻。孟子想以妻子行为不雅为由出之,曾参以蒸食不熟为由出妻。"及其妻以藜蒸不熟,因出之。"②也有因家庭不和而出妻。对于为何与匡章交往,孟子解释道:"夫章子,岂不欲有夫妻子母之属哉?为得罪于父,不得近,出妻屏子,终身不养焉。"③可见章子休妻是为了讨父母欢心。

由于先秦距今久远,史籍遗失,可查阅的出妻事例相当有限。但是,管子有"士三出妻,逐之于境外"④之令;战国赵太后常担心女儿燕后被遣返回家,"祭祀则祝之曰'必勿使反'"⑤;《韩非子·说林上》有"为人妇而出,常也;其成居,幸也"之言。以上诸种材料,至少可以在一定程度上反映春秋战国时期的婚姻极不稳定,出妻频繁,离婚普遍,能够"执

---

① 《左传·成公九年》。
② 《孔子家语·七十二弟子解》。
③ 《孟子·离娄下》。
④ 《管子·小匡》。
⑤ 《史记·赵世家》。

子之手,与子偕老"①,夫妻恩爱到白头的,实在值得庆幸。

总而言之,面对妻子容颜的衰退,丈夫往往喜新厌旧、另结新欢。男子贫时尚能夫妻相依,一旦家境稍稍富裕便无情抛弃糟糠之妻的现象普遍存在。鉴于婚姻的信任指数较低,离婚的耻辱感较低,汉代通过七出明确休妻的范围,禁止随便弃妻;用三不去约束七出,兼顾妻方的利益,维护婚姻之义,可谓明智之举。

二、七出的具体运用

颇具规范的七出之礼,是否践行于具体的婚姻生活中呢? 一旦出现七出的情形,夫家是否会选择出妻呢? 针对七出所列的不同情形,分别作以下考察。

(一)不顺父母去妻

目前,所能见到的汉代不顺父母去妻的典型事例有三:焦仲卿遣妇、鲍永去妻、姜诗出妻。其中焦仲卿遣妇可谓妇孺皆知。据《孔雀东南飞》所述,非是刘兰芝不顺父母,而是婆婆执意赶走儿媳,最终酿成媳死子亡的悲剧。东汉鲍永"事后母至孝",因为妻子在婆母面前叱狗,就和她离婚。② 姜诗"事母至孝",其妻对婆婆"奉顺尤笃",由于婆婆好饮江水,她经常去离家六七里的地方逆流打水,后来遇风没有按时返回,致使婆婆口渴而被休弃。③

同样是出妻之事,由于讲述人的地位身份和价值观的不同,对不顺父母去妻的态度就存在很大不同。作为文学作品的汉乐府名篇《孔雀东南飞》以一种婉转、同情的笔调道出弃妇刘兰芝的不幸遭遇,令人潸然泪下,对焦母油生愤意,不顺父母去妻之制的不公平、不合理跃然纸上。而

---

① 《诗经·国风·邶风·击鼓》。
② 参见《后汉书》卷二十九。
③ 参见《后汉书·列女传》。

正史显然是以肯定的态度来记载鲍永去妻、姜诗出妻,意在突出二者的典范性和示范性。史官之所以要收录此事,目的在于肯定并强调鲍永、姜诗对母亲的孝顺,推崇男子要"事母至孝",女子要做到无可挑剔,并以此教导世人,从而服务于以孝治天下的汉代理想秩序。

(二)无子出妻

无子,不仅夫家人会出之,丈夫的朋友、弟子也会代为出妻。此处举两例:

汉明帝的老师桓荣有四百多位徒弟,其中的学业佼佼者是豫章郡人何汤,曾为四十岁还没有儿子的师父去妻并另外物色女子,使得桓荣得以有三子,故此何汤深受桓荣器重。"荣门徒常四百余人,汤为高第(殿本误作'弟'),以才知名。荣年四十无子,汤乃去荣妻为更娶,生三子,荣甚重之。后拜郎中,守开阳门侯。"①另有应顺之少时好友许敬,"家贫亲老,无子",应顺就"为敬去妻更娶"②。替友、替师出妻,不仅不会遭怨,还会得到器重。妻子是无子的"替罪羊",足见无子出妻的正当性已经深入人心,婚姻传宗接代的家庭功能被放大到极致。也有明智之人认识到无子非妻之过。春秋时期的鲁国人商瞿,曾受艺于孔子,劝告三十无子而欲出其妻的梁叔鱼说:"吾年四十,有子五人,恐子晚出,非妻之过也。"③

汉代之后,无子出妻亦屡见于史籍,如《南史·张裕传》中张稷之女无子被出即为一例,"稷长女楚媛,适会稽孔氏,无子归宗……"④

魏晋以后,对于无子被出之妇,士大夫中已经有同情之叹,流传下来的诗赋中当推曹植的《弃妇诗》和曹丕的《出妇赋》。

曹植的《弃妇诗》云:"拊心长叹息,无子当归宁。有子月经天,无子

---

① 《后汉书·桓荣丁鸿列传》。
② 《东观汉记校注》卷十六。
③ 《白孔六帖》卷十七。
④ 《南史》卷三十一·列传第二十一。

若流星。天月相终始,流星没无精。栖迟失所宜,下与瓦石并。忧怀从中来,叹息通鸡鸣……收泪长叹息,何以负神灵。招摇待霜露,何必春夏成。晚获为良实,愿君且安宁。"曹丕的《出妇赋》云:"伤茕独之无恃,恨胤嗣之无滋。甘没身而同穴,终百年之常期。信无子而应出,自典礼之常度。悲谷风之不答,怨昔人之忽故……"

曹氏兄弟的诗篇道出有识之士对无子出妻的不同感受,揭示了无子之妻所遭受的不公平待遇,他们对因无子而被出的女子的境遇予以深切的同情,所以才会发出"信无子而应出,自典礼之常度。悲谷风之不答,怨昔人之忽故"的哀叹。但曹氏兄弟仅仅是局限于哀叹的程度,并没有明确表示反对,还是把无子出妻视为"典礼之常度"。

(三) 嫉妒出妻

妻因嫉妒被出,为其"乱宗"也,故而嫉妒也成为出妻的原因。自古以来,因为嫉妒而被出者,不乏其例。汉代孝元皇后的母亲,"魏郡李氏女也。后以妒去,更嫁为河内苟宾妻"①。

后汉冯衍,"娶北地任(任)氏为妻,悍忌,不得畜媵妾,儿女常自操井臼,老竟逐之"②。冯衍何以老而逐妻,通过他给妇弟任武达的信中,可以略知情委:"不去此妇,则家不宁;不去此妇,则家不清;不去此妇,则福不生;不去此妇,则事不成。自恨以华盛之年不早自定,至于垂白家贫身贱之日,养痈长疽,自生祸殃。衍以室家纷然之故,捐弃衣冠,侧身山野,绝交游之路,杜仕宦之门,阖门不出,心专耕耘,以求衣食,何敢有功名之路哉。"在冯衍看来,他是忍无可忍而老来出妻。从信中可知,冯衍之妻娘家至少还有弟弟,所以,也不违三不去的原则。至于其被休之后,在娘家情形如何,是改嫁他人,还是选择自杀,或是郁郁而活,抑或有所悔改,认识到自己的嫉妒不对,从而认同社会的主流意

---

① 《汉书·元后传》。
② 《后汉书·冯衍列传》。

识,由于没有第一手资料流传下来,对于她的内心活动,我们不得而知,但其情形着实让人担心。任氏不让丈夫纳媵妾,只是捍卫她作为妻子应该享有的权利,在今天看来无可厚非,但由于和当时男尊女卑,男子可以妻妾成群,而女子必须顺从、守贞的主流意识相冲突,所以被史官斥为"悍忌"。冯衍出妻,很好地证明礼经中的"嫉妒乱家"之说,故而必须出妻。自汉之后,妇以此被出者,仍偶有其例。

《魏书·刘昶传》记载,刘昶次子刘辉,"尚兰陵长公主,世宗第二姊也。拜员外常侍。公主颇严妒,辉尝私幸主侍婢有身,主笞杀之,剖其孕子,节解,以草装实婢腹,裸以示辉。辉遂忿憾,疏薄公主……请离婚……"

《魏书·李孝伯传》记载,李孝伯的侄子李安世,"妻博陵崔氏,生一子玚。崔氏以妒悍见出,又尚沧水公主……"

更有妻子因嫉妒而自请离绝其夫的故事。《晋书·谢邈传》记载,谢邈的妻子"郗氏,甚妒。邈先娶妾,郗氏怨懟,与邈书告绝"。

(四)其他"四出"的情况

淫佚而出的事例,魏晋南北朝之际少有记载。当然,少有记载并不代表社会不重视淫佚。从现存的北齐律看,其中已经出现了重罪十条,其中之一就是"内乱",目的在于惩治淫乱行为,制止紊乱礼经的丑行。为了维护家族尊卑有序、贵贱有别的等级秩序和伦理道德,特别是家族血脉的纯洁,势必要严惩淫佚之行。

至于盗窃而出者,尚未见到具体事例。

恶疾而出妻者,史料中未曾出现。倒有丈夫有恶疾而妻子请求离婚的事例。《列女传》载有蔡人之妻因为婿有恶疾,妻母将女儿改嫁他人。汉代平阳公主就是因为丈夫有恶疾而离婚,改嫁卫青。《汉书·卫青传》载:"初,青既尊贵,而平阳侯曹寿有恶疾就国,长公主问:'列侯谁贤者?'左右皆言大将军……于是长公主风白皇后,皇后言之,上乃诏青尚平阳主。"

《史记·曹相国世家》载,曹参的曾孙曹时,"尚平阳公主,生子襄。

时病疠,归国"。

此处的"疠",就是恶疾,亦写作"厉",也就是癫病。《尚书》言:"遘厉虐疾。"《说文解字》云:"疠,恶疾也。"《论语》中有"伯牛有疾"的表述,后人作注时称:"先儒以为癞也,本作厉。"虽然对于何种情况属于恶疾,礼与律都没有明文规定,但是通过查阅经书、出土史料等资料的相关解释,以及有关研究可以发现,疠病应属于今天的麻风病之类的传染病。

至于妇人以多言被出的,陈平兄嫂即是其一。《汉书·陈平传》记载,陈平年少时"与兄伯居。伯常耕田,纵平使游学。平为人长大美色,人或谓平:'贫何食而肥若是?'其嫂嫉平之不亲家生产,曰:'亦食糠麸耳。有叔如此,不如无有。'伯闻之,逐其妇弃之"。

综上所述,七出的目的在于维护家族的同居生活。由于史籍所记仅仅为上层社会的情况,不能全面地反映整个社会的情况,但从中可以看出,社会主流意识对七出持肯定态度,七出在现实的婚姻家庭生活中得到了一定程度的适用。

第三节　两姓失和的义绝离婚

婚姻之礼的本质体现是两姓失和的义绝强制离婚。家族联姻决定了两姓失去合好的基础必然导致离婚,即义绝离之。因而义绝的出发点在于对不符合婚姻合好两姓的目的的情况及时进行处理,正所谓恩断义绝,不得不离。从这一角度来看,义绝的情形有违夫妇之义,从而导致离婚结果。显然,义绝是具有鲜明中国传统文化精神特征的国家强制离婚。不管当事人的意愿如何,只要婚姻中出现了伤害夫妻之义的行为,婚姻就应该断绝。应离婚而不离者,国家就予以处罚。一旦判决离婚,即使以后遇到赦免,也不存在恢复婚姻的可能性。现有资料表明,义绝的缘起和基本精神至少在汉代便已经形成。

一、义绝的内在含义

据现有材料看,义绝之语最早出现在汉代。汉代之前的义绝应该有一个产生的过程,但由于史料的缺失,无法一窥全貌,只得把汉代作为义绝之礼的分析起点,予以阐述。

义绝之礼出现在刘向所撰的《列女传》中。黎庄公之傅母曰:"夫妇之道,有义则合,无义则去。今不得意,胡不去乎?"①《汉书·孔光传》则开始有义绝之说,时值"淳于长坐大逆诛","光议以为:'大逆无道,父母妻子同产无少长皆弃市,欲惩后犯法者也。夫妇之道,有义则合,无义则离。长未自知当坐大逆之法,而弃去厉始等,或更嫁,义已绝,而欲以为长妻论杀之,名不正,不当坐。'有诏,'光议是'。"

较为正式地涉及义绝行为本身含义的议论,出现在《白虎通义》中,如"悖逆人伦,杀妻父母,废绝纲纪,乱之大者也。义绝,乃得去也"②。此处的"杀妻父母"被看作恩断义绝的典型。义绝离之,是因为杀害父母尊亲可谓对夫妇之义的最大伤害。损害了婚姻的基础"义",夫妻关系就失去了连结点,婚姻的解除便成定局。

据以上史料推测,义绝是汉代社会通行的礼俗,似乎毋庸置疑。③ 但遗憾的是,现存的汉律令遗文中并无义绝的具体规定。

综合汉代其他文献的论述来看,夫妇之义应该包括以下因素:其一,以"义"来定义婚姻重在强调夫妇之间的结合要适宜。适宜的标准当然不是性格相投、感情融洽,而是符合人之为人、别于禽兽寻偶结伴的

---

① 傅母之言是由黎庄公夫人不得宠而引起的。《列女传》载:"黎庄夫人者,卫侯之女,黎庄公之夫人也。既往而不同欲,所务者异,未尝得见,甚不得意。其傅母闵夫人贤,公反不纳,怜其失意,又恐其已见遗,而不以时去,谓夫人曰:'夫妇之道,有义则合,无义则去。今不得意,胡不去乎?'……"

② 《白虎通义·嫁娶》。

③ 陈鹏先生据《列女传》中黎庄公之傅母所说的"夫妇之道,有义则合,无义则去"推测,汉代应有义绝之条。参见陈鹏:《中国婚姻史稿》,中华书局1990年版,第608页。

伦理根本,即以礼为判断标准,"夫礼,坊民所淫,章民之别"①。在建构婚姻之礼时,首要的任务在于定男女之别。其二,把婚姻之义作为人伦之始。正如《周易》《礼记》所说的有夫妇而后才有父子、君臣等的道理。② 自然,婚姻就成为人伦之本,与天地之道相契合。"先圣乃仰观天文,俯察地理,图画乾坤,以定人道,民始开悟,知有父子之亲,君臣之义,夫妇之别,长幼之序。于是百官立,王道乃生。"③既然以婚姻来定人伦,自然要重视维护夫妇之义。其三,明白婚姻之礼,进而遵循夫妇之义。"昏姻之礼,所以明男女之别也。……故昏姻之礼废,则夫妇之道苦,而淫辟之道多矣……"④只有正了夫妻名分,才能维护人伦大义。

　　更重要的是,古人对婚姻目的的定义是,使两个家族和睦相处,进而维护社会的稳定和国家的长治久安。古代婚姻的主体与其说是男女当事人,不如说是双方的家长。汉代认为,婚姻的目的是"将合二姓之好,上以事宗庙,而下以继后世也"⑤。当把夫妇之义视为一切伦理道德的起点时,婚姻制度就是社会制度的基础,一切社会关系由此推广而出。婚姻中一旦出现有损双方家族的义绝行为,夫妇之义就荡然无存,婚姻就必须解除。

　　从上述义绝的词义和基本思想可以看出:婚姻的目的在于合好两个家族,双方家族利益达到平衡就是婚姻之义的达成;夫妇结合的原则重在适宜,夫妇之义的基础是夫妻基于基本的人伦对对方及其家族所应承担的义务,即人伦之大本。一旦这个基础被破除,夫妇之义就断绝了。这构成了汉代社会的总体认识和主流社会的思想基础,并奠定了后世义

---

① 《礼记·坊记》。
② 《周易·序卦》有言:"有天地然后有万物,有万物然后有男女,有男女然后有夫妇,有夫妇然后有父子,有父子然后有君臣……"所以《礼记·中庸》才说"君子之道,造端乎夫妇"。《礼记·郊特牲》则云:"夫昏礼,万世之始也。"
③ 《新语·道基》。
④ 《礼记·经解》。
⑤ 《礼记·昏义》。

绝制度的理论基础。夫妻基于人伦对对方及其家族所应承担的道德义务渗透到法律中,便形成了中国古代社会颇具特色的官府强制离婚制度——义绝。但对于礼制而言,只是确定了义绝的基本理念,"而法律则是将义绝之说具体化、制度化,使之具有可操作性"①。由于在汉代以前,婚姻主要由礼来调整,并且汉代允许以经补律,引经决狱,故义绝没有在律文中出现是可以理解的。

二、义绝的司法实践

汉代是义绝理论的形成时期,在具体的司法实践中会产生不同的问题,特别是涉及身份上的法律适用,情况就更为复杂,需要针对具体问题予以解决。宋代郑克在《折狱龟鉴》中援引了防年杀继母陈的案例②:

> 汉景帝时,廷尉上囚防年继母陈杀防年父,防年因杀陈,依律杀母以大逆论。帝疑之。武帝时年十二,为太子,在帝侧。遂问之,对曰:"夫'继母如母',明不及母,缘父之故,比之于母。今继母无状,手杀其父,则下手之日,母恩绝矣。宜与杀人同,不宜以大逆论。"

当时仍为太子的汉武帝引用义绝理论断"防年杀继母案",使汉景帝疑团大释。防年杀继母属于以幼犯长,以卑犯尊,要以大逆之罪论处,远远重于杀害常人。按礼继母同于亲母,"明不及母,缘父之故,比之于母",所以防年不可能减轻处罚。但防年杀继母是为报继母杀父之仇,判大逆实在有违人情。汉武帝则用义绝理论解释,认定防年的继母杀死自己丈夫的时候,夫妻双方已经恩断义绝,自然继母与儿子的拟制血亲关系就被解除了,防年就应以杀害常人论处,"不宜以大逆论"。

---

① 金眉:《论唐代婚姻终止的法律制度》,载《南京社会科学》2001年第11期。
② 参见(宋)郑克:《折狱龟鉴》卷四。

此案明确了发生悖逆人伦、废绝纲纪的义绝行为时，婚姻双方就不必再负身份上的责任，解决了义绝认定的时间问题，以及案件的具体定性、是否连坐、连坐范围和当事人各方身份上的变化，较好地解决了法律适用中产生的问题。鉴于家族法下的人们享有权利和履行义务的基础是身份，汉武帝对义绝的解释更显得意义重大，并为后代所遵循。

汉代义绝范围比较广泛，除夫妻义绝之外，在婚姻关系之外也存在义绝的情形。《九朝律考》曾记载一个相关案例：

> 甲有子乙以乞丙，乙后长大，而丙所成育。甲因酒色谓乙曰：汝是吾子。乙怒杖甲二十。甲以乙本是其子，不胜其忿，自告县官。仲舒断之曰：甲生乙，不能长育，以乞丙，于义已绝矣。虽杖甲，不应坐。①

此案中的义绝在于强调父子之义绝。甲作为乙之生父，却把儿子送给丙，没有尽到养育儿子的父职，与儿子已是恩断义绝，所以乙杖甲不应按子犯父加重处罚，以常人论处即可。

汉代之后，晋人定律，至今未见有义绝之条留下。《晋书·礼中》提到义绝之例：

> 太康元年，东平王楙上言，相王昌父毖，本居长沙，有妻息，汉末使入中国，值吴叛，仕魏为黄门郎，与前妻息死生隔绝，更娶昌母。今江表一统，昌闻前母久丧，言疾求平议……都令史虞溥议曰："臣以为礼不二嫡，所以重正，非徒如前议者防妒忌而已。故曰'一与之齐，终身不改'，未有遭变而二嫡。苟不二，则昌父更娶之辰，是前妻义绝之日也。使昌父尚存，二妻俱在，必不使二嫡专堂，两妇执祭，同为之齐也。"

此处根据礼制中"礼不二嫡"的精神，认定昌父的再娶行为构成义

---

① 参见程树德：《九朝律考》，中华书局2003年版。

绝,把"昌父更娶之辰"认定为"前妻义绝之日",此举在于维护一夫一妻的婚姻之义。

晋时虽有义绝之例,但并非对所有的义绝情形都强制断离。如当时谢朓告王敬则谋反,王敬则父子因此被诛杀。王敬则的女儿也就是谢朓的妻子,常携带刀具,意欲报复谢朓,谢朓终日不敢与她见面。① 谢朓与其妻夫妇之义已绝,而不闻离异。由此案例可推断,晋代并非强制离异。至于其他的相关案例,由于史料记载的缺乏,无法进一步展开分析。

汉代之后,晋人定律,未见有义绝之条。到唐代时,律典中开始出现义绝的规定。宋元时期,司法活动中有关义绝的内容更为多见。到明清时,义绝制度与唐时相比,有了较大的变化。清末修律时,这一历经千余年的古老规定被正式废除。

第四节　情不安谐的和离方式

婚姻"以义合",讲求夫妇之义,"有义则合,无义则去"②。同时,情合情散也得到认可。如果夫妻情意不相和谐,争吵不断,势同水火,自然不能强制他们维持婚姻。故而,法律设有和离之法。自唐代之后,历代均有明文规定。

无疑,和离制度确立于唐代。由于法律制度具有继承性,在唐代的和离之法出现以前,和离经历了怎样的萌生、发展和定型的过程,是一个值得探究的问题,但由于目前可以查找到的材料中,相关的记载寥若晨星,很难对此有深入的分析。

---

① 参见《南史》卷十九·列传第九。
② 《列女传》。

一、情不安谐的表现

夫妻反目是情不安谐的表现。在目前学界有限的探讨中①,基本上都把和离溯源于《周礼》之中。《周礼·地官·媒氏》:"凡娶判妻入子者,皆书之。"宋代郑锷注曰:"民有夫妻反目,至于仳离,已判而去,书之于版,记其离合之由也。"对于夫妻反目为仇,无法继续生活的情况,承认其离婚的事实,并把其离婚原因记录下来。这些记录虽然不像后世那样规范,但至少说明我国古来就存在一个事实:夫妻情意不相和谐者,可以离婚。

关于离婚的具体程序,《礼记·杂记下》的记载表明,可谓极其客气。"诸侯出夫人,夫人比至于其国,以夫人之礼行。至,以夫人入,使者将命曰:'寡君不敏,不能从而事社稷宗庙,使使臣某,敢告于执事。'主人对曰:'寡君固前辞不教矣,寡君敢不敬须以俟命。'有司官陈器皿,主人有司官亦受之。"这则材料对诸侯离婚的过程交代得比较详细,虽然离异,仍然"以夫人之礼行。至,以夫人入",把离婚归为自己的"不敏,不能从而事社稷宗庙",双方还要举行一定的交接仪式。当然,这些客气的记载,有多少是先秦的实际,又有多少是汉儒的理想寄托,固然无法证实,但它至少反映出离婚观念中好合好散的愿望。

二、婚姻的和平解体

和离的观念反映在离婚实践中就是不用经由官府判决,男女双方便可自愿离异,使婚姻和平解体,最终化解夫妇之间的矛盾冲突。如晏子的车夫之妇主动提出离婚,因为她对丈夫的举止不满:"其夫为相御,拥

---

① 已经有一些学者关注到和离制度的起源问题,一致认为《周礼·地官·媒氏》的相关可以认为是和离的渊源。例如,张艳云:《从敦煌〈放妻书〉看唐代婚姻中的和离制度》,载《敦煌研究》1999年第2期;陈晓:《先秦时期妇女的离婚问题》,载《文史杂志》1999年第4期。

大盖,策驷马,意气扬扬,甚自得也。既而归,其妻请去。夫问其故。妻曰:'晏子长不满六尺,身相齐国,名显诸侯。今者妾观其出,志念深矣,常有以自下者。今子长八尺,乃为人仆御,然子之意自以为足,妾是以求去也。'"既然妻子如此嫌弃丈夫,车夫也不便再挽留,于是双方离婚。车夫遭遇离婚后甚为自卑,晏子了解原委之后,举荐车夫为大夫。① 由此可见,双方情趣不投时,女子也可以主动提出离婚。

第五节　传统离婚的另类情形

七出、义绝、和离会引起婚姻解除,但由于古代婚姻重视伦理,承认定婚的效力,因而婚变因素还包括定婚撤销,以及违律婚断离,即婚姻的成立有违社会伦理的,由官府断离。另外,政府干预和政治原因也会导致婚姻变动,战争或犯罪等突发事件也会引起婚姻解体,这些都属于本节所要探讨的婚变因素。

一、定婚撤销的厘定

由于古代婚姻的效力始于定婚,所以定婚撤销属于婚姻解体肇因之一。定婚撤销最初主要运用习惯机制来调整,以禁止重复定婚,谋求婚姻的稳定。法律对定婚责任的认定经历了从由女方单独承担责任到男女双方均应承担责任的变化过程。

撤销婚约或婚姻主要有两大类:主动撤销和被动撤销。前者是定婚一方主动解除婚约。后者则是定婚一方因为客观原因无法成婚,另一方不得不解除婚约;当然也包括一方因犯罪等原因离家,另一方解除婚姻的情形。

---

① 参见《史记·管晏列传》。姜太公也曾因为妻子对他不满而和她离婚。这在一些资料中有所记载。如《说苑·尊贤》载:"太公望,故老妇之出夫也……"《战国策·秦五》载:"太公望,齐之逐夫,朝歌之废屠,子良之逐臣,棘津之雠不庸,文王用之而王……"

主动撤销婚约实际上就是悔婚,极易引起婚姻纠纷,唐代明令禁止。随着婚变纠纷的增多,为了便于司法官进行责任认定,唐律明确处罚悔婚别嫁的行为。

如《唐律疏议·户婚》规定:"悔者杖六十,婚仍如约……虽无许婚之书,但受娉(聘)财,亦是。"可见,一旦女方定婚,不管有没有婚书,只要接受男方的聘财,就必须受到法律的约束,不得悔婚别嫁。否则,女方悔婚无效,必须履行原先的婚约,同时对女方处杖刑六十。这些措施的目的在于制止女方数许和轻易悔婚,从而减少彩礼归属纠纷。① 而对于男方悔婚的情形,遍观律文,竟无一条处罚之文,仅仅是"男家自悔者,不坐,不追娉(聘)财"而已。司法实践中,男方只要交了聘财,即便悔亲,也不会被官府追究责任。白居易为官时,便是如此判决:"婚书未立,徒引以为辞;聘财已交,亦悔而无及。"②宋元时期的相关规定与此相同。

明清律则有所变化,《大明律》与《大清律例》均规定,无论是女家悔亲别嫁,还是男家悔亲别娶,一同治罪。不论男家女家,双方都承担相应的悔亲责任,这不失为一种对等。明清时期,禁止男方任意撤销婚约,追究其悔亲的责任,实质上也是对缔结婚约的另一方,即女方的保护。

被动撤销婚约主要是因为男方不娶,女方不得不解除婚约。定婚之后严禁悔婚,但如果男方无故数年不娶,导致女方数年无法完婚,则女方可以解除婚约,即"诸定婚无故三年不成婚者听离"③。此为女方被动解除婚约。而被动解除婚姻则是指男方因违法或犯罪等客观原因离家,无法继续婚姻生活,在这种情况下允许妻子离婚,即"已成婚而移乡编管,其妻愿离者听"④。

---

① 参见苏冰、魏林:《中国婚姻史》,台北文津出版社1994年版,第181页。
② 《白居易集》卷五十。
③ 《名公书判清明集》卷九。
④ 《名公书判清明集》卷九。

定婚中的责任认定变化。《唐律疏议·户婚》有专条规定,"诸许嫁女,已报婚书及有私约,约"。疏议对"诸许嫁女,已报婚书"的解释是,"男家致书礼请,女氏答书许讫"。在"私有契约,或报婚书"之类的情形下,"不得辄悔,悔者杖六十,婚仍如约。若男家自悔者,无罪,娉财不追"。"虽无许婚之书,但受娉(聘)财"的,也是这样。

宋代开始明确允许女方在一定条件下可以解除婚约或者离婚。"一定条件"包括:其一,男方三年无故不娶。如宋代名公赵惟齐在"诸定婚无故三年不成婚者听离"的判词中,认为男方陈鑑(监)定婚之后,"首尾已历五载,已违'诸定婚无故三年不成婚者听离'之条"。可见,宋代已经在法律上允许此种条件下女方解除婚约。赵惟齐据此判决女方可以解除婚约,但"所有聘礼当还男家"①。其二,丈夫犯法无法继续婚姻。宋代名公翁浩堂在审理林莘仲控告妻子卓氏改嫁一案时认为,"已成婚而移乡编管,其妻愿离者听",林莘仲因为犯法被移乡编管,"而六年并不通问,揆之于法,自合离婚"②。司法实践中,官府在男方无法完婚或继续婚姻的情况下,在一定条件下赋予女方离婚的自主性,判决女方离婚,允许其再嫁,体现出对女性利益的维护。

明清律的规定则出现了明显的变化,特别是对男方也予以处罚。具体来说,在男女定婚之初,双方如果有残疾、老幼、庶出、过房、乞养等情况,则需要告知,如果对方愿意,则与媒妁写立婚书,然后依礼嫁娶;如无媒妁通报,则称之为私定终身的私约。私约与曾受聘财的定婚一样有效。无论是女家悔亲别嫁,还是男家悔亲别娶,均一同治罪,双方都承担相应的悔亲责任,这不失为一种平等。

二、其他离婚类型

违律婚断离的规定。违律婚断离是指违反法律的禁止性规定而结

---

① 《名公书判清明集》卷九。
② 《名公书判清明集》卷九。

婚,官府判决离异的制度,与义绝一并构成官府强制断离制度。但违律婚与义绝又有根本的不同:义绝是在婚姻合法的前提下,因为婚姻存续期间发生了法定的伤害行为,官府强制离婚;而违律婚则是指欠缺婚姻成立的法定条件而不发生法律效力的男女结合,因此婚姻自始不合法,必须由官府强制断离。

违律婚断离类似于今天的无效婚撤销。既然婚姻本就无效,当然就谈不上离婚,所以严格来说,违律婚断离不应被看作离婚。然而,古代婚姻法律用语中并无无效婚、撤销婚的概念,只有"离""离正""离异"等提法。违律婚断离见诸律文始于唐律,其有关内容集中规定在《唐律疏议·户婚》中。

由于唐代禁婚关系的范围不同,违律婚的内容也各不相同。违律婚断离与义绝有共同之处,均属于中国古代强制解除婚姻的情形。官府断离意味着撤销违法婚姻,并对拒不离婚者科以刑罚。

到了明代,《大明律》进一步扩大违律婚的范围,典雇妻妾、娶乐人为妻妾、僧道娶妻、强占民妇等都被纳入违律婚的行列。一旦离婚,双方按照常人对待,女方不必负身份上的刑事加重责任,注重伦理机制。

中国传统重视婚姻伦理,禁婚关系的范围广泛,违律婚断离对婚姻的调节是全方位的,既是出于维护家庭秩序的需要,更是出于政治管理和社会统治的需要。其中,禁止有妻更娶、妻妾失序是通过维护妻子的名分,防止联姻家族的失谐,从而保证联姻家族的利益。如果男方妻妾失序,女方告官,法司则予以追究。如吐鲁番阿斯塔纳第二〇九号墓出土了唐代贞观年间西州高昌县县令勘问梁延台、雷陇贵婚娶纠纷案残卷一件,上面记载了雷陇贵有妾自称妻案[①],内容涉及妻妾失序之事,高昌县县令依法追究雷陇贵将妻抑作妾的违律婚行为,从中可见该法条的具体适用。

---

① 残卷原样现藏新疆维吾尔自治区博物馆,编号:72TAM209:87、88、90、02,原文详见刘俊文:《唐律疏议笺解》(上册),中华书局1996年版,第1021—1022页。

另有居父母夫丧、父母被囚禁时嫁娶的情况,属于嫁娶违时。典型的案例是宋代的阿云之狱。"云许嫁未行,嫌婿陋,伺其寝田舍,怀刀斫之,十余创,不能杀,断其一指。吏求盗弗得,疑云所为,执而诘之,欲加讯掠,乃吐实。"① 如此简单的案情,前后审理却长达十七年之久。登州知府许遵和王安石等极力主张减免阿云的死罪,其中极为重要的一个理由就是阿云定婚之时,服丧期未满,故与韦某的夫妻关系不能成立,应按普通人处理。而审刑院、大理寺却以谋杀亲夫的罪名判处阿云死刑。笔者这里无意讨论该案的争议,只是意欲借此案例说明:一旦按照违律婚论处,阿云就不必按照妻杀夫加常人三等以死刑论处,仅以谋杀未遂论处即可。由死入生,处刑势必大大减轻。

明清增加了禁止典雇妻妾、强占民妇的违律婚禁条,并对这种情形强制断离,在保障社会伦理的同时,客观上也维护了妇女的利益。这从另一方面说明,典雇妻妾、强占民妇的行为已经严重危害了社会道德和社会秩序,需要法律予以严惩。严禁典雇妻妾是防止借非法性行为来牟取暴利,败坏社会伦理。官府对强占良家妇女、奸占为妻的豪强者处以绞刑,严惩强占民妇的豪强恶霸,有利于防止他们在更大范围内激起民怨。《刑案汇览》涉及此类案例较多,特别是强占民妇的案例,官府判决多达几十个。② 因为在聚族而居的传统社会,强占民妇往往引起连锁反应,不仅会激起民妇的夫族及其亲戚的怨恨,而且会引起民妇娘家的强烈不满,从而激化社会矛盾。所以,司法官才对强占良家妇女、奸占为妻的豪强者判处极刑。此实乃防微杜渐的良策,同时也维护了妇女的合法婚姻和人身利益,在一定程度上体现出对弱势群体的保护。

除此之外,其他婚变肇因中同样存在调整机制,比如定婚撤销最初运用习惯机制;男方因战争或犯罪数年无法完婚,一定年限后女方可以解除婚约,强调意愿机制;也有政治原因引发的政府强制机制。这些调

---

① 《宋史》卷三百三十。
② 参见(清)祝庆祺等编:《刑案汇览》,北京古籍出版社2004年版。

整机制与离婚纠纷中的司法处理,一并构成婚变女性权益保障机制的内容。

  政府干预和政治原因引发的婚姻变动,主要发生在特权阶层,比如帝王为了让那些有才干的臣子死心塌地地为皇权卖命,最有效的办法就是通过婚姻联为姻亲。如后汉的宝元,"天子以公主妻之"①,宝元只得弃妻抛女,与公主结婚。北魏的武威长公主要嫁给李盖,"盖妻与氏,以是而出"②。大家耳熟能详的戏剧中的人物陈世美更是这方面的典型代表,毋庸赘言。诸如此类,不一而举。在政治因素中,皇亲贵族通过强制臣子离婚,而后令其与自家结亲,达到维护自家女方婚姻利益的目的。但臣子的结发之妻则是政府强制下的受害者。所以,政府强制是以牺牲贫弱妇女的利益为代价维护权贵之女的利益。

---

  ① 有关该材料的具体内容,参见《天中记》及《太平御览》。后书将宝元写作宝玄。
  ② 《魏书》卷八十三。

第三章 律法中的离婚制度

礼律合一,唐律中离婚法制体系完备。随着法律儒家化基本完成,唐代形成了以律为核心的法规体系,传统离婚制度开始全面进入律法调整时期。《四库全书总目提要》概括而准确地说明:"论者谓唐律一准乎礼,以为出入得古今之平。"礼成为唐代律典对离婚的要件、程序、效力进行规定以及对违法离婚进行刑事处罚的尺度,且有比较详尽和系统性的规定。后代对此既有所继承,也有所变化,使离婚制度更加适应社会发展的需要。

第一节 唐律离婚制度的定位

唐代律法中的离婚制度主要包括七出、义绝、和离以及违律婚断离四种,不同的离婚制度有不同的定位,意在从不同的方面解决婚姻生活中的矛盾冲突,达到调整婚姻生活、重新恢复家庭和社会秩序的目的。

一、七出的规定

前文已对礼经中的七出有所介绍。随着社会的发展,七出何时引入法律,在立法上如何表达,实践中如何运作,以及立法与实践之间有何矛盾冲突,由于材料所限,难以一一作答,目前只能从唐代开始考察。根据对现存材料的考证,唐代有关七出的规定主要集中在律令之中,格和式中尚没有见到相关内容。这些法律规定在实际婚姻中的执行情况如何,需结合唐代七出的离婚事例进行分析。

(一)唐律关于七出、三不去的规定

《唐律疏议·户婚》"妻无七出而出之"条规定:"诸妻无七出及义绝之状,而出之者,徒一年半;虽犯七出,有三不去,而出之者,杖一百。追还合。若犯恶疾及奸者,不用此律。"

疏议对此的解释是:"七出者,依令:'一无子,二淫佚,三不事舅姑,四口舌,五盗窃,六妒忌,七恶疾。'……三不去者,谓:一,经持舅姑之丧;二,娶时贱后贵;三,有所受无所归。而出之者,杖一百。并追还合。'若犯恶疾及奸者,不用此律',谓恶疾及奸,虽有三不去,亦在出限,故云'不用此律'。"

根据上述规定并结合其他相关规定,我们可以归纳唐代七出、三不去的主要内容:

1. 唐代七出、三不去的顺序变化

唐代七出、三不去无论是在顺序上,还是在措辞上,都和《大戴礼记》的表述不太一样。"无子""淫"分别由第二位、第三位上升为第一位、第二位;把"不顺父母"改为"不事舅姑",由第一位降为第三位;"多言"改为"口舌",由第六位提为第四位;"盗窃"由第七位提到第五位;把"妒""恶疾"放在最后。至于三不去,则把"与更三年丧"和"前贫贱后富贵"依次提前,把"有所取无所归"推至最后。

对于唐律的变动,学者极为关注。瞿同祖先生在《中国法律与中国社会》一书中指出:"法律上七出的秩序与礼书所载略异,秩序的先后或表示社会着重点的不同。无子跃居第一,妒忌及恶疾退处最后,其变动应与社会的意识形态有关,不可不注意。"① 金眉在《论唐代婚姻终止的法律制度》中认为,在唐代,无子、淫佚、口舌、盗窃的位次有所前置,而妒忌、恶疾的位次相对后置,这实际表明法律对继嗣、财产和家庭伦常的重

---

① 瞿同祖:《中国法律与中国社会》,中华书局2003年版,第137页。

视程度较礼制有所提高。七出位次的前置与后置,本身就是唐代社会根本特征在法律上的反映,同时也表明唐代立法技术已经有了长足的进步,引礼入律在唐代已经成熟,这一时期多对礼制合理吸收,少对礼制盲从。同时,立法者注意到了礼制与法律不同的适用范围和功能,这种合理的区分有助于法律趋向合理化和世俗化,更能反映社会的本质特征并适应社会需要。① 刘玉堂、陈绍辉在《论唐代的离婚立法——以"七出"之制为中心》中就这一问题作了深入具体地展开,从将儒家思想确立为治理国家、规范社会的基本方针以来,儒家思想已深入人心,为整个社会所接受,并成为人们用以评价君主与政府的基本准则。"无子"跃居七出之首位的深层次社会经济原因是,唐太宗时期需要从根本上解决劳动力缺乏这一问题。②

这些研究关注到唐代七出的细微变化,见微知著,不乏高见,但忽略了一个重要的情况,即唐代七出虽然不同于《大戴礼记》,却与何休在为《春秋公羊传》作注时谈到的"七弃"的顺序和用语几乎一样,只是唐代用"七出"一词,代替了何休的"七弃"一语,并非唐代立法者在顺序上的创新。唐代七出的顺序为什么会和何休之说一样?推测起来,大概有两种可能:一种是何休之说被汉代之后的注律者、制律者所采用,唐代立法者只是沿袭了前代的相关规定;另一种是唐代立法者认为何休之说更合适,故而采用。笔者认为,应该是第一种情况。因为法典制定一贯是后代沿袭前代,是自然而然的事,很难想象唐代立法者查验礼经,找到适合自己的说法,然后再集体讨论决定。当然,唐代采用何休之说,而没有直接借用《大戴礼记》的表达,说明何休之说更符合唐代立法者的判断标准和社会实际需要,而并非唐代的社会情况发生了多大变化、唐律本身

---

① 参见金眉:《论唐代婚姻终止的法律制度》,载《南京社会科学》2001年第11期。
② 参见刘玉堂、陈绍辉:《论唐代的离婚立法——以"七出"之制为中心》,载《江汉论坛》2004年第2期;刘玉堂:《论唐代的"义绝"制度及其法律后果》,载《中南民族大学学报(人文社会科学版)》2005年第6期。

有多么独到。至于何休之说的顺序为何与《大戴礼记》的顺序不太相同,由于笔者阅读有限,功力浅薄,不敢妄加揣测。

对于三不去,唐律的顺序也采用何休之说,但在用词上较何休之说更为简练。同样强调贵不去妻,而不包括富不易妻。比较明显的变化是把"尝更三年丧"明确界定为"经持舅姑之丧"。

2. 无子的认定

关于如何具体认定妻子无子,"问曰:妻无子者,听出。未知几年无子,即合出之? 答曰:律云:'妻年五十以上无子,听立庶以长。'即是四十九以下无子,未合出之。"此处"律云"所言是指《唐律疏议·户婚》之"立嫡违法"条。

通过法律问答,唐代确定妻子五十岁以上无子的,方可出妻。此处的年龄是指虚岁,与今天所谓的周岁有所不同。也就是说,妻子不到五十岁以上,不能以无子为由出妻。

3. 出妻应当履行相关程序

出妻应当履行何种程序,《唐律疏议》未作说明,但唐令对此作出了明确规定。开元二十五年《户令》规定:"诸弃妻须有七出之状,一、无子,二、淫佚,三、不事舅姑,四、口舌,五、盗窃,六、妒忌,七、恶疾,皆夫手书弃之,男及父母伯姨舅并女父母伯姨舅,东邻西邻及见人皆署;若不解书,画指为记。"①

据此规定,在具有七出的情节时,出妻还必须符合法定的程序:一则,出妻时应由丈夫亲自写立休书,表明同意出妻。二则,应由男女双方的家长同意,并在休书上签字,父、母、伯、姨、舅这些长辈亲属均可。三则,证人及其他在场人员也需要签字。四则,如果不会制作休书或不识字,可以按手印,又称画手模。

---

① [日]仁井田陞:《唐令拾遗》,栗劲等编译,长春出版社1989年版,第162—163页。

4. 增加了三不去的例外情况

"若犯恶疾及奸者,不用此律"①,意思是即使确实存在三不去的情形,但只要女方有恶疾和犯奸行为,亦可以出妻。之所以要把这二者单列出来以示例外,可能是因为在当时的立法者看来,恶疾和犯奸是从根本上损害婚姻生活且无法原谅的行为,故不受三不去的限制。恶疾去妻不受三不去的限制,足见立法者对恶疾的重视。这也对一些研究者的看法提出挑战,他们仅仅根据七出在顺序上将恶疾置后就得出结论,认为恶疾在唐代不被视为严重的情况,这是值得商榷的。

唐代如此重视恶疾,说明唐代同样强调敬祖尊宗,把祭祀仪式看作很重要的事务。祭祀时要求夫妻共同参加,才能体现敬祖,而一旦妻子有恶疾,就无法参与祭祀仪式,履行"传家事,承祭祀"的应有义务,婚姻的目的与意义便荡然无存,成妇也就不再具有"程序上的合法性"。另外,恶疾也会影响正常的婚姻家庭生活,若以丈夫为代表的夫家因此提出解除婚姻关系,则国家不予干涉。

犯奸作为三不去的例外,直至清代,沿袭不改。其之所以如此受到重视,是因为"淫有紊乱夫宗血统之虞"②。唐代对"若犯恶疾及奸者,不用此律"的例外规定,"表明其重奸非,畏恶疾的法律精神"③。

5. 对任意逐出妻子者予以处罚

只有妻子"犯恶疾及奸",符合七出的要求且没有三不去的情形,或构成义绝,才可出妻。否则,对任意逐出妻子者,要处杖刑一百,并恢复婚姻关系。

综上所述,唐律有关七出、三不去的立法,内容规范,程序严格,体现了维护家庭、限制离婚的目的,继承了汉代七出的基本理念和精神。

---

① 《唐律疏议·户婚》。
② 陶希圣:《婚姻与家族》,上海书店 1992 年版,第 50 页。
③ 陶毅、明欣:《中国婚姻家庭制度史》,东方出版社 1994 年版,第 262 页。

(二)唐代七出的实践及冲突

据上文分析,唐代对七出有严格的规定,对任意出妻者予以处罚。在实际的离婚中,一旦夫家违反相关规定和程序休妻,妻族能否起诉,能否从司法上得到相应的救济,体现了立法和实践是否背离,值得深入分析。

1. 无子出妻

无子可以出妻,但有严格的年龄限制,且必须没有三不去的情况。古代现实婚姻生活中的出妻是否都符合法律的规定?对于任意出妻者是否都严格按照法律的规定,处以杖刑一百并恢复婚姻关系?鉴于目前笔者只能看到一则比较全面的材料,故而只能简单地作介绍。

> 慎氏者,毗陵庆亭儒家之女。三史严灌夫,因游彼,遂结姻好,同载归蕲春。经十余秋,无胤嗣。灌夫乃拾其过,而出妻,令归二浙。慎氏慨然登舟,亲戚皆临流相送,妻乃为诗以诀灌夫。灌夫览诗凄然,遂为夫妇如初。慎氏诗曰:"当时心事已相关,雨散云飞一饷间。便是孤帆从此去,不堪重过望夫山。"①

慎氏到严家十余载即被休弃,按照唐代成婚年龄较早来推测,慎氏肯定不到五十岁的法定出妻年龄。毫无疑问,严灌夫的出妻行为违反了唐律关于无子出妻受年龄限制的规定。由于严灌夫反悔,所以夫妻和好如初。此处慎氏以自己的才学和夫妻情分打动丈夫,既符合倡导夫妻恩爱的婚姻生活本身的要求,也避免了诉讼引起的夫妻反目为仇,以极小的成本取得了较好的社会效果。由此可见,婚姻生活是以双方的感受和相互认可为前提的,夫妻的感情具有很大的柔韧性和伸展性,法律诉讼固然能够明断是非,但刚性的法律很难从根本上修复婚姻的创伤。

从上述事例中可以得出如下结论:

---

① 《云溪友议》卷一,《毗陵出》。

其一,唐代无子出妻现象普遍存在,其中违反法定年龄,即违反五十岁以上无子方可出妻的法律规定的,肯定不在少数,严灌夫只是如今能看到的一个代表而已。其二,一般情况下,被休之妻不会运用法律手段来实现对自己的保护。有才之女子则会用诗表心,以情动人,慎氏即是采用此种方式使得丈夫回心转意。其三,在婚姻生活中,夫妻情分往往不是靠法律手段所能恢复的。如果慎氏诉诸法律,司法官依据五十岁以上无子方可出妻的规定判决双方复合,慎氏肯定能保住自己的婚姻。问题是,在严灌夫遭受诉讼之扰、百杖的皮肉之苦后,即使不再休妻,双方又怎么能够和好如初?

其他的诗词、判词也可以佐证上述结论。此处以张籍《离妇》和白居易的判词为例,以作说明。

张籍《离妇》有云:

> 十载来夫家,闺门无瑕疵。薄命不生子,古制有分离。托身言同穴,今日事乖违。念君终弃捐,谁能强在兹。堂上谢姑嫜,长跪请离辞。姑嫜见我往,将决复沉疑。与我古时钏,留我嫁时衣。高堂捋我身,哭我于路陲。昔日初为妇,当君贫贱时。昼夜常纺织,不得事蛾眉。辛勤积黄金,济君寒与饥。洛阳买大宅,邯郸买侍儿。夫婿乘龙马,出入有光仪。将为富家妇,永为子孙资。谁谓出君门,一身上车归。有子未必荣,无子坐生悲。为人莫作女,作女实难为。

尽管张籍诗中的"离妇"未必是实际婚姻生活中的真实人物,"十载"也未必就是实指,但至少说明在普通百姓之家,无子出妻的现象比较普遍,违反法律关于无子出妻的年龄限制的情况屡见不鲜,而依照法律进行申诉的比较少见。处于弱势的女子,处境往往极为悲惨。所以,张籍才会感触如此之深刻,描写如此之细腻,表达如此之动人。

但是,一旦真的有弃妇求助于法律保护自己的婚姻时,法官则会严格按照法律作出判决,有白居易的判词为证。

得景娶妻三年，无子，舅姑将出之。诉云：归无所从。承家不嗣，礼许仳离；去室无归，义难弃背。景将祟继代，是用娶妻；百两有行，既启飞凤之兆；三年无子，遂操《别鹄》之音。将去舅姑，终鲜亲族。虽配无生育，诚合比于断弦；而归靡适从，庶可同于束蕴。困难效于牧子，宜自哀于邓攸。无抑有辞，请从不去。①

虽然白居易的判词中不少是供练习、学习使用的，未必一定是真实发生的案例，但这并不影响对七出的考察，从判词中反映出来的婚姻观念、离婚态度、法律信息，同样可以进行分析。

此案中的景之妻仅三年无子，公婆就要休弃她。由于娘家无人，子媳以三不去之"归无所从"诉诸官府。虽然无子不能承嗣，离异符合礼制的精神，但由于景之妻"去室无归，义难弃背"，该判文最后还是依照法律规定，"无抑有辞，请从不去"，支持了女方的诉讼请求，维持婚姻，保护女方的权益。

妻子五十岁以上无子才能被出，这一规定很受一些学者的青睐，他们往往把这作为保护妇女利益的条款从而大加赞许。这一观点固然有其道理，例如看到了其中对妇女的充分保护，保护妻子不被任意逐出家门；何况，经过三十余年的婚姻生活，即便妻子真的不孕，囿于情分之深，丈夫也很难再休妻。但是，也必须认识到这种规定的局限性，那就是在当时的时代背景下，一旦无子之妻五十岁后被休弃，由于年老色衰，加上没有生育能力，连再嫁的可能性都没有了，等待她的只有一个结果，那就是孤独、寂寞、悲惨地老死娘家。

2. 不事舅姑出妻

子媳不事舅姑，是当然的出妻之由，有三不去者，另当别论。唐代从法律层面对此予以确认，使之完全合法化，突出了婚姻的目的和意义在于和睦家庭。这些规定在离婚实践中得到充分体现。

---

① 《白居易集》卷五十。

如李迥秀出妻。"母少贱,妻尝詈媵婢,母闻不乐,迥秀即出其妻。"①李迥秀是武则天时期人,李大亮的族孙,仅仅因为妻子训斥媵婢,引起出身低微的母亲的不满,便将妻子赶出家门。别人问他为什么要出妻,他理直气壮地说:"娶妇要欲事姑,苟违颜色,何可留!"而事实上,迥秀之妻主观上没有"不事舅姑"的动机,客观上更没有"不事舅姑"的行为,和法律的要求相去甚远。

对此,白居易的判词点中要害:"得乙出妻,妻诉云:无失妇道。乙云:父母不悦则出,何必有过。孝养父母,有命必从;礼事舅姑,不悦则出。"②

至于淫佚、口舌、盗窃、妒忌、恶疾之类的情形,尽管法律列举得很具体,但很少有相关的事例流传下来。也许,从另一方面可以作出这样的推断,即此类现象并没有成为实际离异行为中的主流。

二、义绝的疏议

唐代有关义绝的规定主要在律法及其疏议中。至于现存的令、格、式中,就笔者的阅读视野来看,未见义绝的相关规定。下文以唐律为主分析义绝的相关内容。

据现存的法律史材料考证,唐代最先将义绝入律。《唐律疏议·户婚》"妻无七出而出之"条规定,"诸妻无七出及义绝之状,而出之者,徒一年半"。疏议曰:"义绝,谓'殴妻之祖父母、父母及杀妻外祖父母、伯叔父母、兄弟、姑、姊妹,若夫妻祖父母、父母、外祖父母、伯叔父母、兄弟、姑、姊妹自相杀及妻殴詈夫之祖父母、父母,杀伤夫外祖父母、伯叔父母、兄弟、姑、姊妹及与夫之缌麻以上亲、若妻母奸及欲害夫者,虽会赦,皆为义绝。'"

---

① 《新唐书》卷九十九。
② 《白居易集》卷五十。古代家庭生活中,百善孝为先。不事舅姑只是出妻的原则,这个原则以公婆的主观感受为衡量标准,而非以子媳的行为为判断依据。

根据上述规定并结合其他相关规定,我们可以归纳出唐代义绝制度的主要内容:

其一,义绝的行为。义绝的行为主要有以下几种:夫妻分别对对方一定范围内的亲属实施了殴伤行为;夫妻双方一定范围内的亲属之间发生了殴伤行为;妻子犯奸;妻子意欲谋杀丈夫。

其二,义绝的法律后果。法律同时认定上述"殴伤""奸非"和"谋杀"行为构成犯罪,除承担刑事责任外,即使遇到赦免,夫妻之间仍然构成义绝,官府仍应强制解除其婚姻关系。即使妻子未曾庙见,行成妇之礼,如有犯者,亦为义绝。即"妻虽未入门,亦从此令"①。

其三,义绝的处罚。"诸犯义绝者离之,违者,徒一年。"疏议对此作了具体的说明:"夫妻义合,义绝则离。违而不离,合得一年徒罪。离者,既无'各'字,得罪止在一人,皆坐不肯离者;若两不愿离,即以造意为首,随从者为从。"疏议完全继承了汉代以来义绝的基本精神,把义视作联结夫妇关系的纽带,一旦发生了前述伤害夫妇之义的行为,婚姻就必须断绝。否则对不离异的一方处以徒刑一年。如夫妻双方都不愿离异,则按"造意为首,随从者为从"的原则处罚。

其四,义绝的认定。疏议对此的解释为:"皆谓官司判为义绝者,方得此坐,若未经官司处断,不合此科。"②是否构成义绝需要由官府判决,否则不适用义绝的规定。可见,唐代实行由官府判决的义绝制度。

上述是唐代义绝制度的立法规定。至于这些条文在实际中如何执行,唐代司法官员如何认定义绝,以及唐代主流社会如何看待义绝,由于缺乏具体的案例而无法得知,只能作如上的简单介绍。

---

① 《唐律疏议·户婚》。
② 《唐律疏议·户婚》"义绝离之"条及疏议。唐律有关义绝制度的规定如此详尽,据此可以推断,至少在隋代时义绝制度就已经比较成熟了。因为学界目前的主流观点认定,唐律的最初版本《武德律》几乎是隋律的翻版,连条目的数量都基本相同。故而,唐代义绝制度也应该是对隋代义绝制度的继承,只是由于现存史料有限,我们无法看到隋律义绝制度的相关内容而已。

三、和离的适用

在实际的婚姻生活中,确实存在夫妻双方自愿离异的情况,唐代把这种实践上升到法律层面,给予明确的解释,并为后世沿袭,形成和离制度。

《唐律疏议·户婚》规定:"诸犯义绝者离之,违者,徒一年。若夫妻不相安谐而和离者,不坐。"疏议对其解释为:"'若夫妻不相安谐',谓彼此情不相得,两愿离者,不坐。"

由于现存的令、格、式中都没有和离的相关阐释,从《唐律疏议》法律条文本身出发进行分析较为可行。首先,从行为主体看,夫妻双方均为和离的行为主体,任何一方都享有表达离婚愿望的权利。其次,从行为原因看,和离系由于夫妻双方情不相投,无法和谐相处,两人都愿意离婚。最后,从行为后果看,和离是法律允许的离婚形式,法司不能因此追究夫妻双方任何一方的法律责任,夫妻双方均不必为此承担任何刑事责任。

至于程序上的问题,诸如是否需要订立离婚文书,是否需双方签字,唐律对此没有作出明确规定。但是其他条文规定,再婚时若产生其他麻烦,休书是断案的凭据,由此可见,和离应该是有书面文书的。

既然和离已经得到法律承认,那么其在实际的离婚中是否得以适用,其具体做法是否均衡兼顾夫妻双方的利益,与法律的规定是否相符,这些都是值得探究的问题。

在唐代,夫妻因不和谐而和离者确有其例。《唐语林》载:"张不疑娶崔氏,以不协出之。后娶颜氏。"[①]此处的"不协",就是夫妻感情不和,符合唐律中和离的法定要件,即"不相安谐""情不相得"。虽然此文在"不协"后面使用"出之"二字,与唐律"两愿离者"的表达存在行文上

---

① 《唐语林》卷四,《企羡》。

的差别，但并不会影响我们得出唐代社会确实有夫妻因感情不和而离婚的案例这一结论，从夫居的婚姻形式决定了离婚必须且只能是夫留妻出。

《太平广记》亦有相关记载："唐殿中侍御史李逢年自左迁后，稍进汉州雒县令，逢年有吏才，蜀之探访使常委以推按焉。逢年妻，中垂郑防之女也，情志不合，去之。"①其中的"情志不合"，就是唐律所言的夫妻"情不相得"的典型，最后通过男方出妻的方式离婚。

由于律文简洁，史料记载有限，对和离的具体操作过程，难以窥其全貌，敦煌出土的放妻书恰好可以弥补这方面的缺陷。虽然这些材料只是离婚文书，而非实际的离婚判决书，且只能反映敦煌地区的情况，不能反映唐代和离具体执行的全貌，但毕竟有助于丰富对和离的认识，更好地了解和离的运作情形。这里试举几例予以说明。

放妻书格式一②：

　　今已不和，想是前世怨家，板目生嫌，作为后代增（憎）嫉，缘业不遂，见此分离。聚会二亲，以俱一别。所有物色书之，相隔之后，更选重官双职之夫……械恐（解怨）拾结，更莫相谈，千万永辞，布施欢喜。三年依（衣）粮，便献柔仪。……时么年么月么日么乡百性（姓）甲放妻书一道。

放妻书格式二：

　　夫妻相别书一道

　　……今则夫妇无良，便作五逆之意……今仪相便分离，永别日月。……今对两家六亲眷属，团坐亭腾商量，当便相别分离，自别以后，愿妻再嫁富贵得高。

---

①　《太平广记》卷二四二，《纪闻》。
②　本书所列放妻书均摘自中国科学院历史研究所资料室编：《敦煌资料》（第一辑），中华书局1961年版。

放妻书格式三：

……猫鼠同案，安能得久。二人意隔，大少不安……两共取稳，各白（自）分离……今请两家父母六亲眷属，故勒手书，千万永别。……为留后凭，谨立。

上述所列的放妻书，格式不同，写法有异，旨意相仿。

首先，开头皆谈到夫妻彼此生嫌，难聚一处，才有此分离。或是"今已不和，想是前世怨家，板目生嫌，作为后代增（憎）嫉，缘业不遂，见此分离"；或是"今则夫妇无良，便作五逆之意……今仪相便分离，永别日月"；抑或是"猫鼠同案，安能得久。二人意隔，大少不安……两共取稳，各白（自）分离"等。总之，均是夫妇之间的感情出了问题，既没有亲属互伤的义绝情形，也并非七出所列的情形导致二人关系恶化。格式中的离婚用语多为"相别分离""各白（自）分离"，应该算是比较典型的和离文书。

其次，通知两家父母亲人，获得尊长的同意。这是因为，离婚不仅关涉夫妻二人，还涉及两个家族之间的交往。在聚族而居的熟人社会，一旦两个家族结亲，双方往往会产生千丝万缕的联系，关系极为复杂和微妙。现在夫妻双方反目生嫌，无法共同生活，两个结亲的家族必须解除婚姻关系，此种关系若处理不好，很容易引起家族之间的矛盾纠纷。所以，所有的放妻书都会请诸亲眷属商量，达成协议。

再次，祝福对方，好合好散。特别是祝福女方"更选重官双职之夫""再嫁富贵得高"，能够过上更加幸福美满的婚姻生活，体现了和气离散的精神。正如格式三所言，"两共取稳，各白（自）分离"，通过和离的方式求取共稳，免得"作为后代增（憎）嫉"，生出更多事端来，落个两败俱伤的结果。

最后，和离也要订立书面凭据。敦煌放妻书是一种格式化的书面凭据，主要目的在于防止日后一方再婚时另一方找麻烦，"为留后凭，谨立"。既然是放妻书，首先是由丈夫手书，妻子也与丈夫一道手书，如果是没有文化或不识字的当事人,则可以按手印。

四、违律婚的界定

违律婚断离与义绝一样,均属于中国传统婚姻法制中的强制离婚制度。违律婚自始就不合法,必然被官府断离。违律婚所违之"律"涉及诸多方面,诸如同姓不婚、尊卑不婚、居父母夫丧不婚、良贱不婚、僧道不婚等条款,违反这些禁止性规定而结婚的,由官府断离,撤销违律的婚姻,并对那些拒不离婚的婚姻当事人科处刑罚。唐律最早对此作出界定。

《唐律疏议·户婚》对违律婚作了比较详细的列举,具体包括以下诸多情形。

(一)妄冒更娶之类

妄冒更娶包括两类情形:为婚妄冒和有妻更娶。

1. 为婚妄冒

诸为婚而女家妄冒者,徒一年。男家妄冒,加一等。未成者,依本约;已成者,离之。

【疏】议曰:为婚之法,必有行媒。……女家违约妄冒者,徒一年。男家妄冒者,加一等。……①

此条规定的是冒婚之类违律婚的刑事处罚及民事责任,意在保障婚姻缔约中的诚信原则和尊卑贵贱的等级秩序。

首先,行为上存在欺诈、冒充的情况。妄冒行为就是指男方或女方故意隐瞒己方的真实情况,如向对方隐瞒己方的年龄、身份、身体状况,或者假冒顶替。为婚时存在欺诈、顶替现象,无论是以庶为嫡,还是以幼代长,均破坏婚姻缔约中的诚信原则,更有损尊卑贵贱的等级秩

---

① 由于《唐律疏议》违律婚各条款的疏议部分很详细,限于篇幅,仅对最为关键的部分予以引用,疏议的其他解释说明全部用省略号代替,不再一一赘述。

序,肯定是法律所不能容忍的。

其次,刑事处罚。男女任何一方存在妄冒行为,均违反了当初的婚约,与法律要求不相符,必须科以刑罚。如系女方过错,则对女方家长徒一年;如系男方过错,则加一等处罚。之所以要对男方加一等处罚,是因为在婚姻缔约过程中,本来男方就处于主动一方,占据强势地位,如今又实施妄冒行为,主观恶性大,所以要加重处罚。

在不平等的身份关系中,男方处于主动,其责任必定更大,而女方由于处于弱势的被动地位,其责任相对较小,相对来说,法律会给予其更多保护。这一理念不仅体现在违律婚的责任承担上,其他方面也有所体现。

最后,民事责任。从定婚和成婚两个方面来考虑,如果妄冒行为没有导致婚姻成立,婚姻双方必须履行原来的定婚契约;如果妄冒行为已经导致违律婚成立,则由官府撤销其婚姻关系,强制离婚。正如前文提及的敦煌文书《文明判集残卷》记载的一件唐代妄冒为婚的案例,即阿刘之兄以自己的女儿代替守寡的妹妹阿刘,私自将其嫁与张衡为妻,最后官府明确断离。

2. 有妻更娶

诸有妻更娶妻者,徒一年;女家,减一等。若欺妄而娶者,徒一年半;女家不坐。各离之。

【疏】议曰:依礼,日见于甲,月见于庚,像夫妇之义。一与之齐,中馈斯重。故有妻而更娶者,合徒一年。……称"各"者,谓女氏知有妻、无妻,皆合离异,故云"各离之"。

问曰:有妇而更娶妇,后娶者虽合离异,未离之间,其夫内外亲戚相犯,得同妻法以否?

答曰:一夫一妇,不刊之制。有妻更娶,本不成妻。详求理法,止同凡人之坐。

此条规定在于明确有妻更娶的刑事责任和民事后果,意在维护一夫一妻制。

首先,行为上属于事实犯,要求具备有妻再娶的事实。只有具有重婚的行为事实,才处以徒刑。如果仅有预谋行为,而事实上没有最终成为夫妻,则不属于此条所规定的情形。

其次,主观动机不同,刑事责任有别。对男方来说,如果明言有妻更娶,则处徒刑一年;如果存在欺诈行为,假称无妻而更娶,则要加重处罚,即处徒刑一年半,这里把更娶和欺诈二罪合并处罚。对女方来说,主要区分是否知情,如果明知男方有妻,还与男方结为夫妻,则比照男方减一等处罚;如果被男方欺骗,不知对方已有妻室,则系无辜,不负刑事责任。

再次,民事结果相同。无论主观动机如何,有无欺妄的故意,在民事身份上的结果都相同,即官府强制离婚,婚姻无效。

最后,有妻更娶的婚姻自始无效。由于再婚属于违律婚,所以婚姻自始没有效力,即使在强制离异之前,双方也没有夫妻名分,不产生夫妻关系,法律地位视同凡人。由此发生的亲属相犯行为,一概比作普通人之间的伤害行为。可见,法律上仅承认一夫一妻制。

有妻更娶的重婚行为破坏了宗法秩序,为统治秩序所不许。有妻可以纳妾,无名分的小妾不会对纲常秩序造成冲击,妾等同于买卖物,《礼记·曲礼》有云:"买妾不知其姓,则卜之。"同时,小妾又可以满足男性的生理需要,所以古代法律对此不予以干涉。

(二)违反宗法服制之类

在婚姻家族关系中,尊卑有等、丧服有制是维持家族秩序的基础,凡是与此要求不相符合的违律婚姻,均在国家干预之列。

1. 以妻为妾

诸以妻为妾,以婢为妻者,徒二年。以妾及客女为妻,以婢为妾者,徒一年半。各还正之。

【疏】议曰:妻者,齐也,秦晋为匹。妾通卖买,等数相悬。婢乃贱流,本非俦类。若以妻为妾,以婢为妻,违别议约,便诬夫妇之正道,黩人伦之彝则,颠倒冠履,紊乱礼经,犯此之人,即合二年徒罪。……

问曰:或以妻为媵,或以媵为妻,或以妾作媵,或以媵作妾,各得何罪?

答曰:据《斗讼律》:媵犯妻,减妾一等。妾犯媵,加凡人一等。……

此条规定在于处罚妻、妾及婢失序的行为。

首先,行为要求。妻、妾及婢失序是指颠倒妻、妾及婢在家庭中的地位和名分,包括条文所列的以妻为妾、以婢为妻、以妾及客女为妻、以婢为妾之类的行为。

其次,刑事责任。由于乱妻妾婢位的行为"便诬夫妇之正道,黩人伦之彝则,颠倒冠履,紊乱礼经",所以予以处罚。具体的处罚主要有两类刑种:以妻为妾,以婢为妻之类,处以二年徒刑;以妾及客女为妻,以婢为妾者,减等处徒刑一年半。刑等的差别主要是尊卑良贱等级所致。唐律点校者刘俊文的解释极为中肯:之所以如此,皆是因为妻与妾之别乃尊卑等级有差,即疏议所谓"等数相悬";妻、妾及婢之别乃良贱身份不同,即疏议所谓"本非俦类"。

混乱良贱与混乱尊卑相比,前者性质重于后者,故以婢为妻科徒二年,以妾及客女为妻科徒一年半;同是混乱尊卑,抑尊为卑性质重于以卑乱尊,故以妻为妾科徒二年,以婢为妾科徒一年半;同是混乱良贱,以贱充尊性质重于以贱充卑,故以婢为妻科徒二年,以婢为妾科徒一年半。由此可见,唐律贯彻区分良贱与尊卑原则之严格、周密。

对此还应注意:第一,乱妻妾婢位罪,除科主刑外,还要恢复妻、妾、婢之本来身份,即所谓"各还正之"。此律之目的在于维护良贱、尊卑名分,故重视纠正行为之结果,不能承认既成之事实。第二,以婢为妾,如婢已经有子,或已经放为良人,则可作为例外,予以承认,而不以乱妻妾婢位罪论处。盖有子者母以子贵,放良者已经获得良人身份,故其性质有别于一般之以婢为妾,不能一概而论。①

1972年,吐鲁番阿斯塔纳第二〇九号墓出土了唐代贞观年间西州高昌县县令勘问梁延台、雷陇贵婚娶纠纷案残卷一件②,上面记载了雷陇贵有妾自称妻案,内容涉及妻妾失序之事,从中可见该法条的具体适用。

据残卷的内容推测:雷陇贵的妾阿赵自称为妻,被抑作妾。法司审后断明:阿赵是雷陇贵"用绢五疋将充聘财,然赵更无亲眷,其绢无人领受"。然后阿赵就用此钱为自己买些衣物,因此雷陇贵坚持阿赵"是妾,娶来一十四年",自己前妻是阿马,后妻叫阿常。

由于"赵及阿常俱在,量个"之后的内容残缺,最后的处罚实在无法得知,但此案卷足以说明,诸如以妾为妻之类的违律行为肯定是要予以追究的,有关妻妾失序的法律规定在实践中得到一定程度的执行。

由于娶妻纳妾在很大程度上属于家庭内部事务,实际的婚姻生活中妻妾甚或婢失序的情况并不少见,尤其在上流社会中,法律未必都能予以干涉,这也反映出法律规定和婚姻实际之间的冲突。这里以杜佑以妾为妻一事为例予以说明。

(杜佑)始终言行,无所玷缺,惟在淮南时,妻梁氏亡后,升嬖妾李氏为正室,封密国夫人,亲族子弟言之不从,时论非之。③

杜佑言行无缺,品性甚好,唯一的不足在于以妾为妻,且嬖妾李氏获得"密国夫人"的诰封,由于此举不合法,杜佑遭到时人议论,却并没有受到相应的刑事处罚。乱妻妾婢位的法律规定在实践中并没有完全施行,但从"亲族子弟言之不从,时论非之"的负面影响来看,妻妾婢位不

---

① 参见刘俊文:《唐律疏议笺解》(上册),中华书局1996年版,第1020页。
② 残卷原样现藏于新疆维吾尔自治区博物馆,编号:72TAM209:87、88、90、02,原文详见刘俊文:《唐律疏议笺解》(上册),中华书局1996年版,第1021—1022页。
③ 《旧唐书》卷一四七·列传第九十七。

可乱的观念还是相当稳固、深入人心的。法律对此类违律婚基本上采取民不告、官不究的态度,一旦有人告发,法司会严格按照法律规定判决。这与现代对民事案件的处理精神和方式是相同的。

严禁以妻为妾之类的行为并非唐代独创,据现存史料考证,至迟春秋之时已经出现此类禁止性条文。据史料考证,早在葵丘之会中,齐桓公已经明确提出"无以妾为妻"的禁令。①

2. 居父母夫丧嫁娶

> 诸居父母及夫丧而嫁娶者,徒三年;妾减三等。各离之。知而共为婚姻者,各减五等;不知者,不坐。
>
> 【疏】议曰:父母之丧,终身忧戚,三年从吉,自为达礼。夫为妇天,尚无再醮。若居父母及夫之丧,谓在二十七月内,若男身娶妻,而妻女出嫁者,各徒三年。……
>
> 若居期丧而嫁娶者杖一百,卑幼减二等;妾不坐。
>
> 【疏】议曰:若居期亲之丧嫁娶,谓男夫娶妇,女嫁作妻,各杖一百。……

此条规定在于处罚居丧嫁娶的行为。

首先,行为上,必须具备在特定丧期内嫁娶的行为事实,既包括出嫁和娶妻,也包含妻女作妾嫁人和纳妾。

其次,刑事责任随服丧的等级而分作数等。最重的一等是徒三年,指居父母及夫丧而娶妻及妻女出嫁的行为;次重的一等是徒一年半,指居父母及夫丧而娶妾及妻女作妾嫁人的行为,因为妻尊妾卑,"礼数既别,得罪故轻",所以"减三等"处罚;稍轻的处罚是杖一百,指居尊长丧而嫁娶者,如伯叔父母、姑、兄姊之类亲属,由于亲等稍远,故处罚亦较轻;更轻的处罚是杖八十,指居卑幼丧而嫁娶者,如弟妹,甚或侄之类

---

① "葵丘之会,诸侯束牲载书而不歃血。初命曰,诛诸不孝,无易树子,无以妾为妻。"参见《孟子·告子下》。

亲属，由于亲等既远又卑，比作居尊长丧的杖一百而减二等；至于居丧期间的纳妾、嫁作妾之类，由于身份低贱，不予以处罚。

嫁娶另一方的刑事责任视是否知情和妻妾身份的不同而定。如明知对方居父母及夫丧而嫁娶，减五等，处杖一百；娶妾者处杖七十。不知对方居丧而嫁娶者，不作处罚。

最后，撤销婚姻关系。不管是娶妻、妻女出嫁，还是纳妾、妻女作妾嫁人，一概予以离异。

值得注意的是，居丧禁嫁娶的规定应该由来已久，虽然我们无法得知当时法律的具体规定，但唐代以前已有居丧禁嫁娶的礼俗是毫无疑问的。

3. 同姓为婚

诸同姓为婚者，各徒二年。缌麻以上，以奸论。

【疏】议曰：同宗共姓，皆不得为婚，违者，各徒二年。然古者受姓命氏，因彰德功，邑居官爵，事非一绪。……若同姓缌麻以上为婚者，各依《杂律》奸条科罪。

问曰：同姓为婚，各徒二年。未知同姓为妾，合得何罪？

答曰："买妾不知其姓，则卜之。"……

若外姻有服属而尊卑共为婚姻，及娶同母异父姊妹，若妻前夫之女者，（谓妻所生者。余条称前夫之女者，准此。）亦各以奸论。

【疏】议曰：外姻有服属者，谓外祖父母、舅、姨、妻之父母。此等若作婚姻者，是名"尊卑共为婚姻"。……其外姻虽有服，非尊卑者为婚，不禁。

其父母之姑、舅、两姨姊妹及姨、若堂姨、母之姑、堂姑、己之堂姨及再从姨、堂外甥女、女婿姊妹，并不得为婚姻，违者各杖一百。并离之。

【疏】议曰："父母姑、舅、两姨姊妹"，于身无服，乃是父母缌麻，据身是尊，故不合娶。……自"同姓为婚"以下，虽会赦，各离之。

此条在于处罚同姓共宗、外姻有服属的尊卑以及无服属的姑表之间的违律为婚行为。

首先,行为上,必须有同姓为婚和外姻为婚的行为。此处的为婚不仅仅指娶妻,也包括纳妾。

其次,相应的刑事责任要分而论之。一则是同姓为婚类。同姓共宗的近亲之间为婚,处徒二年。如果同姓不共宗,没有血缘关系,不在此限,这说明唐代已不同于先秦之时的同姓不婚,更加符合婚姻实际。和缌麻以上亲属为婚者,以奸论。杂律有"亲等不同,犯奸处罚不同"的规定,基本原则是:血缘关系愈近,刑事责任愈重。二则是外姻为婚类。有服属的外姻尊卑间通婚,以奸论,这里也包括同母异父姊妹和前夫之女,处罚原则同前所述;无服属的外姻之间为婚,即通常所谓的姑表结亲,处杖一百。

最后,民事结果上,上述三大类的违律婚一概断离,婚姻关系自始无效。即使遇到赦免,刑事责任解除,但民事婚姻关系也不能自动恢复,必须离异。

4. 尝为袒免妻而嫁娶

诸尝为袒免亲之妻,而嫁娶者,各杖一百;缌麻及舅甥妻,徒一年;小功以上,以奸论。妾,各减二等。并离之。

【疏】议曰:高祖亲兄弟,曾祖堂兄弟,祖再从兄弟,父三从兄弟,身四从兄弟、三从侄、再从侄孙,并缌麻绝服之外,即是"袒免"。既同五代之祖,服制尚异他人,故尝为袒免亲之妻,不合复相嫁娶。辄嫁娶者,男女各杖一百。……如为前人之妾,今娶为妻,亦依娶妾之罪。

此条规定在于处罚迎娶亲属之妻妾的行为。

首先,行为上,必须具备迎娶袒免亲属之妻妾的事实。认定当事人是娶妻还是纳妾,依据的是女方原来的身份,为袒免亲属之妻,即为娶妻;为袒免亲属之妾,即为纳妾,处以相应处罚。但如果袒免亲属之妻妾已经被休弃或改嫁,则不合此条,仅以凡人论处。

其次,主体上,女方当事人必须是男方袒免亲属的妻或妾,或是有服亲属的妻或妾,具备此种身份要求,才合此条。

再次,刑事责任依据亲疏远近和袒免亲属之妻妾身份的不同而有别。一则,迎娶袒免之妻或妾,男女各杖一百或各杖八十。二则,迎娶五服之内亲属的妻妾,如果是缌麻及舅甥妻妾,男女各徒一年和杖九十。如果是小功以上亲属的妻妾,则按奸论,给予严厉惩罚,《杂律》对此有详细规定,刑事责任的认定依据服制而有变化,服制愈近,处罚愈重,反之亦然。

最后,民事效果上,婚姻关系自始无效,强制离婚。

5. 夫丧守志而强嫁

诸夫丧服除而欲守志,非女之祖父母、父母而强嫁之者,徒一年;期亲嫁者,减二等。各离之。女追归前家,娶者不坐。

【疏】议曰:妇人夫丧服除,誓心守志,唯祖父母、父母得夺而嫁之。……

此条规定意在处罚强迫守志寡妇再嫁的行为。

首先,行为上,必须有强迫守志寡妇再嫁的行为,如果寡妇自愿改嫁,或者没有酿成嫁娶的事实,均不在此条规定之列。

其次,主体上,强嫁的对象必须是誓志为丈夫守节的寡妇,强嫁的行为人必须是女方祖父母、父母之外的伯叔父母、姑、兄弟等期亲,以及其他与强嫁对象没有任何亲属关系的人。

再次,刑事处罚。强嫁行为人的刑事责任依有无亲属关系而有差别,女方的祖父母和父母强嫁,不负任何刑事责任;女方期亲关系人强嫁,处杖九十;非亲属关系人强嫁,加二等,处徒一年。此种区分主要在于行为人是否有强嫁的权利,女方的祖父母和父母强迫女儿改嫁,很大程度上是出于不愿女儿孤独寂寞度过余生的良好愿望,对于尊长的此种管教权,法律不予干涉。期亲之类的行为人,由于血缘关系较远,对女方没有直接的管教权利,所以其强嫁行为往往关涉利益,可能造成对守志妇女的伤害,因而被法律否定,并处以杖九十的刑罚。至于毫无亲属关系之人,无名无分地强嫁寡妇,多是为了从中渔利,往往会损害处于弱势的寡妇及其子女的利益,故处徒刑一年。更重要的是,这些强嫁行为均与社会倡导守节的主旨相悖,所以给予较为严厉的惩罚。

最后,民事效果上,婚姻关系自始无效,强制离婚。女方归前夫家,娶者不予处罚。刑事处罚只是手段,撤销婚姻才是根本目的。否则,婚姻关系存在而不离婚,则不能达到此条规定的根本目的——维护寡妇守节的意愿和权利。唯有如此,才可能从根本上消除行为后果,恢复原来的伦理秩序。

(三)破坏社会秩序之类

宗法服制的伦理关系需要维护,整个社会的政治秩序更不可等闲视之,诸如婚姻中的良贱关系、官员与地方的关系等都需要调整,这是婚姻秩序的外围保障,理顺了这些关系,才能保证家庭和睦、社会稳定。

1.娶逃亡妇女

> 诸娶逃亡妇女为妻妾,知情者与同罪,至死者减一等。离之。即无夫,会恩免罪者,不离。
> 【疏】议曰:妇女犯罪逃亡,有人娶为妻妾,若知其逃亡而娶,流罪以下,并与同科;唯妇人本犯死罪而娶者,流三千里。仍离之。……其不知情而娶,准律无罪,若无夫,即听不离。

此条在于处罚娶逃亡妇女的行为,恢复原来的婚姻秩序。

首先,行为上,必须具备娶逃亡妇女为妻妾的行为,没有成立婚姻事实的,不在此条处罚之列。

其次,主体上,女方必须是犯罪逃亡的妇女,且为有夫之妇。如果逃亡妇女的罪责已被赦免且没有丈夫,则对行为人不予刑事处罚,婚姻关系也不予撤销。

再次,刑事责任上,娶逃亡妇女之行为人刑事责任的认定取决于逃亡妇女所犯之罪。具体而言，如果逃亡妇女所犯之罪处笞、杖、徒、流之任意一种，则娶亲者就应处相同的处罚；如果逃亡妇女所犯的是死刑罪，娶者则减为流三千里，不作死刑犯处理。但如果行为人确实不知对方是犯罪逃亡的妇女而娶之，则"准律无罪"。

最后，民事婚姻的效力根据逃亡妇女有无丈夫而定。有夫者，与后任丈夫必须离异；无夫者则不予离异，维持既定的婚姻关系。

2. 监临娶所监临女

  诸监临之官，娶所监临女为妾者，杖一百；若为亲属娶者，亦如之。其在官非监临者，减一等。女家不坐。

  【疏】议曰："监临之官"，谓职当临统案验者，娶所部人女为妾者，杖一百。为亲属娶者，亦合杖一百。……其职非统摄，临时监主而娶者，亦同。仍各离之。

  即枉法娶人妻妾及女者，以奸论加二等；为亲属娶者，亦同。行求者，各减二等。各离之。

  【疏】议曰：有事之人，或妻若妾，而求监临官司曲法判事，娶其妻妾及女者，以奸论加二等。其娶者有亲属，应加罪者，各依本法，仍加监临奸罪二等。……谓夫自嫁妻妾及女，与枉法官人，两俱离之。妻妾及女理不自由，故并不坐。

此条在于处罚监临官娶所监临女为妾或为其亲属娶妾，以及"枉法娶人妻妾及女"之类的行为。

首先，行为认定上，必须有监临官在任职期间纳当地女为妾，或为亲属纳当地女为妾的婚姻事实存在。

其次，刑事处罚上，仅限于处罚监临官或其亲属，对于女方不予处罚。盖因为女方无自由选择权，处于被动地位，故不承担刑事责任。具体处罚因情节不同而有异，一则，监临官在任职期间纳所监临女为妾，或为亲属纳当地女为妾的，均处杖一百。二则，在所部任官而"职非统摄"者娶部民女为妾，减一等，处杖九十。三则，监临官枉法娶人妻妾及女的过程中有枉法情节存在,或者亲戚娶妾的过程中有枉法情节发生,双方存在交易行为,则一概以奸论,加二等,处徒一年半。如果有事相求之人,主动要求嫁妻妾及女,则监临官减二等,处杖八十。

最后,民事效力上,因监临而发生的纳妾行为所形成的婚姻均属于违律婚,一概断离,婚姻关系自始无效。有求于监临官而自愿嫁其妻妾者,因其行为已失夫妇之义,所以其原来的婚姻关系也一并断离。

3. 和娶人妻

诸和娶人妻及嫁之者,各徒二年;妾,减二等。各离之。即夫自嫁者,亦同。仍两离之。

【疏】议曰:和娶人妻及嫁之者,各徒二年。若和娶妾,减二等,徒一年。"各离之",谓妻妾俱离。"即夫自嫁者亦同",谓同嫁妻妾之罪。二夫各离,故云"两离之"。

此条在于处罚非暴力嫁娶妻妾的行为。

首先,必须有和娶人妻妾的再婚行为。所谓"和娶"即采取恐吓威胁、暴力强娶以外的非暴力手段。

其次,行为仅指男人的妻妾被再嫁,不包括丈夫的再娶行为,因为对于男人有妻更娶的行为,已有专条予以处罚,至于纳妾行为则为法所不禁。

再次,刑事处罚。如果妻妾同意,则"娶人妻妾"中的娶妻者、妻本人各徒二年;娶妾者、妾本人则均减二等,处徒一年。如果本夫自愿嫁其妻,则与娶者同处徒二年;嫁其妾,则减二等,处徒一年。

最后,民事结果。和娶行为无效,婚姻断离。如果本夫同意嫁娶,则原来的婚姻和后成立的婚姻均须撤销,即"仍两离之"。

4. 奴娶良人女为妻

诸与奴娶良人女为妻者,徒一年半;女家,减一等。离之。其奴自娶者,亦如之。主知情者,杖一百;因而上籍为婢者,流三千里。

【疏】议曰:人各有耦,色类须同。良贱既殊,何宜配合。与奴娶良人女为妻者,徒一年半;女家减一等,合徒一年。仍离之。……其所生男女,依《户令》:"不知情者,从良;知情者,从贱。"

即妄以奴婢为良人,而与良人为夫妻者,徒二年。(奴婢自妄者,亦同。)各还正之。

【疏】议曰:以奴若婢,妄作良人,嫁娶为良人夫妇者,所妄之罪,合徒二年。奴婢自妄嫁娶,亦徒二年。……若婢财多,准罪重于徒二年者,依"诈欺",计赃科断。

此条在于处罚奴婢与良人之间的通婚行为。

首先,行为要求。必须存在良贱之间的通婚行为。

其次,行为主体。奴婢与良人女是通婚的双方当事人,如果主人知情,则与奴婢一起承担刑事责任。

再次,具体处罚。不管奴婢是否自娶,均处徒一年半;女家减一等,处一年。如果主人明知奴婢自娶而不干预,则杖一百。如果所生子女上报为贱籍,即为奴婢者,则予以重处,流三千里。如果奴婢妄称良人与良人为婚,则加一等,处徒二年。

最后,民事结果。民事婚姻关系一概予以解除,即便遇到赦免,婚姻关系也不得恢复,这是为了维护良贱不婚的秩序。

5. 杂户官户与良人为婚

诸杂户不得与良人为婚,违者,杖一百。官户娶良人女者,亦如之。良人娶官户女者,加二等。

【疏】议曰:杂户配隶诸司,不与良人同类,止可当色相娶,不合与良人为婚。违律为婚,杖一百。……官户私嫁女与良人,律无正文,并须依首从例。

即奴婢私嫁女与良人为妻妾者,准盗论;知情娶者,与同罪。各还正之。

【疏】议曰:奴婢既同资财,即合由主处分,辄将其女私嫁与人,须计婢赃,准盗论罪,五疋徒一年,五疋加一等。知情娶者,与奴婢罪同;不知情者,不坐。……如与杂户、官户为婚,并同良人共官户等为婚之法,仍各正之。

此条在于处罚良贱之间的通婚行为,只是其着眼点在于强调杂户官户诸类人等不得与良人为婚。

首先,行为上,必须存在杂户官户与良人为婚的行为事实。

其次,刑事责任上,杂户官户与良人为婚或娶良人女,均处杖一百。良人娶官户女者,加二等,合徒一年半。如果奴婢私自把女子嫁与良人为妻妾,则按盗罪论处;良人知情而娶者,与奴婢同罪。这里完全体现了唐律的精神和社会实际,即奴婢无独立人格尊严,"既同资财,即合由主处分"。

最后,成立的婚姻关系一律予以解除,即"各还正之",使良贱不婚的社会秩序从根本上得到维护。

第二节 宋元离婚制度的变化

宋元时期离婚制度在继承唐律立法成就的基础上不断进行调整。七出制度在规定上有些许变化,和离在程序上作了限制,违律婚的内容有所调整。变化比较明显的是义绝制度,尤其是元代通过一系列判例扩大了义绝制度的内容。

一、七出内容的微变

宋元时期,七出之制有些许变化。从立法上看,由于宋代有关七出的立法规定一如唐代,此处不再赘述。元律对妻子犯奸的规定有所变化,如妻犯奸者,"分付本夫收管"①;对于再犯者,"罪加一等,妇人听其夫嫁卖"②;不再提到离异。

---

① 《元典章》卷四十五,刑部七,"犯奸·赦前犯奸告发在后"。
② 《元史》卷一百四,奸非门。

在具体的离婚实践中,出妻之后,男女双方会有什么反应,两个家族之间的关系如何,涉诉案件中法官以及记录者的态度如何,只有考察这些情况,才能尽可能了解七出制度在当时社会中的总体执行情况。当时也出现了一些比较典型的事例,此处略举二三,予以说明。

不顺父母出妻的事例,广为流传的有陆游和唐婉的离婚,自不必说,其他事例也从不同方面反映了当时七出离异的情况。例如程遵彦出妻。

> 遵彦,甚宜其妻,而母不悦,遵彦出之。妻即被出,孝爱不衰。①

虽然程遵彦对妻子很满意,但由于母亲不喜欢,所以出妻。出妻后,遵彦对母亲孝顺如故。苏东坡记载程遵彦出妻一事重在强调程遵彦对母亲的孝爱之至,不仅赞赏程遵彦的至孝,而且把这一行为树立为典型,作为榜样进行传诵,"是士大夫教化导向意识的流露"②。这也从另一方面说明,生活中这样至孝的情况并不多见,如果生活中司空见惯,苏东坡就完全没有必要将其树为典型进行倡导了。既然不顺父母是当然的出妻理由,则出妻难以避免。

显然,在有关婚姻家庭生活的主流意识中,家长满意往往在夫妻恩爱之上,倡导的是弃妻顺母之孝,而较少关注被弃之妻离异之后的生活。两度出妻的郑冲素处士可谓一语道破天机:"以一妇人故,使一家人乖戾,绮义不为。"③

无子去妻,由于人们从心理上已经接受,实际的婚姻生活中应该是存在的。考虑到无子非妇人一人之过,因无子而出妻实在有违人情,宋

---

① 《苏东坡全集》卷六十·奏议十三首。
② 邓小南:《"内外"之际与"秩序"格局:兼谈宋代士大夫对于〈周易·家人〉的阐发》,载邓小南主编:《唐宋女性与社会》,上海辞书出版社2003年版,第117页。
③ 《识小录》载有郑冲素处士出妻之事:"初娶丁氏,甚爱之,以馈姑食稍缓,姑怒,即出之。重取沅氏,与大姒不相能,复出之。有疑其过,处士曰:'以一妇人故,使一家人乖戾,绮义不为。'"

代这方面的记载很少见到。因嫉妒而出妻的记载倒可以觅见。

> 王宾以供奉官充亳州监军,妻极妒悍。时监军不许挈家至任所,妻擅至亳州,宾具以白上。上召其妻诘责,俾卫士交捶之,杖一百,配为忠靖卒妻,一夕死。①

先处杖刑,再另配人为妻,此种处罚不可谓不重。"妻极妒悍"的评价是从男人的视角出发所作出的,而并没有记载妻子的感受。

二、义绝制度的继承

宋元义绝制度在继承唐代基本精神的同时,又有一些变化。这既表现在立法的内容上,也体现在司法的判决上。这些都为明代义绝制度的新规定奠定了基础。

(一)宋代义绝制度的继承

宋代义绝制度对唐代的继承主要表现在律文中。《宋刑统·户婚》中有关义绝的相关规定基本上沿袭唐代,对于符合义绝情形而拒不离异的当事人,其应承担的刑事责任也相同,即"徒一年"。

(二)宋代义绝制度的变化

其一,义绝范围有所扩大。宋令增加家长或丈夫逼妇为娼也构成义绝的规定。"诸令妻及子孙之妇若女,使为娼,并媒合与人奸者,虽未成立,并离之。"②此所引户令中,虽然并未明确说明是因为义绝而断离的,但根据《庆元条法事类》引户令"诸妇人犯奸,非义绝"③的表述来看,逼妇为娼构成义绝是毫无疑问的。

其二,增加对犯义绝而未断离的当事人刑事责任的认定。《庆元条法事类》对此有具体规定:"诸犯义绝,未经断离,而相犯者,及奸者,各

---

① 《容斋随笔》卷十四,《祖宗亲小事》。
② 《庆元条法事类》卷八十,《杂门》引户令。
③ 《庆元条法事类》卷八十,《杂门》引户令。

论如服纪法,罪至死,奏裁,准凡人至死者,以凡论。"①凡是涉及死罪的伤害亲属的行为,当其实施杀害行为的时候,夫妻之间恩义已绝。依据"夫妇人合,恩义有亏则已矣"的人情与法理,既然婚姻之义已失,一旦对一方科以刑罚,另一方就不必再以服制定罪,不用再承担夫妻身份上的刑事责任。尤其对于"义同卑幼"的妻子一方来说,实际上是减轻了她的刑事责任。

案例所示的司法实践中的判决原则都与《庆元条法事类》"诸犯义绝,未经断离,而相犯者,及奸者,各论如服纪法,罪至死,奏裁,准凡人至死者,以凡论"的精神相一致。不管是前述"寿州杀人案"中杀害妻子的父母兄弟的寿州人,还是后文将展开讨论的"杨氏告子妇不孝案"中参与杀害儿媳之父的杨氏,他们所犯的都是"罪至死"的大罪,在这种情况下,不管是否判决离婚,都要以凡人论,即不负身份上的刑事责任。但是,前提条件是需要奏裁。其实,按照司法程序,诸如此类"至死"的大罪,地方官本来就无权自裁,肯定是要上奏的。这里所依据的法理应该为,凡是涉及死罪的侵害亲属的行为,其实施杀害行为之时,就是夫妻之义断绝之时。尽管官府未曾判决他们离婚,但是依据"夫妇人合,恩义有亏则已矣"的人情与法理,他们的婚姻之义已失,就不能再算作夫妇了。一旦对一方科以刑罚,另一方就不必再以服制论处,只以普通人对待即可。

通过上述的分析可以看出,从程序上而言,宋代关于义绝的司法实践基本上采用的是唐代的官府判决制,即只有在官府判决离婚的情况下才能消除夫妻的名分。但变通之处在于,只要所犯的为死罪,就可以按常人论罪,而不再涉及夫妻身份上的效力。元代则通过断例进一步改变了义绝的规定。

---

① 《庆元条法事类》卷八十,《杂门》引户令。

(三)元代义绝制度的变化

元代义绝制度在继承唐宋义绝的基本原则的同时,又有诸多创新,司法实践中适用义绝的案件屡见不鲜,反映出许多新变化。

其一,对义绝应离而不离者的处罚有所减轻。元代对义绝应离而不离者的处罚已经从唐宋时期的徒刑减为杖刑。《元典章·户部》规定:"凡义绝者,离之,违者杖一百。"相对于唐宋时的徒刑一年,元代的处罚明显减轻。

其二,对义绝的内容有了新认识。元代是义绝发生变化的关键时期,起着承上启下的作用。《元典章》中有许多断例,如"休弃·离异买休弃""嫁娶·夫自嫁妻""纵奸·逼令妻妾为娼""不义·将妻沿身雕青""内乱·妻告夫奸男妇断离""内乱·翁戏男妇断离"等,把丈夫虐待殴伤妻子、强奸继子之妇、调戏儿媳等行为都认定为义绝,并判决离异。曾代伟先生对此有专门研究,他通过对元代义绝制度进行详细考证,明确把义绝的变化分作九个方面:将妻卖休转移,逼令妻妾为娼,女婿虚指岳丈奸亲女,媳妇诬告翁欺奸,妻告夫奸男妇,翁调戏、和奸及强奸男妇,夫殴伤妻母,丈夫故意损害妻子身体,将犯奸妻转卖为驱。① 这就大大扩展了义绝的范围。鉴于篇幅所限,这里略举几例,以作说明。

案例一:将妻卖休转移

> 谭八十一为过活生受,写立休书,得谭四十三财钱,将妻阿孟转嫁与别人为妻,据谭八十一与本妇已是义绝,又系卖休买休,俱各违法。参详,议合令谭四十三与阿孟离异归宗,其谭八十一原受财钱,依数追没,相应各人罪犯,已经钦遇释免,别无定夺。②

此案中,谭八十一写立休书,得了谭四十二的钱财后,就把妻子阿孟

---

① 参见曾代伟:《蒙元"义绝"考略》,载《西南民族大学学报(人文社科版)》2004年第11期。
② 《元典章》卷十八,户部四,"休弃·离异买休弃"。

转嫁与其为妻。谭八十一与妻子阿孟已是义绝,谭八十一与谭四十三又属于卖休买休,故阿孟与谭四十三的婚姻也不能成立,在今天看来当属于无效婚姻。

此案中的所谓卖休买休,是一个行为的两个方面。丈夫写立休书,把妻子嫁卖给别人而得到报酬的叫"卖休",相对的买方就是"买休"。对丈夫而言,"卖休"有图利的目的;对后夫而言,"买休"也非明媒正娶,都有违伦理。司法实践已经把此类情形作为义绝来处理,强制离异,责令将女子归宗。

尽管有时并未明言构成义绝,但也都是作为义绝来处理的。如"至元八年八月张世荣嫁卖其妻和连氏与许顺成"案。[1] 尚书省认为:"张世荣已将和连氏休弃,令许顺成以礼求娶,合准已婚为定。"此案中,张世荣将和连氏休弃后,将其嫁卖给许顺成。其行为已经构成卖休。夫妇之道是"有义则合,无义则去",卖休买休从中牟利的行为已全无夫妇之义,伤害了人伦大本,故夫妻关系解体。这和前面对谭八十一"将妻卖休转移"案的处理是完全一致的。由于许顺成是买休,按理说也是无效的婚姻,所以尚书省令许顺成以礼求娶。这里的以礼求娶,在元代就是以婚书为凭,经媒妁之言,由家长主婚,最后择日迎娶的行为。[2]

案例二:逼令妻妾为娼

> 呈奉中书省札付:送刑部议得:王用将妻阿孙、妾彭鸾哥打拷,勒令为娼,接客觅钱,已犯义绝,罪经赦免,拟合将阿孙并彭鸾哥于(与)夫王用离异,俱断归宗相应。又通奸许诸人首捉条:刑部议得:人伦之始,夫妇为重。纵妻为娼,大伤风化。若止以前断罪,许令同居,却缘亲夫受钱,令妻与人通奸,已是义绝。以此参详:如有违反,许诸人首捉到官,取问明白,本夫、奸妇、奸夫同。凡奸夫,决

---

[1] 参见《元典章》卷十八,户部四,"嫁娶·夫自嫁妻"。
[2] 有关元代婚姻的成立要件的研究,参见崔兰琴:《从元杂剧试析元代婚姻成立与解除要件》,载《成都教育学院学报》2005年第10期。

八十七下,离异。①

此案中,"王用将妻阿孙、妾彭鸾哥打拷,勒令为娼,接客觅钱",情节有二:一则殴打妻妾;二则逼令妻妾为娼。因为其目的在于逼娼,前一个行为可以为后一个行为所吸收,所以此案就按"令妻妾为娼者为义绝"来处理,故刑部判决夫妇之义已绝,婚姻应当解除。由于丈夫逼令妻妾为娼的行为是违法的,对其肯定要定罪量刑。更为重要的是,此类义绝行为是对婚姻的极大伤害,所以对于奸夫也要科以杖刑八十七的处罚。比较看来,宋代仅仅是在《庆元条法事类》引户令的遗文中有逼妻为娼的记载,而元代则用判例明确规定逼令妻妾为娼的行为构成义绝,并严惩丈夫和奸夫。

案例三:虐待殴伤妻子

> 杭州路申:钱万二状招:至大二年六月初七日,将妻狄四娘沿身刁刺青秀(绣),不从,用拳将本妇行打抑勒,于背上、两腿刁刺龙龟,接受莫一史舍钞两,雇觅妻狄四娘仔(在)街露体呈绣迎社,又将妻母狄阿孙抵触。大伤风化,已伤夫妇之道,似难同居,如将本妇离异归宗。……缘犯在至大三年十月十八日钦奉诏敕已(以)前事理,罪经革拨,将本妇离异归宗。②

此案中,钱万二先是要在狄四娘身上刺青,四娘不从,于是钱万二就对其拳打脚踢,勒绑之后在狄四娘背、腿上刺龙龟,最后让其裸体在大街上敲出所刺图案,钱万二从中得钱。杭州路认定钱万二对妻子的伤害行为构成义绝,这是一个了不起的历史进步。遍观唐宋有关义绝的律文,只有"妻欲害夫"构成义绝,而对于丈夫无相关规定。此案则把丈夫虐待殴伤妻子身体的行为也归为"伤夫妇之道",将其妻狄四娘离异归宗。

---

① 《元典章》卷四十五,刑部七,"纵奸·逼令妻妾为娼"。
② 《元典章》卷四十一,刑部三,"不义·将妻沿身雕青"。

案例四：翁调戏男妇

> 翁调戏男妇者为义绝。董文江招状,将男妇福怜用言调戏,及揣抹(摸)手足,黉夜摇撼房门罪犯……虽未成奸,已乱人伦尊卑之礼……令高福怜与伊夫董绵和离异,归宗。①

此案中,董文江调戏儿媳,到了晚上又敲儿媳的房门,虽然最终未成奸,但由于其行为恶劣,大乱尊卑之礼,司法官员认为构成义绝。虽然董文江只实施调戏行为,并未构成强奸罪,但是考虑到其有失人伦大礼,已经伤害了其子与其儿媳的夫妇之义,故司法官员判决其子与其儿媳离异。

其三,司法判决中力求协调妻告夫与干名犯义的矛盾。

通过对前述案例的分析,可以肯定元代已经将丈夫殴打妻子的行为认定为义绝,但是当妻子真正去告发丈夫时,必然又会以卑犯尊,干名犯义。《元典章》中的李阿邓案足以说明元代在司法判决中已经注意到这一矛盾,并力求予以解决。

案例五：强奸继子妇并殴妻

> 妻告夫奸男妇断离条：大德九年二月二十九日,准中书省咨,李阿邓告夫强奸继男妇阿李不成罪犯,已经断讫。看详：纲常之道,夫妇须相容隐,李阿邓经官告夫李先奸罪,欲令依旧同处,不无别致生事。若断义(绝)离异,不见妻告夫罪之定例。请定夺回示。送刑部议得,夫妻原非血属,本以义相从,义和则固,义绝则异,此人伦之常礼也。李先罪犯强奸伊妻阿邓前夫男妇,于妇知见,用言劝道,为人不思自过,反将阿邓打伤。告发到官,对问是实。现将李先断讫,已是义绝,再难同处。看详李先所犯,败伤风化,渎乱人伦,仰合与妻离异相应。②

---

① 《元典章》卷四十一,刑部三,"内乱·翁戏男妇断离"。
② 《元典章》卷四十一,刑部三,"内乱·妻告夫奸男妇断离"。

李先强奸继子之妇阿李,并将妻子李阿邓打伤。李阿邓告到官府,以伦理纲常,夫妻应该相隐,李阿邓的告发行为已构成干名犯义。但此案的关键是法司并未追究李阿邓干名犯义之罪,而是依据"夫妻原非血属,本以义相从,义和则固,义绝则异",认定李先强奸继子之妇的行为构成义绝,判决李先与李阿邓离婚。既然夫妇之义不在了,则"妻"告"夫"便不属于干名犯义。官府最终认定,李先的行为"败伤风化,渎乱人伦,仰合与妻离异相应"。

据前述分析可以得出结论:元代不仅在对义绝的处罚和范围上出现变化,且法司对夫妇之义有了新的认识,并力求在判决中协调新旧规定之间的冲突。这就为明律在干名犯义条中重新解释义绝准备了条件,元代义绝判例的过渡作用极为关键。①

三、和离的审查程序

宋代实行宗室和离审查制。有关和离的法律规定,宋代完全继承了唐律的内容。② 元代和离方面的立法也没有明显变化,如《元史·刑法志》规定,"夫妇不相睦……和离者不坐"。《通制条格》也有此规定。这些规定基本沿袭了唐律的内容。虽然和离的有关规定变化不大,但在具体运作中有所调整,表现为从程序上进一步规范宗室夫妇的离婚行为,不相和谐而离婚者,需要经审查后才可以离婚。《宋史》有载:"宗室离婚,委宗正司审察,若于律有可出之实或不相安,方听。若无故捃拾者,劾奏。如许听离,追完赐予物,给还嫁资。再娶者不给赐。非袒免以

---

① 显然,那种认为现有元代资料中尚未发现因义绝而断离的案例、元代法律没有唐宋法律七出、义绝之规定的观点值得商榷,这些通说忽视了《元典章》中大量的义绝案例。在这些案例中,虽然没有直接使用"断离"的表述,但"听离""令……离异""将……离异""离""将本妇归宗"等判决结果,就是令夫妇离婚,且不得再结合,这与唐宋时期因义绝而断离的情形是一致的。

② 参见《宋刑统·户婚律》。

上亲与夫听离,再嫁者委宗正司审核。"①

宋代实行宗室和离审查制,从其他史料也可以得到佐证,如《宋会要》规定:"(建中靖国元年)九月二十三日,三省言:'今后宗室及非袒免离妻,如已经开封府根治者,令大宗正司并限半月审察。'从之。"②

宋代要求宗室夫妇和离起码具备两个条件:一则,存在夫妻不和谐的事实。不仅要有其名,更要有其实,必须确实存在夫妻之间无法和平相处的客观事实。二则,由宗正司负责具体的审查工作。如果情况属实,可以听任其离婚;如果情况不实,夫妻只是随便拿不和作为借口,宗正司就会向皇帝检举宗室的问题,令其不得离婚,即便已经允许离婚的,也必须复合。

可见,宋代最初是从宗室阶层开始限制和离的,把离婚当作一件大事,不能随便提出,明确限制离婚行为。至于官僚士绅、庶民百姓的离婚行为,尚未见到明确限制的相关材料,仍可觅得和离的事例。

> (元祐二年)诏赐杨王妇崇国夫人冯氏为希真凝寂大师……冯氏在元丰中以杨王不睦听离。③

杨王能够受到诏赐,肯定非普通百姓。由于与妻子冯氏无法和睦相处,双方同意离婚。至于是何种原因引起夫妻不睦,是冯氏一心向佛影响夫妻生活,还是另有隐情,个中原委记载者并未交代。至于和离之后,双方家族之间有无矛盾纠纷,更无从得知。但可以肯定的是,双方系自愿和离。

也有大族之女与丈夫不相和睦,离异归家,随后另嫁他人的情况。

> 曹咏侍郎妻硕人厉氏,徐姚大族女,始嫁四明曹秀才,与夫不相

---

① 《宋史》卷一百一十五·志第六十八。
② 《宋会要辑稿·帝系五》。
③ 《续资治通鉴长编》卷四〇二。

得,仳离而归,乃适咏。①

厉氏曾是徐姚之地的大族之女,与四明曹秀才"不相得",两愿离婚,后改适曹咏。

上述两个离婚事例涉及的主体都是夫妻个人,没有双方家长的参与。导致离婚的原因均是夫妻感情不和,无法再继续生活,故两愿离婚。从记载的文字看,在离婚愿望的表达上,夫妻双方应该是处于比较平等的地位。一旦离婚,若女方再改嫁他人,也没有遇到明显的阻碍。

甚为遗憾的是,上述和离事例都不涉及宗室关系,既不用麻烦"宗正司审察",更不用他们"劾奏"处断,无法了解有关规定的具体执行情况。至于经过劾奏之后,除必须复合外,夫妻二人会受到何种惩罚,也不得而知。到了清代才有明确的处罚规定。

四、违律婚断离的扩充

宋元时期,违律婚的内容较之唐代有所扩充和变化,比较明显的是禁止僧道为婚。

现存唐代律令中没有关于禁止出家人结婚的规定。到了宋代,《庆元条法事类·道释门》中已经有明确的规定:"道士不得蓄养妻孥。已有家者,遣出外居止。"此处只禁止道士结婚,对于违反禁令成家的道士,只是要求其从道观里搬出去居住而已。

到了元代,有关禁止僧道为婚的禁令更为具体。"诸僧道悖教娶妻者,杖六十七,离之,僧道还俗为民,聘财没官。"②不仅禁止僧道娶妻,而且处罚方式已经不仅仅是"遣出外居止",而是采取了更为严厉的措施,对娶妻的僧道处杖六十七,并强制其离婚,同时勒令其还俗为民,所有聘财予以没收。

---

① 《谈薮》。
② 《元史》卷一百三。

元代在良贱为婚的限制上较唐代则有所松动。《元典章》规定："至元六年正月初一日以后,诸奴婢不得嫁娶招召良人。如委有自愿者,各立婚书,许听为婚。"①这应该是沿用金制。《金史·太宗纪》记载:"四月丁卯,诏:'诸良人知情嫁奴者,听如故为妻,其不知情而嫁者,去住悉从所欲。'"金元的做法与前面的朝代都有很大不同,唐宋都明令禁止良贱为婚,而元代不绝对禁止良贱为婚,如系自愿就承认其婚姻效力。在具体的社会生活中,良贱为婚也不受太大的限制。②

对于"和娶人妻",唐代只有相关的禁条,在文献中未见有类似的事例。《名公书判清明集》记载了这样一个案例:

> 谨按:律曰:"诸和娶人妻,冀嫁之者,各徒二年;即夫自嫁者,亦同。仍两离之。"又曰:"诸妻擅去,徒二年。"叶四有妻阿邵,不能供养,自写立休书、钱领及画手模,将阿邵嫁与吕元五,父子共交去官会三百贯,尚有未尽会二百贯,寄留叶万六家。既已亲书交钱,又复经官陈理,若如此而可取妻,是妻可以戏卖也。吕元五贪图阿邵为妻,另斐千七夫妻与杨万乙啜诱叶四,虽已写约,尚未心服,而遽占留阿邵在家,若如此而可得妻,是妻以可力夺也。律有两离之法,正为此等。③

上述"叶四卖妻案"正符合律文"和娶人妻"条所规定的所有要件。所谓"和娶人妻",即丈夫与某男商议,撰写休书与妻子离婚,让妻子改嫁某男,从中收取一定数额的钱物;或者丈夫收受一定数量的聘财,将妻

---

① 《元典章》卷十八,户部四。
② 如关汉卿《赵盼儿风月救风尘》中的宋引章,她作为一名歌妓,先是与安秀实要好,后受周舍引诱,与周舍结婚。在费尽周折与周舍离婚后,又与安秀实结婚。虽然这是剧本,不是严格意义上的史料,但剧中的社会背景肯定参考了当时的社会状况。这至少可以说明良贱为婚在当时的现实生活中并不罕见,也不为时人所非。这应该与元律不严格禁止良贱为婚而依两相情愿有很大关系。
③ 《名公书判清明集》卷九。

子另嫁他人。这也就是《元典章》《通制条格》以及元杂剧中所谓的卖休买休。

第三节　明清离婚制度的发展

相对而言,明清是法定离婚制度调整比较多的时期,从七出、义绝、和离到违律婚断离,都出现了明显的变化,值得浓墨重彩地叙述。

一、七出的定型化

明律对七出的规定少有变化,清律亦如此。《大明律》的规定为:"凡妻无应出及义绝之状而出之者,杖八十。虽犯七出有三不去而出之者,减二等,追还完聚。"[1]立法基本沿袭唐代的规定,只是把恶疾包括在三不去之内,例外情况只有犯奸一条。至于妻子犯奸后,丈夫有何处置权限,明律基本沿袭元律的规定,"奸妇从夫嫁卖。其夫愿留者,听"[2]。清代沿袭明代,规定"犯奸者,不在此限"。

从明清法律的规定看,七出之制已经定型化,没有什么新的变化。在具体的离婚中,援引七出之条的情况如何,三不去的约束力如何,犯奸的女子命运如何,结合家谱、地方档案和刑科题本中的相关材料,对此作以下考察。

明清之后,见诸正史的七出事例已经很少。在刑科题本和地方档案的婚姻诉讼中也很少有相关的事例。

下面以"周元炳休弃石女刘氏案"为例:

> 江西安义县周元炳供:30岁。乾隆五十二年小的承聚刘家明
> 侄女刘氏为妻,因是石女,不能生育,当欲送回。妻母袁氏、妻叔刘

---

[1] 《大明律》卷第六。《大清律例·户律》也有此规定。
[2] 《大明律》卷第二十五。

家明不肯收回,只说听凭小的嫁卖。五十三年五月由小的托人为媒将刘氏嫁与新建县人杨以定为妻,得财礼八千文。会审意见:……袁氏将废女匿情出嫁,合依不应重律笞四十,系妇人照律收赎,误娶之杨以定均免置议,石女刘袁氏领回收养。①

此处周元炳本欲将不能生育的石女刘氏休弃,但妻家不收,听凭他嫁卖,于是将刘氏嫁卖给杨以定,由于妻家同意,官府并未追究他嫁卖妻子之罪,反而将刘氏之母袁氏治罪,理由是"将废女匿情出嫁"。同时,官府认定杨以定是误娶,不承认其婚姻效力,命刘家领回女儿收养。

当石女不能完成传宗接代的使命时,官府就把她看成了"废女",剥夺了她的婚姻权利,判决双方离婚,命刘家领回女儿。同时对其母亲隐匿实情而嫁女的行为予以处罚。这是比较例外的一桩无子出妻案,其他与七出有关的离婚案例着实很难觅到。

二、义绝的新阐释

明代义绝制度在继承宋元变化的基础上,又有新的发展。明律第一次明确把义绝的侧重点完全放在夫妻关系上,清律关于义绝的规定完全沿袭了明律,具体的解释也同样放在了干名犯义条。由于二者相似,为了方便分析,对明清的义绝制度一并探讨。

明律中的义绝附于《大明律·户婚》"出妻"条后,"凡妻无应出及义绝之状而出之者,杖八十……若犯义绝应离而不离者,杖八十"②。对于何谓义绝,律文并没有具体规定,但《大明律》干名犯义条小注中作出了列举性的规定:"义绝之状,谓如身在远方,妻父母将妻改嫁,或赶逐出外,重别招婿,及容止外人通奸。又如本身殴妻至折伤,抑妻通奸,有妻

---

① 档案《刑科题本·婚姻奸情类》,议政大臣喀宁阿等,54·5·12(此数字为档案编号,后文同)。
② 《大明律》卷第六。

诈称无妻,欺妄更娶妻,以妻为妾,受财将妻妾典雇,妄作姊妹嫁人之类。"①清律关于义绝的规定及具体的解释完全沿袭了明律,同样将其放在了诉讼门的干名犯义条。

明清律之所以将义绝置于干名犯义条中,主要原因在于明清律中的义绝之状,如果告发即构成以卑犯尊,要追究干名犯义之罪。现认定妻父母"将妻改嫁,或赶逐出外,重别招婚,及容止外人通奸"的行为和丈夫"殴妻至折伤,抑妻通奸,有妻诈称无妻,欺妄更娶妻,以妻为妾,受财将妻妾典雇,妄作姊妹嫁人之类"的行为都构成义绝。既然夫妇之义已绝,故无论丈夫对妻母的告发,还是妻子对丈夫的告发都不再构成干名犯义。

(一) 明清律对义绝的新规定

根据前述明清律中列举的"义绝之状"可以看出,上述规定有两大内容:其一,义绝的行为仅有两类,即伤害丈夫的行为和伤害妻子的行为。其二,对犯义绝应离而不离的当事人的处罚进一步减轻,即杖八十。

明清律对义绝之制的新发展,表现在两个方面:其一,和唐宋时期相比,其关注点是夫妻个人受到的伤害,而不再是涉及双方家族的伤害。据此,日本学者滋贺秀三认为:"明清律中相当于唐律中的义绝规定,实质上已经不存在,代之而出现的是散见的为直接保护妻而作的若干个别的审判的离婚规定。"②其二,与元代分散、粗疏的断例相比,明清律在法典中对"义绝之状"作了清晰明确的概述性规定。

(二) 司法实践对夫妻犯义绝的灵活处理

明清时期相对丰富的义绝判决材料显示,相关的司法判例更趋复杂化,相似的案情往往因司法官员的不同和当事人身份的不同而有所变

---

① 《大明律》卷第二十二。
② [日]滋贺秀三:《中国家族法原理》,张建国、李力译,法律出版社2003年版,第386页。

化。以下根据《刑案汇览》和《明清公牍秘本五种》中的案例,具体分析明清对义绝制度的实际执行情况。鉴于夫妻在服制上的定罪不平等,是否认定义绝直接影响其相应的刑事责任,故笔者根据当事人男女主体的不同分别探讨。

1. 对丈夫犯义绝的处理

《大清律例增修统纂集成》"出妻"条注:"义绝而可离不可离者,如妻殴夫,及夫殴妻至折伤之类。义绝而不许不离者,如纵容抑勒与人通奸及典雇与人之类。"对于妻殴夫、夫殴妻至折伤之类的义绝情形,是否离婚由当事人自己选择;而对于丈夫抑妻通奸、受财嫁卖、典雇妻妾之类侵害妻子利益的行为,可由妻子提出离婚,依律必须离。婚姻关系解除之后,再追究相关责任人的刑事责任。但是具体到司法判决中,丈夫殴伤妻子和嫁卖妻子的行为很少按照义绝来处理。① 既然没有判决离婚,那么鉴于夫妻法律地位不平等,丈夫就可以比照常人减轻处罚。

其一,殴伤妻子。

对于"夫殴妻至折伤"的义绝条文,不能仅从法条本身去理解,应该把它置于尊卑等级分明的礼制秩序中去理解。第一,夫殴妻往往有很多原因,《刑案汇览》中也不乏此类案件。② 第二,丈夫相对于妻子而言,理应也是尊长,即使是殴妻致死也会因为夫妻的名分而减等处罚,而不按义绝的情形来处断,结果就是丈夫可以凭借其身份减轻处罚,即使有"夫殴妻至折伤"的义绝规定,但实践中差不多会成具文。

其二,嫁卖妻子。

案例一:故杀明媒正娶不知卖休之妻

晋抚题:杜奇搭死伊妻徐氏一案。此案已死徐氏本系高生荣之

---

① 《刑案汇览》中有关义绝的众多成案都显示出这一倾向,后文案例一和案例二仅是其中的代表而已。

② 参见(清)祝庆祺等编:《刑案汇览》,北京古籍出版社2004年版,第1456—1457页,"母仅令殴责子将妻叠殴致毙"案,"尊长仅令训责辄叠殴妻至毙"案。

妻,高生荣因家道艰难,商允将徐氏改嫁,适杜奇欲娶妻室,高生荣随捏称徐氏夫故无依,伊系徐氏夫兄高云,并串嘱媒人梁可武往向说合,杜奇信以为真,议定财礼钱十五千文,高生荣复捏高云之名写给婚帖。经杜奇将徐氏娶回,嗣徐氏复嫌杜奇家贫吵闹,杜奇将徐氏故杀身死。查杜奇娶徐氏为室,并不知系高生荣卖休之妻,即徐氏于过门后亦未将伊系有夫之妇向杜奇告知,是徐氏虽律应离异,杜奇实系明媒正娶,自应照例按服制科断。该省将杜奇依夫殴妻致死故杀亦绞律拟绞监候,与例相符,应请照覆。嘉庆十七年说帖。①

案例二:欲将妻嫁卖不从故杀妻命

苏抚题陈尚德勒死伊妻李氏一案。查本夫起意卖妻,已经得受身价,人已嫁讫,恩义已绝,后欲杀伤,本应以凡人科断。至本夫被媒人怂恿,尚止起意欲卖,普(曾)经议定身价,尚未接受。伊妻即闻嫁卖情由,即与不依,是卖妻虽已议定而身价尚未接受,亦未许有后夫,其夫妻名分犹存,似未便以恩义已绝即同凡论。此案陈尚德因贫难度,将妻李氏托刘标寻觅雇主,刘标怂恿嫁卖,该犯应允,议定身价,许将李氏交给刘标,听其嫁留。回家捏称已有雇主,唤同李氏至刘标家,刘标当相劝嫁,李氏不依混骂,声言赴县喊禀,即时走出,该犯与刘标追获,恐其告官受罪,顿起杀机,商令刘标将李氏勒毙。是该犯陈尚德哄卖伊妻事尚未成,即未得受财礼,且未许有后夫,亦未交给刘标,该犯情虽可恶,而夫妻名分尚存,自应仍以夫故杀妻科断,自李氏致死并非因调戏强奸所致,亦难请旌。该省将陈尚德依律问拟,似可照覆。嘉庆十二年说帖。②

---

① (清)祝庆祺等编:《刑案汇览》,北京古籍出版社2004年版,第1451页。
② (清)祝庆祺等编:《刑案汇览》,北京古籍出版社2004年版,第1451—1452页。

首先需要说明的是,案例一和案例二以及后文的案例五和案例六都是说帖,并不是终审案,其判决最终未必生效,因此,当事人最后接受的刑罚可能会有变化。"说帖"以及后文引用的"现审案"中可能出现的刑罚变化,并不能从根本上影响对义绝的考察,它们同样能反映义绝在司法实践中的变化。

之所以将上述两个案例放在一起考察,是因为二者都属于性质相似的义绝行为。案例一中,高生荣因贫诈称是其妻徐氏丈夫的兄长,将徐氏嫁卖给杜奇。徐氏嫌杜奇家穷,经常与杜奇吵闹,最后被杜奇所杀。案例二中,陈尚德因贫欲嫁卖其妻李氏,到了中介刘标家中时,李氏才知真相,声称要去告官,最后被陈尚德和刘标勒死。

案例一中,高生荣符合"妄作姊妹嫁人之类"的法定义绝情形,而杜奇则是典型的买休行为,也是不合夫妇之义的行为,理应断离。但由于杜奇是明媒正娶,又不知高生荣是卖休,司法官员以此为据,承认杜奇与徐氏的婚姻合法有效,判决"将杜奇依夫殴妻致死故杀亦绞律拟绞监候"。而如果按照义绝解除夫妻关系,以凡人论的话,杜奇的处罚就不可能是绞监候,而应按故杀处以斩立决。

案例二中,陈尚德嫁卖其妻李氏,也是法定义绝情形,夫妻关系毫无疑问应当解除,陈尚德应以凡人论断,但该案还是"以夫故杀妻科断",减一等处罚,理由是陈尚德的行为是未遂,"未得受财礼,且未许有后夫,亦未交给刘标"。

通过对比可以看出,上述法定义绝情形按律都是应断离的,应解除夫妻关系,以凡人论。但司法实践却以各种借口变通,其无外乎一个目的,即减轻夫方的责任。

其三,抑妻通奸。

对于此类行为,不同的官员会作出不同的判决。高洪良案和丁十案比较典型。

案例三:夫谋杀妻伤而未死

> 直督咨:高洪良因与杨黄氏通奸,谋勒伊妻,伤而未死。查妻之于夫,其名分与子孙之于祖父母、父母并重,应比照尊长谋杀卑幼,以故杀法伤而未死减一等律,依夫殴妻至死故杀亦绞律上减一等满流。该犯恩义已断,且讯明伊妻情愿离异,应不准收赎。道光元年案。①

高洪良先是与人通奸,后又谋勒其妻,已经犯了义绝,即"该犯恩义已断",且其妻也愿意离婚。显然,高洪良应以常人论,谋杀应判处斩立决,即使非死罪减一等,也该是斩监候。但此案最终却按"夫殴妻至死故杀亦绞律上减一等满流"来判刑。

案例四:被人怂恿逼妻卖奸将妻殴死

> 提督咨送:丁十听从陈王氏怂恿,屡次逼妻得氏欲令卖奸,夫妇之义已绝,复因得氏不从,殴打折磨以致因伤身死,将丁十照凡人斗杀律拟绞监候。陈王氏商同丁十劝令得氏卖奸,捏称得氏与胡二父子有奸,希图挟制,应照奸赃污人名节例拟军,实发驻防为奴,得氏年甫十七,逼勒卖奸不从,坚心守正,备遭毒殴致毙,贞节可嘉,付请旌表。嘉庆二十五年湖广司现审案。②

丁十逼妻卖奸,因其不从,将妻子得氏折磨致死,已犯义绝。既然夫妇之义已绝,提督认为应该照凡人斗杀律来处理,判决绞监候,不再以夫杀妻的名分来按服制定罪。

这两个案例说明,义绝时婚姻是否断离至关重要,直接影响当事人的刑事责任。对于高洪良,法司没有按义绝断离,结果以"夫殴妻至死故杀"在绞刑上减一等而判决流刑;而对于丁十,法司按"夫妇之义已绝",照凡人斗杀律判决绞监候。

---

① (清)祝庆祺等编:《刑案汇览》,北京古籍出版社2004年版,第1464页。
② (清)祝庆祺等编:《刑案汇览》,北京古籍出版社2004年版,第1461页。

2. 对妻子犯义绝的处理

前述都是对男子犯义绝的司法处理案例。对于女子因抗拒卖奸,误伤并导致丈夫死亡的情况又该如何判决?是否断绝婚姻?如何追究女方刑事责任?王阿菊案和林王氏案的不同判决具有代表性。

案例五:被夫屡次殴逼卖奸将夫殴死

贵州司查律载:妻殴夫致死斩等语。此案王阿菊因伊夫罗小幺贫困难度,令该氏卖奸,该氏不从,罗小幺时常打骂,该氏无奈允从罗小幺,即令安阿二与该犯奸宿。嗣罗小幺与安阿二索钱争吵,将安阿二驱逐,罗小幺因无食用,另寻奸夫,复令该氏卖奸,该氏不允,罗小幺辱骂,该氏顶撞,罗小幺拾棒扑殴,该氏虑被殴伤,顺拿沙(砂)锅滚水下泼,冀其退避,不期泼伤罗小幺胸膛等处身死。该府将该氏依律拟斩立决,并声明该氏因伊夫复令卖奸不允,争殴致毙,较谋杀纵奸之夫为轻,可否酌减等因。臣等核其情节,死者逼令卖奸,无耻之极,该氏被殴吓泼适伤致毙,尚非无故逞凶干犯,惟死系伊夫,名分攸关,仍应按律问拟,应如该抚所题,王阿菊合依妻殴夫致死者斩律,拟斩立决。道光九年说帖。①

王阿菊之夫罗小幺强迫其卖奸,因执意不从而与其夫发生争执,顺手拿滚水泼其夫,不料泼到其夫胸膛等地方导致其夫身死。贵州司明知王阿菊"尚非无故逞凶干犯",但还是认为死者是罪犯之夫,"名分攸关",最终以夫妻的身份判决王阿菊斩立决。

案例六:被夫逼令卖奸拒奸误毙夫命

福建司查律载:妻殴夫死者斩立决等语。此案林王氏因何景星向其调奸,忿极拾柴掷殴,何景星闪避,不期伊夫林阿梅踵至,致被误掷伤其左额角等处殒命。名分攸关,自应按律问拟,应

---

① (清)祝庆祺等编:《刑案汇览》,北京古籍出版社2004年版,第1466页。

如该镇道等所奏,林王氏合依妻殴夫死者斩立决律拟斩立决。惟查妻误杀夫之案,臣部向俱依律拟斩立决奉旨改斩监候。该氏用柴向何景星掷殴,其误伤伊夫林阿梅身死,事出不虞,并非有意干犯,自应量为宽贷。林阿梅贪利无耻,欲令该氏与何景星通奸,夫妇之义已绝,该氏守正不污,用柴向图奸罪人何景星掷杀,不期误伤林阿梅致毙,较之寻常与人斗殴,误毙夫命之案情尤为可悯。例内虽无治罪明文,衡情酌理,林王氏与林阿梅夫妇之义即绝,可否即照寻常因斗误杀旁人之律拟以绞监候,秋审缓决一次后,即予减等之处,恭候钦定。至何景星向林王氏图奸,致该氏误毙夫命,陷人一死一抵,今照棍徒拟军尚觉轻纵,应该发新疆为奴,以示惩儆。道光十二年说帖。①

林王氏的丈夫林阿梅,"贪利无耻,欲令该氏与何景星通奸"。林王氏举柴向调戏她的何景星打去,不料误中其夫,致其丧命。福建司提出,"林王氏与林阿梅夫妇之义即绝,可否即照寻常因斗误杀旁人之律拟以绞监候,秋审缓决一次后,即予减等之处"。在婚姻关系解除后,法司就可以按照普通人"寻常因斗误杀旁人之律"判决林王氏绞监候,秋审减等。

两个案例的共同之处在于,两个男性被害人罗小幺和林阿梅都具有法定的义绝情节。但对于两个女性加害人的判决结果却不同,案例五中,王阿菊的判决是"合依妻殴夫致死者斩律,拟斩立决";案例六中,林王氏的处罚则是"拟以绞监候,秋审缓决一次后,即予减等之处"。

同种犯罪动机,相似的犯罪情节,同样的法律条文,却出现了完全不同的量刑结果,正说明对义绝司法实践进行考察的必要性。立法上的规定是直线的,即只要符合法条列举的情形,毫无疑问就是义绝,结果只有一个——离婚。但涉及具体的判决时,情况往往很复杂。正如上面案例

---

① (清)祝庆祺等编:《刑案汇览》,北京古籍出版社2004年版,第1465—1466页。

所显示的,义绝的认定不仅涉及具体的法定情节,而且会影响男女双方身份上的刑事责任。特别是不同的司法人员在具体的断案中不可能像法条的规定那样千篇一律。"斩立决""绞监候"的区别不仅仅是刑罚等级的差别,"绞监候"的案件如果遇到会审,案犯可能会得到赦免,其最终命运会截然不同。

三、和离的严格化

清代实行严格的官员和离削去诰封之制。明清时期,和离制度的内容没有明显变化,只是对于官员的和离行为,清代规定得更为严格。"国初凡官员因夫妇不和,欲出其妻,已受封者,先呈明吏部削去所封,赴刑部呈明,差人押令离异,询明情由,系两愿者,听,若兵民出妻,任其自便。"①

《钦定大清会典》中专条规定了官员和离的程序和法律后果,和宋代的宗室和离审查制相比,清代进一步扩大适用主体的范围,即包括清代吏部在册的所有官员。只要涉及夫妇不和的离婚情形,受封的品官,都要呈送吏部,削去诰封,然后由刑部调查缘由,确属两愿离婚者,允许和离。

由于涉及呈部削去诰封,官宦之家不到万不得已,是不会选择离婚的。更何况有纳妾制度可以弥补夫妻不和的缺陷,官宦们也不会主动选择离婚。对于正妻来说,只要男方家庭能够保障自己衣食无忧,为自己提供一定的社会地位和尊严,她们便不会主动选择那种被时人视作失尽脸面的离婚途径。因此,能够见诸史料的官员和离事例微乎其微。

庶民百姓则不同,由于没有诰封,不涉及削封问题,生存压力和夫妻矛盾的升级往往会导致离婚,在一些档案中可以见到不少以和离名义离婚的案例。

---

① 《钦定大清会典·事例》。

(一) 夫妻不和的离婚

> 直隶束鹿县张群供:小的胞姐张庭先嫁史庆子做妻,后因夫妇不和,史庆子把姐姐休回。小的父亲想再向史说合完聚,故此收养在家。……①

此案中,由于夫妻不和,史庆子把张庭休回。至于夫妻为什么不和,无法得知,但夫妻不和的离婚原因从张庭之弟张群口中说出,应该是比较可信的。既然张群父亲想再向史庆子说合完聚,至少说明他不愿意女儿离婚。从而可以推测,女婿史庆子事先可能没有征得岳父的同意,除夫妻不和外,他们之间应该没有其他矛盾,所以,张父才有"说合完聚"的想法。

> 贵州镇远县金国梓供:27岁。小的向在云南做生意,乾隆四十九年三月回家。父对小的说姐姐被姐夫陈元休回。小的查问,姐姐说是夫妇不和,吵闹休回。……②

此案中,离婚的原因是"夫妇不和,吵闹休回"。金氏自己谈到"吵闹休回",可见夫妻双方的矛盾已经非常尖锐了,彼此不满,均不退让,实在无法协调。当金氏把离婚原因讲给胞弟时,似乎也没有太多的怨气,比较平静。这是因为双方都比较注重夫妻关系,如果实在情不相投,经常吵闹,倒不如分开。

另有湖北黄冈县余志和,以屠宰牲畜为生,"娶妻周氏,因不和睦,休回娘家去了"③。

这些因夫妻不和而离婚的案件,基本上都是在其他命案发生后,因被牵连而提及的,所以无法了解夫妻不和的前因后果。但共同点都是男了采取主动,结局都是女方被休回娘家,这是从夫居的传统婚姻无法避

---

① 档案《刑科题本·婚姻奸情类》,议政大臣阿桂等,56·5·16。
② 档案《刑科题本·婚姻奸情类》,议政大臣阿桂等,50·5·27。
③ 档案《刑科题本·婚姻奸情类》,湖北抚惠龄,53·12·21。

免的结果。

(二) 夫妻不和将妻嫁卖的按律受罚

四川仁寿县曾添荣供：21岁。乾隆五十四年六月，小的娶邓氏为妻。因邓氏与小的不和，时吵，两下情愿离开。五十五年十一月内，小的自己主婚，把邓氏改嫁与陈万有，收过财礼四千八百文。……会审意见为：曾添荣与邓氏不和，理应归宗，乃辄私自主婚改嫁，殊属不合。曾添荣、邓氏均合依买休卖休，本夫本妇各杖一百律，应各杖一百，折责四十板。邓氏系妇人照律收赎，仍离异归宗，财礼入官。①

此案中，曾添荣与邓氏不和，两愿离婚，本身无可厚非。邓氏离婚之后本应回到娘家再进行婚配，而曾添荣却自己主婚，把邓氏嫁卖，明显有违法律。如果邓氏犯有奸情，曾添荣嫁卖是法律允许的，但和离后再行嫁卖是违反法律的，应按照买休卖休律条处罚，并判女子归宗，因嫁卖所得财礼予以没收。

可见，法律允许女子和离后归宗。但和离之后，丈夫私自嫁卖妻子则违反法律。官府在判案时，对此区分甚为严格，"退回母家收领谓之出妻，凭媒得受财礼谓之嫁卖，情事迥别，不容牵混"②。

(三) 女子情愿离异的结局迥异

以上都是因为夫妇不和，男方或将妻子休回娘家，或进行嫁卖，即男子均始终处于主动的地位。在实际的和离中，也有女方与丈夫不和，情愿离异或吵闹求去的情况，但结局迥异。

道光十四年(1834年)宝坻县吕守福与刘氏成婚后，夫妻不同心。吕守福常常私自出逃，刘氏情愿离异，吕守福与其母程氏也都同意。县

---

① 档案《刑科题本·婚姻奸情类》，议政大臣阿桂等，56·10·14。
② (清)董沛：《汝东判语》卷三。

主批示:"追还财礼,断令另行转聘"①。

既然夫妻不同心,当然就谈不上和睦相处。吕守福经常私自出逃,刘氏情愿离异,对方也没有阻止,离婚比较顺利。但更多的是求离不成,酿成命案的情形。

>四川双流县王茂林供:22岁。平日剃头生理。张氏为妻,因性倔强,与小的不和。乾隆五十三年十二月五日,小的见她没洗碗,用烟袋打了她几下,她就要投河寻死,小的把她送回她叔祖张廷宗家去,说情愿出立休书,由她另嫁。后张廷宗向小的劝解,又把妻送回。小的只得收留。不料张氏不愿跟小的,时常使气,逼要休书。小的生气,原说这样没脸,难怪邻人彭灏说小的被女人逼立休书不过。不料张氏听了这话,拿小刀向彭灏寻闹,小的拉她回家,张氏撒泼,小的殴伤她身死(21岁)。②

王茂林只说张氏性情倔强,二人不和,但据推测,张氏应是不愿忍受王茂林的打骂。"小的见她没洗碗,用烟袋打了她几下",诸如此类或是更为严重的家庭暴力行为应该比较常见,张氏才会寻死,"时常使气,逼要休书"。从王茂林的口供分析,应该没有其他离婚原因,比如不顺父母、张氏嫌其家穷等,主要就是两个人无法相处,张氏才决意离婚。这使王茂林极没面子,遭到邻居的嘲笑,才会满腹怨气,出手极重,致张氏身死。"可见,在丈夫看来,由他主动休妻是正常的,而让妻子逼要休书则难于接受。"③

>江苏苏州戚鸿飞供:42岁。浙江余姚人,乾隆四十四年搬到苏州挑水生理。妻子王氏17岁嫁与小的为妻,生两子,大儿子10岁,小儿子6岁。王氏生性悍泼,嫌小的穷苦,时常吵闹。五十三年

---

① 档案《顺天府全宗》,28·3·163·150。
② 档案《刑科题本·婚姻奸情类》,议政大臣阿桂等,55·11·7。
③ 王跃生:《清代中期婚姻冲突透析》,社会科学文献出版社2003年版,第121页。

正月二十四日,小儿子发烧,小的嘱令妻子好好照看,妻不理,反说小的这样穷鬼,自己尚难过活,还要儿子何用? 小的生气,打她左腮一掌,她吵得愈加厉害,立逼小的休弃并辱及父母。小的赶上殴责,伤其身死。①

王氏不愿意和戚鸿飞过穷苦的日子,且两个人的年龄差距应在十岁以上,这使她极不满意婚姻现状,所以时常吵闹。加上她"生性悍泼",为人倔强,不畏惧丈夫的打骂,依然求弃,结果付出年轻的生命。可见,夫妻不和,男子可以休妻,但不能容忍女子求弃。

另有安管毒妻李氏一案,情况与前案类似。

由于李氏性格悍泼,二人向不和睦。从前原有几间房子,三四十亩地,自从娶了李氏,她好吃懒做,陆续把地卖掉。乾隆五十一年又把房子卖了,无处栖身,借人闲房居住。女人没得吃用,常与小的吵闹。后因找乡馆想搬往别处,女人说宁死不跟小的去,逼着小的休她改嫁。小的恨极,起意把她毒死,省得出丑,用信末子放在里面,女人被毒死(45岁)。②

李氏性悍人懒,与丈夫"向不和睦",家庭状况每况愈下,最后落得没地没房的光景,于是她决意改嫁,逼着安管将她休弃。安管"恨极",为免别人耻笑,把李氏毒死。

四、违律婚断离的新规定

到了明清时期,又增加了一系列的禁止性条文,扩大了违律婚断离的调整范围,概括来说,主要有以下几种:

(一)典雇妻妾

凡将妻妾受财典雇与人为妻妾者,杖八十;典雇女者,杖六

---

① 档案《刑科题本·婚姻奸情类》,议政大臣阿桂等,53·10·24。
② 档案《刑科题本·婚姻奸情类》,山东抚长麟,53·8·4。

十,妇女不坐。若将妻妾妄作姊妹嫁人者,杖一百,妻妾杖八十。知而典娶者,各与同罪,并离异,财礼入官;不知者,不坐,追还财礼。①

此条在于处罚典雇妻妾之类破坏婚姻关系和社会伦理的行为。

该违律婚的成立,要求行为人主观上必须有获取钱财的故意。犯罪行为包括两大类,即受财将妻妾典雇与人和欺妄将妻妾作姊妹嫁人。至于具体的刑事处罚则视情况而定,对于主动把妻妾典雇与人并从中牟利者,处杖八十;典娶者也必须接受同样的处罚;妻妾由于是受害者,不予处罚。对于将妻妾冒充为自己的姊妹嫁与别人者,由于酿成了再婚的事实,加重两等,处杖一百;知而典娶者同样处杖一百,但不知者不坐;妻妾也由于再嫁别人的行为而处杖八十。对典娶产生的违律婚姻应予撤销,交易中的财礼没收归官。如果典娶者不知情而被骗婚,则可以要回自己的聘财。

(二)逐婿嫁女

凡逐婿嫁女,或再招赘婿者,杖一百,其女不坐。男家知而娶者,同罪;不知者亦不坐,其女断付前夫,出居完聚。②

此条在于处罚女家赶逐女婿而使女方再婚的行为。

该违律婚中,女家始终处于主动地位,或是把女婿赶出家门重新嫁女,或是逐出女婿再招赘婿进门,总之都损害了前婚的权益,并使女儿构成重婚,因此对女方家长处杖一百。如果后娶者知该女已婚而迎娶,亦处杖一百。不知情者实属无辜,不予以处罚。考虑到女子属于受害者,不追究其刑事责任,但必须恢复以前的婚姻关系,"断付前夫",撤销后成立的婚姻关系。

(三)僧道娶妻

凡僧道娶妻妾者,杖八十,还俗,女家同罪,离异;寺观住持知情

---

① 《大明律》卷第六。
② 《大明律》卷第六。

与同罪,不知者不坐。若僧道假托亲属或僮仆为名求娶,而僧道自占者,以奸论。①

此条在于处罚僧道娶妻的行为,保持僧俗的界限。

此条文中的行为主体是僧道等出家人,违反清规戒律而娶妻妾成家者,处杖八十,并勒令还俗。女家明知其为僧道而把女儿许配为其妻妾,则处以同样刑罚。由此而产生的婚姻关系,予以撤销。至于住持是否承担连带责任则视是否知情而定,如系知情,同样杖八十,否则不论。如果僧道假借为亲属、僮仆求婚而自己霸占该女,则以犯奸论处。

(四)强占良家妇女

凡豪势之人,强夺良家妻女,奸占为妻妾者,绞。妇女给亲。配与子孙、弟、侄、家人者,罪亦如之。男女不坐。②

此条在于严惩强占良家妇女的行为。

此条文中的行为主体是豪强之人。具体犯罪情节包括两类:一是依仗强势强夺良家妇女,奸占为妻;二是强夺良家妇女配与自家亲属,诸如子孙、弟、侄、家人之类。无论何种犯罪情节,其刑事处罚均相同,即对强夺良家妇女的豪强之人一概处以绞刑。女子作为受害一方,不予处罚,交给其家长亲人。配亲的豪强子孙、弟、侄、家人由于没有主动实施强夺行为,不给予刑事处罚。

(五)娶乐人为妻、妾

凡官吏娶乐人为妻、妾者,杖六十,并离异。若官员子孙娶者,罪亦如之……其在洪武元年已前娶者,勿论。③

此条重在制止官吏及其子孙娶乐人为妻、妾的行为,维护良贱有别、

---

① 《大明律》卷第六。
② 《大明律》卷第六。
③ 《大明律》卷第六。

官民有别的尊卑等级秩序。

此条文中的行为主体是特殊主体,仅限于各级官吏。其违律行为是娶乐人为妻、妾,不管是官吏自娶,还是其子孙娶,均处杖六十。所形成的婚姻无效,强制离异。该条的溯及力是从新原则,不溯及既往,凡是洪武元年以前娶乐人而形成的婚姻事实,一概不予追究。

明代根据婚姻中矛盾冲突的新变化,在基本继承唐代相关禁止性条文(如禁止妻妾失序、居丧嫁娶、父母囚禁嫁娶、同姓为婚、尊卑为婚、娶亲属妻妾、娶部民妇女为妻妾、娶逃亡妇女、良贱为婚等)的基础上,重新作出了调整。禁止典雇妻妾和逐婿嫁女的条文重在维护正常的夫妻关系,前者重在防止典雇妻妾,侵犯女方的权益;后者则在了保护女婿一方的权利,防止女家侵犯丈夫的利益,通过维护婚姻中夫妻双方的利益,巩固整个社会的婚姻伦理。其他条文则从维护社会秩序的大局出发,禁止僧道娶妻,是为了确保僧道与世俗的界限明晰,维护僧道的纯洁性和独立性,便于国家管理;禁止豪强霸占良妇,目的在于打击豪强势力的嚣张气焰,维护广大平民阶层的正常婚姻家庭生活;禁止官吏娶乐人为妻、妾,目的在于保障官贱之间的等级秩序,尽可能维护官僚阶层的良好风气。

第四章　传统离婚法制的内核与精神

传统法定离婚制度主要包括七出、义绝、和离、违律婚断离,遵循家庭、国家、个人的运思理路。其中,七出是选择离婚制度,意在照顾家庭的整体和顺;义绝是强制离婚制度,以国家强制干预的方式解决家族间的纠纷;和离是两愿离婚制度,给夫妻个人表达意愿的空间。这就是传统国家、家庭和个人三位一体的离婚制度,在社会伦理圈中规制着婚姻,确保社会秩序的稳定。

第一节　内核稳定的离婚结构

国家、家庭、个人相结合,从而形成内核稳定的传统法定离婚制度结构体系。离婚制度的设计者意欲通过个人、家庭、国家及社会等多方面的共同协调,达到维护婚姻有序发展的目的。

一、夫家选择离婚的七出

七出是指丈夫休妻的七种法定理由,是由婚姻关系中的男方主动采取的离婚方式,是夫家的自主离婚权。只要具备弃妻的条件,无需官府同意即可弃妻。七出原是礼制上的规范,法源于礼,唐代开始把七出纳入法律中,宋、元、明、清的法律在继承唐律七出有关规定的同时也有所变化,但主要是先后顺序和用词上的变化,基本内容没有实质性改变。

把七出归入选择离婚制度系基于两种前提。第一,法律赋予的休妻权利是一种选择性的权利,男子可以行使也可以放弃。第二,休妻之后,如果男方愿意还可以复合,无论复合还是不复合都与法律无涉,选择权在男方。当然,弃妻的选择权并非毫无限制,礼制和法律设有不允许弃妻的特定情况,即三不去。具备三不去条件的,即使存在可以弃妻的情况也不许弃妻。从唐律开始,三不去被正式引入法律中:"三不去者,谓:一,经持舅姑之丧;二,娶时贱后贵;三,有所受无所归。"同时,唐律还规定了三不去的两种例外情况,即"若犯恶疾及奸者,不用此律"①。

七出离婚制度是以家庭为出发点设计的,以夫权的形式体现出来,无论是立法还是司法都在着力维护男方家庭的整体利益。

一方面,从立法内容看,七出的规定无一例外地以牺牲妇女的权利为代价换取男方家庭的和谐。无子、不事舅姑、淫佚等出妻毫无疑问是为了保证家族延续及维护血统纯正,倡导孝道;嫉妒出妻意在消除内耗;盗窃出妻则是为了维护同居共财的经济基础;至于多言出妻,更是为了维护族内亲属关系,由于家族同居,多言易惹是非,骨肉之间容易形成嫌隙,故多言被列为七出之一。班昭的《女诫》也以"妇言"为四行之一。明代吕迎溪有言:"'妇人舌长口大',可使'男子家败身亡','妇人声满四邻,不恶也是凶神'。"②三不去的限制在结果上起到了维护女方利益的作用,但其出发点是为了家族利益。持舅姑之丧不去妻是对子媳尽孝的认可。娶时贱后贵不去妻,即禁止富而弃妻,反对嫌贫爱富,从眼前看,此种不得出妻的限制能够巩固夫妻情分,维护婚姻,稳定家庭;从长远看,则能倡导家庭美德,敦睦社会良好道德,最终起到维护国家秩序,纯化社会伦理的作用。而有所受无所归不去妻则是因为两姓中的一姓已经不存在了,女方没有家族可以收留,出于维护妇女利益的目的,当然不能休妻。

另一方面,从司法判决看,法官对离婚案件的权衡也是以家庭的利

---

① 《唐律疏议·户婚》。
② 《吕氏小儿语》。

益,特别是尊长的利益为依据。下面以"妻背夫悖舅断罪听离"案的判词予以说明。

> 阿张为朱四之妻,凡八年矣。适人之道,一与之醮,终身不改。况历年如此其久者乎！纵使其夫有恶疾如蔡人,阿张亦当如宋女曰:夫之不幸,乃妾之不幸,奈何去？今朱四目能视,耳能听,口能言,手能运,足能行,初未尝有蔡人之疾也,阿张乃无故而谓之痴愚,预相弃背,已失夫妇之义；又以新台之丑,上诬其舅,何其悖之甚也。在礼:"子甚宜其妻,父母不悦,则出之。"阿张既讼其夫,则不宜于夫矣,又讼其舅,则不悦于舅矣,事至于此,岂容强合。杖六十,听离,余人并放。①

由于阿张既嫌弃丈夫痴愚,又状告其公公对自己非礼,法官胡石壁就认为她"不宜于夫""不悦于舅",所以对她处以杖刑六十,最终判决离婚。据判词来看,胡石壁显然是把尊长的利益放在了首要地位,把阿张状告其公公的诉讼认定为诬告,并对她处以刑罚。

另外,胡石壁在"妇以恶名加其舅以图免罪""既有暧昧之讼合勒听离"和"子妄以奸妻事诬父"等案的判词中也表现出应该"为父隐恶"的态度,以及既然"不悦于舅",夫妇便不可偕老等维护尊长利益的倾向②,其最终目的还是保全家庭大局。

由于篇幅所限,无法对有关七出的判决一一进行考察,但见微知著,从相关的案例判决可以看出,有关七出的立法在司法实践中还是得到了一定的实施。贯穿七出立法和司法判决的是礼制规范,判词中对礼制规范的引用俯拾可见——"在礼:'子甚宜其妻,父母不悦,则出之。'"这足以说明维护家庭和谐的礼教伦常已经深入到司法人员的血脉之中。

七出以尊长的意见为出发点,证明了家长的尊严是凛然不可侵犯

---

① 《名公书判清明集》卷十。
② 参见《名公书判清明集》卷十。

的,显示了家长是婚姻的主体。家长不仅享有主婚权,决定着整个婚姻的成立,而且其态度、行为能直接成为离婚的要件。婚姻是两姓间的结交,婚姻的决定权掌握在两个家长手中。"父母之命、媒妁之言"的结婚原则在周代便已经形成,并成为后世遵循的标准。婚姻中家长的权力和地位是至高无上、不可动摇的,任何对家长权威的破坏都是对婚姻的破坏。

中国在传统婚姻制度的建构上着力维护家长的权力,从婚姻制度的起源上看是与世界同步的,古罗马的婚姻制度在最初也与宗教、家族密切相关,具有完整人格权的家父决定着婚姻的成立。古罗马要求,"如果当事人任何一方处于父权之下,不问其年龄,均需获得父亲的同意"①。古罗马的人法中,只有家父才享有完全意义上的人格权,作为被监护人的子女是要受家父监护的,他权人或子女结婚必须获得家长或监护人的允许。但是到了7世纪以后,唐代的离婚立法还如此关注家长的权力,煞费心机地维护尊亲的地位,缺乏对婚姻中男女个体地位的关注,倒与罗马后来的婚姻制度形成了鲜明的对比。

罗马帝国后期,随着万民法的发展,"无夫权婚姻"成为婚姻的主要形式②,这类婚姻成立和解除的要件是合意。这种合意最初当然不排除家父的同意,但家父的同意绝不是婚姻成立和解除的唯一要件,男女双方当事人的同意更为重要。

合意,指在男女之间建立起一种持久而亲密的同居关系,并且有共同生育和抚育子女的共同意思表达,用罗马法学家的话说,叫作"结婚意愿"或"婚意"。"至少从古典法时期开始,在符合前述的条件下,婚姻的基本构成要件是配偶间的合意",保罗在《论告示》中称,"精神病患者不

---

① [英]巴里·尼古拉斯:《罗马法概论》(第二版),黄风译,法律出版社2004年版,第86页。
② 亦有学者将"无夫权婚姻"称为"自由婚"。参见林秀雄:《夫妻财产制之研究》,中国政法大学出版社2001年版,第25页。

能结婚,因为婚姻需要同意的意思表示"。① 保罗认为,精神病患者不能结婚是因为其无意思自治的能力,无法表示合意。这也印证了尼古拉斯的观点,即"一切合法的婚姻均要求具备希望结婚的共同意愿表示"②。

如果说古典法时期,在家父的包办下,当事人的合意仅是补充要件的话,到了帝政以后,"子女的人格在法律上逐步得到确认,男女当事人的同意才成了婚姻成立的要件。任何人既不能被强迫缔结婚姻也不能被强迫重新恢复一个业已离异的婚姻"③。这种合意不仅仅限于起始的意愿,还必须以某种行为表示出来,然而,这种行为应当是怎样的,又需要作为一种事实问题加以处理,除非它不要求是已完成的。特别是在缔结无夫权婚姻时,如何判断合意的达成及婚姻的成立,这就涉及另一个条件——"婚姻待遇",即男女双方在各方面以夫妻名分相互对待,并且达到使婚姻关系在社会上得到承认的程度。其标志是女方改变未婚的生活环境而移住于男家,即使男子因作战而经常不在家,社会也承认双方因存在合意而缔结了婚姻。"因为婚姻不是基于交媾而是基于婚意产生"④,婚姻一旦产生就有持续性,不可随意撤销。合意可以称得上古罗马结婚制度中最富积极性的因素,合意种子的埋入,使婚姻最终成为当事人意思自治的体现,使婚姻具有了契约上的效力,最终成为现代婚姻制度这棵参天大树的主干之一。1804 年的《法国民法典》第 146 条即规定"未经合意不得成立婚姻"。

离婚也是基于双方的合意,即合意离婚,强调的是双方的意思自治。离婚考虑的首要因素是财产,特别是对于女方来说,离婚时是否能获得

---

① 转引自黄风:《罗马私法导论》,中国政法大学出版社 2003 年版,第 31 页。
② [英]巴里·尼古拉斯:《罗马法概论》(第二版),黄风译,法律出版社 2004 年版,第 86 页。
③ [意]桑德罗·斯奇巴尼选编:《婚姻、家庭和遗产继承》,费安玲译,中国政法大学出版社 2001 年版,第 49 页。
④ [意]桑德罗·斯奇巴尼选编:《婚姻、家庭和遗产继承》,费安玲译,中国政法大学出版社 2001 年版,第 45 页。

自己嫁资的返还权十分重要。这与唐代七出制度中家族选择离婚的理念是截然不同的。①

二、国家强制离婚的义绝

义绝应该是中国传统法定离婚制度中极富特色的离婚制度②,体现了国家对婚姻的强制干预。婚姻是"合二姓之好"的大事,两姓之间的互伤行为不仅伤害婚姻之义,而且也破坏了婚姻的感情基础。儒家认为杀父之仇,不共戴天,如两人之间有杀亲之仇,还怎么在同一屋檐下和睦共处,更不用说做"同床共枕"的夫妻了。正如"杨氏告子妇不孝案"中,杨氏杀死了子妇的父亲,子妇做出对舅姑不礼之事是在所难免的,双方继续生活下去,可能会导致更为过激的伤害行为出现。对此,先人早已有清醒的认识。《春秋榖梁传》曰:"仇雠之人非所以接婚姻也。"③何休在为《春秋公羊传》作注时称:"齐衰不接弁冕,仇雠不交婚姻。"④

义绝中的奸非行为,在儒家的贤人看来都是"禽兽之行",绝非人类所能为的。为了区别于禽兽,就需要严惩这些行为,而最大的惩罚就是把损害婚姻之义、夫妻之道的奸非行为设定为强制断离的前提条件之一。唐律要求奸非行为发生后,官府认定后强制断离,不愿离婚的,要对其处徒刑一年。奸非行为是对婚姻之义的最大亵渎,对道德伦理的最大嘲弄,对礼制秩序的最大挑战,有损祖宗血脉的纯洁性。明清在立法上重新定义义绝,但对身份伦理的重视丝毫不减,这一点从义绝可断离和

---

① 有关媒妁与合意的具体比较,参见崔兰琴:《媒妁和合意——周代与古罗马结婚制度比较的一个视角》,载《船山学刊》2006年第1期。
② 就笔者的阅读视野来看,无论古代东方法制文明的代表《汉谟拉比法典》《摩奴法典》甚或《古兰经》,还是古代西方法制文明的典范——古希腊、古罗马的婚姻制度,其中都没有与中国的义绝制度相同或相似的离婚制度。
③ 《春秋榖梁传》。
④ 《春秋公羊传注疏》。

不可断离的态度上可以清楚地看出,"义绝而不许不离者,如纵容抑勒与人通奸及典雇与人之类"①。对这些挑战人伦风化的行为予以严惩,重在保证祭祀的圣洁,家族血脉的纯洁。国家强制此类婚姻解体,对不解除婚姻关系的人给予处罚,就是理想的纠正方式。传统婚姻涉及的是双方家族,要想维持家族联姻的秩序,就要求婚姻中男女的一切行为举止以家族关系的和睦为出发点和最终归宿,切实维持夫妻名分。对妇女来说,保有妇德尤为重要,保有妇德首要的就是对丈夫忠贞。

婚姻中一旦出现了互伤行为,为了防止两个家族的矛盾进一步升级,国家权力就会及时进行干预,强制离婚。除此之外,决不能用其他方式补救,如通过惩罚侵害人,使受侵害方的家人得到救济,而不涉及双方的婚姻关系。后者虽然是现代人所能接受的处理方式,但不符合古人的价值观。传统婚姻的主体与其说是男女当事人,不如说是双方的家长。婚姻不解除则势必会导致双方家庭乃至家族内部的不和谐甚至关系瓦解。因为这种共同体关系,必然会导致受侵害的一方对自己亲人仍与仇人的家庭成员维持婚姻关系而"恨屋及乌",从而影响各自家庭乃至引起家族的内讧。显然,在家国一体的传统社会,家庭、家族的不和谐是国家不和谐乃至动乱的本源,从国家利益考虑,国家当然要予以强制干预。国家以强制干预的方式矫正破坏婚姻之义的义绝行为,是为了在更大范围内维护社会的整体和谐。

婚姻的和谐决定国家政局的安定。婚姻既然是"人伦之本""礼之大义",那么,它的稳定必然关系到江山社稷的安定,天下黎民的福祉,历代当政者都会不遗余力地完善婚姻制度,建构符合宗法伦理秩序的婚姻文化。宗法伦理中重要的原则就是亲亲尊尊的等级秩序。

唐代义绝的有关规定把婚姻两姓中的侵害行为作为构成义绝的首要条件写进律文,并要求官府断离,体现出国家着力维护婚姻的伦理秩

---

① 《大清律例增修统纂集成》"出妻"条注。

序。只有制止了这些伤害婚姻大义的行为,宗法伦理秩序才可能稳定。夫族和妻族间的互伤以及夫妇对对方家族的伤害,直接损害了双方家族利益。此时如果不制止,还继续维持婚姻关系,不仅有可能进一步导致双方矛盾的恶化,更有甚者将危及整个国家秩序的稳定。

婚姻是家的起点,又是国的重要组成,在婚姻伦理中,孝和德是首先要提倡的。在家族制度下,一家之权,统于父祖。"子孙崇先报本,生养死祭,所谓孝也,故娶妻者,父母存,则奉事舅姑,舅姑殁,则供祭祀。"①欲完成祭祀,必须保证后继有人,婚姻的功能自然包括传宗接代。《白虎通义·嫁娶》云:"人道所以有嫁娶何?……重人伦,广继嗣也。"②到了唐时,又有:"衣者,蚕桑也;食者,耕农也;男女者,继祖之重也。"③当时有御史大夫上表曰:"夫妇之道,王化所先;婚姻之礼,人伦攸尚。所以承绍家业,嗣续祖妣,静而思之,安可不敬。"④婚姻的稳定是家族后继有人、庞大兴盛的保证。

这与两河流域的文化是不同的,虽然两河流域也属于农业文明,但到了汉谟拉比时期,国家统一,加上地中海沿岸的有利地理位置,其商业已经相对繁荣,婚姻中更重契约。当然,这种契约并非西方意义上的个人意思自治的契约,而是父权、夫权之下的契约,宗法伦理与财产相比显然已经屈居次要地位,婚姻两族间的侵害行为导致的离婚不是立法者所要考虑的,其更关注如何最大限度地防止女方家长因婚姻交易失败而遭受损失,故令男方及时赔偿,以实现对女方的救济至为重要。

虽然中国的婚姻中也有契约的因素,且聘财婚决定了婚姻的买卖性,但这与古巴比伦纯商业的婚姻是截然不同的。如《汉谟拉比法典》第128条规定,娶妻而未缔结契约者,妇非其妻。在古巴比伦,婚姻为

---

① 陈鹏:《中国婚姻史稿》,中华书局2005年版,第6页。
② 《白虎通义》卷十。
③ 《新唐书》卷一百四十七·列传第七十二。
④ 《唐会要》卷八十三。

一种庄重之商业交易,没有缔结契约,就不具有合法性,妻子就如同商品一样。与其他商业事项相同,婚姻契约亦应以完整的书面形式来缔结。《汉谟拉比法典》规定:"子女之婚嫁为父母之责任。求婚者或求婚者之家属应以合意之金额给付女父,作为聘礼,此项金额可分期缴纳。"可见,聘财不仅必不可少,而且还可以采取分期付款的方式给付。一旦婚姻解体,丈夫有离婚权,其唯一的条件为,丈夫应给予其妻一定数额之金钱。在古巴比伦的婚姻中,财产是唯一要考虑的因素,作为商品的女子,在商业行为中是没有任何地位的,亦不享有任何发言权。商业交易的主体是男子与女方的家长,整个交易由双方合意达成。男子对于"商品"使用时间的长短完全取决于自己的好恶,唯一要考虑的是支付赔偿金。在他们看来,婚姻就是交易。和古巴比伦的婚姻相比,中国传统婚姻的买卖性、契约性算是"小巫见大巫",而身份伦理性更得以彰显。国家把婚姻伦理秩序的建构视为政治要务之一。

三、夫妻两相情愿的和离

和离是指夫妻不相和谐而两愿离婚。作为离婚的法定形式之一,就现有史料来看,和离最早出现于《唐律疏议》,意指夫妻不相安谐。学界对和离的定位存在很大的争议,有些学者把它叫作"协议离婚"或"两愿离婚"[1],但也有学者将其称作"协议弃妻",反对前两种称呼,其主要理由是:在"男为天,女为地"的男尊女卑的社会里,法律不承认妇女的离婚请求权,被"三从"枷锁牢牢地捆绑住的妇女只能终身屈从于丈夫,岂敢与之分庭抗礼,不相和谐呢?[2] 这种反对不无道理,的确指出了古代社会妇女的婚姻状况,但不完全符合和离制度本身的理念。

---

[1] 如陈顾远在《中国婚姻史》中说,"协议离婚,古已有其事";李宜琛在《婚姻法与婚姻问题》中说,"在中国古代法律之中,可以说很早就承认了两愿离婚制度";等等。许多学者都持此种观点。

[2] 参见史凤仪:《中国古代的家族与身分》,社会科学文献出版社1999年版,第146—147页。

和离的前提是夫妻不相安谐,既然不相安谐,那肯定不只一方有所不满,而应该是双方都对彼此不满,即便最后是以男方写立休书的形式休妻,但这也与七出存在很大不同。七出是男方单方面休妻的制度,七个条件是法定的;而和离是彼此不和,女方也可以对男方不满。这种离异类型从达官贵族到普通百姓人家都存在。如《辽史》记载,"萧胡睹……尚秦国长公主,授驸马都尉。以不谐离婚";辽圣宗之女岩母,"改适萧海里,不谐,离之";辽兴宗之女跋芹,与驸马都尉萧撒八不谐,"离之"。①这些都是帝室女的两愿和离。文献还记录了其他女方主动离婚的情况,原因往往不尽相同。如丈夫无才,汉代改嫁张耳的外黄富人女,与前人离婚的原因就是嫌其无才②;又如夫家贫穷,众所周知的朱买臣离婚案③,就是其妻嫌其家贫;更有甚者是为攀附富贵,汉武帝的母亲王皇后原嫁给金王孙,并育有一女,其母听卜筮者说她的两个女儿都会富贵,便强迫其离婚④。唐代时女性处于比较强势的地位,女方主动离婚的现象就更多了,敦煌文书中就有不少女方主动休弃丈夫的文书,其格式与男方的休妻书不同。唐代这种"情不相得""不相安谐""两愿离者"的和离法律制度,可以说完全排除了国家对婚姻的强制干预,以夫妻感情为出发点,给予夫妻双方意识表达的空间,使他们在法律的形式要件上享有同样的离婚选择权,态度一致才能产生离婚的法律效果。这可以使夫妻双方拥有适度的离婚自由。

通过前文对敦煌放妻书的考察可以看出,放妻书的格式中始终贯穿着一个"和"字,再嫁不是什么丢丑之事,一般不会和耻辱感相联系。一个"放"字用得极为贴切,放妻归宗,使妻子从原来失意的婚姻束缚中解脱出来,获得再选择的机会,很能体现给妻子自由的精神实质。当

---

① 参见《辽史》。
② 《汉书·张耳陈馀传》。
③ 《汉书·朱买臣传》。
④ 参见《汉书·外戚传》。

然，这也使男人从婚姻的束缚中解放出来，同时，也很好地避开了"弃书""休书"那些带有负面意味的字眼。放妻书格式化的语言中肯定有溢美之词，未必就是生活中和离的真实情况，和离的男男女女也未必都这么豁达、明白事理，但这是唐代和离的要求，离婚的男女和家庭也肯定是以此为标准或程序去操作执行的。如此看来，唐代和离制度在实践中得到了相应的落实。正是因为在实际的婚姻生活中存在各种各样的和离情形，所以才会有对放妻书的需求。为了便于离婚双方操作，特别是便于文化程度比较低的庶民百姓，这些格式化的放妻书应运而生，极大地方便了离婚双方，故有很大的市场需求。和离是以夫妻情不相得为出发点，由男子发起，以双方家长同意为结束。相比较而言，和离成本最小，成效最为明显，隐患最少，后续矛盾最少，长远效果最好。

从礼制的要求来说，夫尊妻卑，妻子无去夫之理，"夫有恶行，妻不得去者，地无去天之义也"[①]。但这只是儒家鼓吹的理想秩序，把女子顺从、守德作为美德中的典范。在实际的婚姻生活中，夫妻难免有矛盾冲突，不能因为礼制的要求就一概否定两愿离婚的合理性，否则势必会有武断之嫌。

和离作为一种两愿离婚形式，是对夫妻个人情感和彼此感受的考虑。尽管结婚是"合二姓之好"且事关两个家族的事务，但结婚之后，不管多么大的家庭，首先一定是夫妻二人共同生活，这是不争的事实，更是不容回避的客观实际。一旦谈及离婚，肯定首先会关系到夫妻。所以，在七出和义绝离婚制度之外，和离是不可替代的。正是由于中国古代离婚制度给了夫妻表达个人意愿的空间，才形成国家、家庭、个人三位一体的环环相扣的离婚制度。众多违律婚断离的规定则构成一个社会伦理圈，环绕着"国家、家庭、个人"的离婚制度，不断调整婚姻，维护社会秩序。

---

① 《白虎通义·嫁娶》。

从本质上看,只要夫妻感情具备了"情不相得""不相安谐""两愿离者"的条件,肯定也符合"感情破裂"的现代离婚标准。与现代离婚制度如此吻合的唐代和离法,不仅在当时发挥了积极作用和处于领先地位,更是集中体现了先贤的法律智慧。千余年前的古人能够建构出如此符合现代理念的离婚制度,不由人不惊诧婚姻穿越时空隧道的威力,婚姻的本质亘古难易。相应的,离婚法律制度必然会成为法律变迁中变化较为缓慢的一部分,较能体现传统文化的特征,尽管其本身也在不断地进行调整。

正如任何事物都有两面性一样,在男权占主导的传统社会里,不排除男方玩弄诡计,以夫妻不和为由提出和离,从而避免单方面承担弃妻责任的情况。所以,古代的和离不能与今天的协议离婚相提并论,但也不应该否认,作为中国婚姻法律传统的一部分,和离的离异形式对近现代婚姻立法所产生的影响是不可忽视的。近代中国在世界上较早地在立法上肯定两愿离婚制度也与这一传统密切相关。当代中国法律之所以实行破裂主义离婚原则,社会制度自身是根本原因,历史传统对婚姻心理及社会实践的影响也不失为一个重要因素。① 作为一项离婚制度,和离的价值及其蕴含的理性和智慧不容忽视,不能因为它是男尊女卑文化下的产物就对其百般挑剔。

四、离婚制度结构的变化

礼法相得益彰,共同成就了传统国家、家庭、个人的离婚制度结构特色。传统离婚制度的内在结构并非一成不变,随着社会文化的变迁,国家、家庭、个人的因素亦在此消彼长地发生着缓慢的变化,传统离婚制度随之调整,结构也相应地发生变化。

传统离婚制度形成之时,国家、家庭、个人的权重就不平衡。家族是

---

① 参见陶毅、明欣:《中国婚姻家庭制度史》,东方出版社1994年版,第270—271页。

离婚制度建立的基础,国家是调整离婚的重要主体,夫妻个人只是其有限的补充而已。唐代离婚制度以七出为出发点,说明传统法定离婚制度建筑在家族伦理的基础上。出于调整现实婚姻生活的实际需要,国家需要对离婚事务进行干预,故以法典的形式确立了义绝制度,在婚姻双方破坏了婚姻之义,导致感情基础彻底破裂时,必须由国家强制离婚。同时,对于不符合礼制规范的婚姻,强制断离,国家自始不承认其法律效力,对当事人处以徒或杖之类的刑罚,把离婚视作关涉国家的大事,形成违律婚断离制度。和离作为辅助手段,可以使夫妻不相和睦的婚姻得以自行解散。

由于唐代去古未远,门阀宗族势力还比较兴盛,家族关系的稳定和谐事关江山社稷的安危,故而这种以家庭为中心、以义绝和违律婚断离为手段、以夫妻个人为补充的结构符合当时社会生活的实际,发挥着调整婚姻生活的作用。

家族本位主导下的社会要求子媳尽妇职,《礼记·内则》曰:"凡妇,不命适私室,不敢退。妇将有事,大小必请于舅姑。子妇无私货,无私畜,无私器,不敢私假,不敢私与。妇或赐之饮食衣服布帛佩帨茝兰,则受而献诸舅姑。舅姑受之则喜,如新受赐;若反赐之,则辞,不得命,如更受赐,藏以待乏。妇若有私亲兄弟,将与之,则必复请其故,赐而后与之。"女子的一切活动都要围绕家庭的需要,特别是以舅姑的需要为中心,舅姑如有不满,"子放妇出,而不表礼焉"。《礼记·昏义》强调"成妇礼,明妇顺,又申之以著代,所以重责妇顺焉也。妇顺者,顺于舅姑,和于室人,而后当于夫,以成丝麻布帛之事,以审守委积盖藏。是故妇顺备而后内和理,内和理而后家可长久也,故圣王重之"。总之,《礼记·内则》规定了一系列子妇侍奉舅姑应尽的繁苛义务。班昭《女诫》的"妇行"一节提出女子有四行,即妇德、妇言、妇容、妇功,这些关注的是女子在家庭中的定位和自身形象。至于"夫妇"一节,则重在表达夫妇之间的相互义务,"夫不贤,则无以御妇;妇不贤,则无以事夫。夫不御妇,则威仪废缺;妇不事夫,则义理堕阙"。夫家的父权大于夫权,所以以家族利益为代表,以舅姑好恶为中心的七出制度必然受到青睐,成为法定离婚制度中的重点。

宋元时期,无论是社会经济、家庭规模,还是思想观念都发生了巨大的变化。宋代以后,随着土地私有制的深化和财富流转速度的加快,士庶的界限被进一步打破,门阀家族势力逐渐走向解体。大家庭的发展受到制约,家庭规模逐渐减小,明清之后这种发展趋势更为明显。相比较而言,小家庭对夫妻关系更为重视,妇女的作用发挥得更为明显。对她们来说,相对于尽妇职、照顾整个家族而言,尽妻职、照顾好丈夫更为关键,"对妇女在家庭义务上的要求逐渐从重妇职过渡到重妻职"①。唐代女教中开始出现有关妻子职责的教育,比如《女论语》专列"事夫"一节,要求尽妻职。具体来讲,在态度上要求"夫有言语,侧耳详听。夫有恶事,劝谏谆谆";即使丈夫外出,也要牢记行程,尽职依旧,"黄昏未返,瞻望思寻。停灯温饭,等候敲门";遇到丈夫生病则更要上心,"多方问药,遍处求神。百般治疗,愿得长生";对于丈夫的日常起居更要照顾得细致入微。②

到了明清时期,夫妻关系更加强调女子"贤内助"的作用。清代陆圻所撰的《新妇谱》中专门讲到"敬丈夫",强调丈夫为天,应与其一生相守,并要求女子更为恭敬殷勤地履行妻职,"凡授食奉茗,必双手恭敬,有举案齐眉之风。未寒进衣,未饥进食。有书藏室中者,必时检视,勿为尘封。亲友书札,必谨识而进阅之。每晨必相礼,夫自远出归,絫隔宿以上,皆双礼,皆妇先之"③。女教内容的变化投射出很关键的信息,即愈到后世,夫妻的主体性愈益明显,婚姻愈加强调夫妻关系。无论是丈夫与妻子离婚,还是妻子求离,多是因夫妻之间的相处和矛盾冲突。尽管

---

① 杜芳琴:《女性观念的衍变》,河南人民出版社1988年版,第163页。
② 参见《女论语·事夫》。
③ 《新妇谱》。

七出作为离婚制度同样被明清继承和强调,但在实践中却较少觅到具体事例,而是把夫妻不和、经常吵闹作为离婚的主要缘由,离婚时关注的多是夫妻双方的感受,以及彼此是否合适、性格是否相投等。

上述变化也是对离婚观念的反映。唐代及其以前,贞操观念不太强,女方再嫁较为容易①,男方也不以离婚为人生的失败,离婚的耻辱感比较淡薄。七出作为限制任意离婚的主要手段,可以发挥应有的作用。宋代之后,离婚的耻辱感开始强化,"宋人颇以离婚为丑事,士大夫遂不敢轻言出妻"②。明清时期进一步把理学奉为官方哲学,在上层社会中确实起到了节制欲念,强化贞操意识,限制离婚的作用。比如官僚家庭极少离婚,女子再嫁的现象也比较少见。加之上层之家的男子有头有脸,家境殷实,有优越的经济条件作后盾,即便婚姻不如意,也可以通过多种途径,如另娶小妾、夫妻分过等缓解或转化夫妻矛盾以及家庭冲突,完全不必轻言离婚,从而使得家丑外扬、颜面尽失。但上层之家在整个社会中只是少数,普通人家才是社会的主体,他们多是一夫一妻的婚姻模式,一旦夫妻之间不和,或者婆媳之间难处,在无法通过其他方式化解矛盾的情况下,也会用离婚的方式解决问题。在离婚的耻辱感比较强,人们不轻言离婚的社会中,七出限制离婚的积极作用消失殆尽,倒是其颇具专断的消极一面愈发凸现。相对而言,和离则更易为人接受。

国家强制离婚的义绝制度在明清时期出现了一系列保护女性的条

---

① 有关贞节观念及寡妇再嫁的变化的研究成果多持此见。比如董家遵先生的《历代节妇烈女的统计》一文中专门列出了"历代节妇数目比较表",关于各个朝代的节妇数量在历代节妇总数中的占比,自周代到元代一共不到2%,唐代及其以前仅占0.26%,而明清两代就占到了98%以上;"历代烈女数目比较表"中,自周代到元代一共不到6%,唐代及其以前仅占0.7%,而明清两代就占到了94%以上。参见董家遵:《中国古代婚姻史研究》,广东人民出版社1995年版,第132页。另在董家遵先生的《从汉到宋寡妇再嫁习俗考》一文中,经过详细的考证,特别是对皇室公主的再嫁进行统计,亦得出结论:自宋之后,"贞操观念的发展日甚一日"。参见董家遵:《中国古代婚姻史研究》,广东人民出版社1995年版,第161页。

② 陈鹏:《中国婚姻史稿》,中华书局1990年版,第595页。

款,平衡男女双方的责任,不断弱化国家对离婚的刑事干预力,这也符合离婚法制本身的发展趋势。但由于离婚不仅关涉夫妻个人,还涉及很多相关的社会责任,适当保留国家的刑事干预力也是很有必要的。总之,法定离婚制度结构中反映出的七出弱化、刑事处罚减弱与和离增强的趋势,是国家、家庭、个人因素的消长所致,符合社会发展的趋势。

第二节 违律婚断离的伦理保障

违律婚断离是指违反禁止结婚的条文而结婚,法律强制其离异的离婚制度。传统法律中有许多禁止结婚的条文,包括同姓不婚、亲属不婚、良贱不婚、士庶不婚、官民不婚、僧道不婚、奸逃不婚等,以及一些临时性的戒条,如居尊亲属丧不得嫁娶、居配偶丧不得嫁娶、直系亲属被囚不得嫁娶等。违反法律规定而结婚者,要科以刑罚,并据情形决定是否断离。

仅从官府断离的层面看,违律婚断离与义绝极为相似,但二者又有着质的不同。其一,是否合法有效不同。义绝所涉及的婚姻是合法有效的;而违律婚断离所涉及的婚姻则是法律所禁止的婚姻,从一开始就没有效力,法律根本不承认这类婚姻关系。既然是无效婚,当然就谈不上离婚,所以违律婚断离严格地讲不应被看作离婚,"然而古代法律用语中并无无效、撤销的概念,只有'离''离异'等提法"[①]。其二,内容要求不同。义绝离婚的缘由是法定伤害行为的发生,且必须在婚姻存续期间发生;而违律婚断离则要求婚姻当事人的结婚行为不符合法律的要求,不管是身份还是时间。

违律婚断离是为了在整个社会伦理的大范围内规范婚姻,通过为婚姻设置禁止性条款,使婚姻建立在合礼合法的基础之上。违律婚断离所涉及的众多禁止性条款共同结成了社会人伦的无形之网,调节规范着整

[①] 史凤仪:《中国古代的家族与身分》,社会科学文献出版社1999年版,第146页。

个社会的婚姻观念和婚姻行为,使婚姻能够朝着有利于社会稳定,净化社会风气的方向发展。

违律婚断离对婚姻的调节是全方位的,既有维护家庭秩序的需要,更有政治管理和社会统治的需要。

一、违律婚断离的有序保障

禁止有妻更娶、妻妾失序之类的规定,是通过维护妻子的名分,从而保证联姻家族的利益。由于联姻家族的稳定对国家秩序至关重要,故管仲在葵丘之会上明确把"以妻为妾"作为攻伐的原因之一,"以妻为妾"并不仅仅侵害了妻子的利益,更意味着一国外交地位的降低。这里关注的不仅仅是妻子作为婚姻主体本身应享有的正当权利,更是妻妾失序所导致的两个联姻家族外交失谐这一后果。有时即使妻子被休弃,双方也会继续维持姻亲。所以在《刑案汇览》中才会有即使夫死妻嫁,妻子也不能义绝于夫之父母,一旦有侵害行为发生,必须以服制来定罪,如果以幼犯尊就要加倍处罚的例子。

至于亲属不婚、良贱不婚更是为了维护家庭和社会的等级秩序,正如荀子所言,君臣、父子、兄弟、夫妇贵贱有等,长幼有差的原则,是"与天地同理,与万世同久"的天下之大本。① 亲属之间尊卑有序,男女双方门户相对是保证婚姻处于理想秩序的前提、维护社会稳定的重要基础。

二、违律婚断离的道德维护

居父母夫丧、父母被囚禁的情况下禁止嫁娶,是因为此类婚姻违时,违时的根源在于冒犯了家长的权威,与孝道不合。在儒家圣贤看来,为父母守丧,慎终追远,是保证民风淳朴的重要方式,正如曾子所言:"慎终追远,民德归厚矣。"② 嫁娶时的欢娱氛围与为父母守丧时的哀伤

---

① 参见《荀子·王制》。
② 《论语·学而》。

或父母被囚禁时的悲痛心情水火不容,完全有悖于儒家的伦理观念。既然守丧是必不可少的环节,那么就必须对嫁娶进行节制。

严禁典雇妻女是防止借非法行为来牟利,败坏社会的伦理道德。宋元以来,随着商品经济的发展,婚姻中追逐利益的行为愈演愈烈,不断冲击着伦理道德的堤坝,腐蚀着儒家圣贤苦心经营的贞操观念,任由其猖獗盛行,整个婚姻的道德体系就可能遭到侵蚀,进而使整个社会的伦理道德体系瓦解。因此,需要法律对此进行调整,故明清律专立法条禁止典雇妻女。正如沈家本所言:"典雇与人,则败伦伤化,妄作姊妹,则兼有欺骗之情,在本夫则已义绝,在典娶者则失人道之始,故并应离异。"①

同姓不婚,除伦常方面的考虑外,还考虑了另外两个方面:一方面是政治上的附远厚别。通过不同家族的联姻来巩固政治联盟,起到安抚远邦的作用,以维护政治上的统治。各级贵族则希望凭借联姻增强实力,扩大统治集团的势力范围,最大限度地巩固其政治上的优势,春秋时期的秦晋之好、宋楚结盟等都是以世代联姻的形式来达到扩张政治势力的目的。因此,婚姻的政治意义空前突出。② 另一方面是"男女同姓,其生不蕃"③。为什么同姓婚姻被视作容易造成不妊结果的婚姻?"那是基于同姓的男女原为同一物,同一物的交配不能产生新的物这一看法,其实质正如'异姓则异德,异德则异类……男女相及,以生民也'说的那样,还是根源于通过异类男女的交配之后才产生新的物这一极为朴素的观念。"④除此之外,还存在将此类事看作不吉的、会遭报应的行为

---

① (清)沈家本:《寄簃文存》卷五。
② 比如《诗经·国风·召南·何彼秾矣》就反映了周平王之孙女下嫁齐侯之子的情景,这也是姜姬联姻的明证。
③ 《左传·僖公二十三年》。另如《左传·昭公元年》《国语·晋语》都有同姓为婚不利于繁衍后代的记载。
④ 参见[日]滋贺秀三:《中国家族法原理》,张建国、李力译,法律出版社2003年版,第25页。

的观念。① 滋贺秀三从古人的认识论出发解释的"同姓不婚"的原因,这更符合敬天祭祖、强调宗法人伦的先人思想观念。②

三、违律婚断离的社会应对

禁止监临官娶所监临女、僧道娶妻、强占良家妇女之类,均是为了满足社会治理的需要,尽管其出发点可能不尽相同。其一,禁止监临官娶所监临女是为了防止地方官通过娶妻纳妾而与当地的贵族豪门联姻结盟,形成强大的地方势力,威胁中央政权,这类禁条也是地方官任职回避制度中的一种。其二,禁止僧道娶妻固然有纯化僧道阶层、维护宗教圣洁性的考虑,但更深层次的原因是允许僧道结婚的话,僧俗结合起来,宗教势力可能会形成无法收拾之势,进而直接冲击儒家思想的正统地位,撼动整个社会的思想基础,这可能才是为政者最不愿意看到的结果。其三,对强占良家妇女、奸占为妻的豪强者处以绞刑,则是以严刑惩治豪门贵族的为非作歹行为,防止他们在更大范围内激起民怨。因为强占妇女的行为,首先会引起其家族的不满;若强占的是已婚妇女,则还会引起其夫族的怨恨,其他的亲戚朋友就更多了,这必然会激化社会矛盾。所以,对强占良家妇女、奸占为妻的豪强者予以重刑是防微杜渐的良策。当然,这样做也有利于维护妇女的权益,体现对弱势群体的保护。

总之,婚姻是关系国家政治之大事,婚姻的和谐决定国家政局的安定,因此国家着力维护婚姻的伦理秩序。

---

① 参见[日]滋贺秀三:《中国家族法原理》,张建国、李力译,法律出版社2003年版,第25页。
② 瞿同祖也认为,同姓不婚除伦常的原因外,还有生物学上的理由。古人都相信同姓的结合对于子孙是有害处的,这样的结合,不仅无法繁衍后代,甚至还有导致灾疾的危险。参见瞿同祖:《瞿同祖法学论著集》,中国政法大学出版社1998年版,第99页。

第三节　传统离婚法制的经验借鉴

离婚法制往往能反映一个国家抑或一个法系最具民族性的特征。在何种情况下允许离婚、在何种条件下不能离婚、在何种前提下限制离婚、如何认定违律婚、违律婚如何断离，不同法系对上述问题的不同回答，不仅会涉及该法系婚姻制度的本质，更能彰显不同法律制度的独特价值。传统中国婚姻解除时的司法裁断在司法主体、司法程序、司法依据，以及司法裁决结果方面，既有不同于一般民刑案件的纠纷解决方法，也有迥异于域外离婚纠纷处理的司法方式。

鉴于古罗马是欧洲制度文明的发源地，现代的许多法律术语及原则，考其流变，多源于此，故其离婚制度具有典型性。而传统中国则是以中华法系为代表的东方法律文化的发源地，二者的比较更有助于理解离婚制度的中国特征。并且，我国礼法传统中妇女掀起离婚诉讼时所面临和需考量的因素更为复杂，必须吸取从自由离婚到严禁离婚的矫枉过正的"罗马式"教训，这更凸显出在离婚制度伦理方面具有稳定内核的、兼顾衡平夫妻双方及其家庭利益的"中国式"经验所具有的价值和意义。

一、传统离婚法制的中国特征

礼法融通的中国传统离婚制度架构复杂，仁道理念的内涵不同，婚姻解除的方式亦各有侧重，从而形成别具特色的司法处理模式。该模式践行儒家理念，维护家族伦理，协调妇女利益，具有兼顾与衡平的特点，一定程度上能够实现当时社会条件下的公平正义，随着社会变迁，呈现出从重视家族事务逐渐向重视个人事务演变的趋势。其与罗马的发展路径形成鲜明对比：罗马帝国后期，无夫权婚姻流行，合意离婚成风；中世纪宗教婚占据主导，盛行婚姻不消解主义，那些信仰基督教、贯彻婚姻不可解除原则的皇帝甚至对离婚者科以严重的刑罚；别居逐渐盛行,离婚渐成奢望,更勿言离婚制度的持中守恒。较为遗憾的是,由于去古甚远,搜集大量的案例说明罗马时期离婚的司法裁断方式,实非易事;再加上"与把离婚看作法庭上司法诉讼的现代法律制度相反,罗马把离婚视为缘起于个人按照既定的宗教和道德原则作出的纯粹事实行为"①,因此更难有充足的案例或者文书以供参阅。幸运的是,很多罗马法学家做过裁判官,他们对法律的评注,或许可以在很大程度上还原罗马时期离婚法律的内容和执行情况,以及反映离婚纠纷司法裁断的特点。

(一) 利益兼顾与权力能动:制度理念不同

在男女尊卑有别的社会,一旦婚姻发生变动,妇女就可能一无所有地被赶出夫家之门。出于对弱者的衡平救济,礼法中离婚纠纷的司法理念是在保障男权的前提下,兼顾女性利益。鉴于古罗马是欧洲制度文明的发源地,所以进行比较时肯定无法绕过罗马法。古罗马婚姻变动中妇女利益维护的司法理念则以"权力"这种能动性的要素为核心,无论是家父权、有夫权婚姻还是无夫权婚姻,概莫能外。

众所周知,古代中国是夫权社会,男子掌握离婚的主动权,妇女没有独立的人格,处于从属、依附地位。对男方而言,离婚叫作"弃",是男子主动"丢弃"妻子。妻子被休弃回娘家,也称来归或大归。显然,婚姻的存续与否在很大程度上取决于男方,或者说夫家。作为对其离婚决定权的制约,法律禁止男方无故休妻,保护婚姻生活中无过错的女性,并用三不去限制男方出妻,维护无过错妇女婚姻的稳定,发挥伦理限制功能,体现兼顾与衡平的特征。

这种维护宗法伦理之时兼顾妇女利益的仁道观,成为离婚制度的学理支撑和指导理念,在赋予男方及其家族七出的离婚主动权的同时,又用三不去限制男方的出妻行为。具体内容包括:在男权社会中,女性是

---

① George Mousourakis, Fundamentals of Roman Private Law, Springer, 2012, p. 107.

弱者，需要保护，所以在"前贫贱后富贵"的情况下，丈夫不可休妻，以防违背社会道德，即"不背德"；在家庭生活中，女性是无助者，需要救济，在"有所取无所归"的情况下，丈夫不可去妻，避免女方走投无路，即"不穷穷"；在宗法制度下，女性操持家务、延续香火，是有功者，需要尊崇，故而"与更三年丧"亦不可休妻，即"不忘恩"；在婚姻生活中，大多数女性品行没有瑕疵，是无过者，需要对其予以保障，故限制男子无故休妻。对那些任意休弃妻子的男子，国家予以惩罚，"诸妻无七出及义绝之状，而出之者，徒一年半"①。离婚制度强调保护弱势者、保障无过者、尊崇有功者的仁道精神和伦理观念，是官府化解婚姻纠纷的司法理念，有助于在男权之下兼顾妇女利益，在对妇女利益的协调和维护中，实现男尊女卑社会中的公平和正义。

兼顾衡平的理念体现在解决离婚纠纷的多种手段之中。具体而言，七出是离婚制度的起点，属于礼治精神下带有规范属性的制度，对任意解除婚姻的情形进行规制，规范伦理道德的发展。该制度把许可离婚的范围设定在家族延续与亲族和睦的基础上，即只有婚姻生活中出现背离这一基础的七种情形，才允许出妻。七出采取夫家选择离婚的方式，使不孝、淫佚等破坏家庭和睦的矛盾在初级阶段得到解决，防止它们不断升级，产生更为严重的后果。家族是社会的基本细胞，维护家族整体利益自然是古代处理婚变纠纷时考虑的重点。通过设定七出制度，为政者维护家族的内部关系，规范国家秩序，引导民众自觉遵守社会伦理。在礼制规定七出之后，离婚已经被定位为服务家族利益，并以丈夫休妻的方式呈现出来，从而奠定了司法官处理婚变纠纷的理念基础。汉代之后，七出制度逐渐成为法律的内容，在魏晋南北朝时期逐渐演变为比较稳定的制度。隋唐时期集前代之大成，以律令的形式具体规定了七出的内容及相关程序。

---

① 《唐律疏议·户婚》"妻无七出而出之"条。

七出虽然为夫家意识的表达提供了空间,但不太利于调整两姓的矛盾纠纷,故作为离婚制度另一个重要部分的义绝"粉墨登场"。义绝以双方家族的感情基础为出发点,充分考虑婚姻存续的可能性和必要性。作为两姓之好产物的婚姻,其联结双方的纽带在于夫妇之义,即双方有义则合,无义则去,基于这一理念,义绝得到了承认。如果双方家族的成员互相伤害,特别是杀害对方的父母尊长等至亲之人,受害方很难保持原来的恭顺态度侍奉仇雠。一旦婚姻中出现这些伤害夫妇之义的行为,官府便强制断离。义绝从汉代的选择性规范,发展成为唐代较为完善的国家强制性规范,使国家在调整婚姻伦理方面发挥了应有的作用,经历了比较长的演变历程。随着社会的不断发展,义绝在重视男权的同时,越来越关注夫妻关系本身,也关注妇女的权益,妇女受到的伤害被列入义绝的情形之中。

毋庸置疑,婚姻生活首先表现为夫妻之间的生活,仅仅有对家庭和国家的考虑是不够的,此时和离就成为必要的补充。和离重在考虑男女个体的感受,允许情不相得的夫妻两愿离婚。实际上,两愿离婚不是无限制的,其必须建立在合法婚姻的基础上。如果涉及违律婚,即婚姻的前提不合法,则仍然需要由官府强制断离,并对相关责任人处以相应刑事处罚,此即违律婚断离制度,这是为了保证婚姻伦理符合整个社会的道德要求。

和离、七出、义绝等多种手段相结合,既照顾到个人,又考虑了家庭生活的实际,并以国家干预力调整婚姻两姓间的问题,通过违律婚断离保证婚姻的发展方向。该体系充分表明了婚变纠纷司法处理模式的理念具有综合性,协调了保护男权和兼顾妇女利益之间的关系,能够适应古代社会的实际情况,在婚姻家庭生活中发挥应有的效力。

家族社会、小农经济是整个古代社会的基本现实,维护国家的秩序、家族的和睦、婚姻的稳定是法律制度的根本目的。离婚纠纷的司法处理理念也不例外,必须服务于该目的。很明显,七出是家族法的必然产物,伦理道德是七出的基础,反映出婚姻以道德为支撑,形成国家本位,强化了忠孝廉耻等观念。七出的理念最早体现为家族伦理的礼治精神,后来随着社会的发展及礼崩乐坏,进入法典化阶段。七出迎合了宗族承嗣、家庭和睦的需要,在形成法律制度后,反过来服务于整个家族社会,起到维护家长权、夫权的作用。七出制度的运用,可以防止家庭不睦,恢复家庭的正常状态,并使男女双方具备组成新婚姻的可能性。因此,家庭的离合与生息是国家兴旺发达、政治统治安定的基础。

随着社会的发展,为了调整现实婚姻生活中的纷争,除七出之外,国家还以法典的形式确立了义绝制度。若婚姻双方破坏了婚姻的基础,导致感情彻底破裂,则必须由国家强制离婚。这种以七出为基础,义绝为手段解决情分不存在时的婚变纠纷的模式,既是对前人成就的继承,又是法律上的新发展,同时也符合古代家国一体的社会模式,即一切宗法伦理最终表现为国家利益。古代婚姻究其本质,可谓家族外交的产物。如果把婚姻的本质再往前推,则要上升到国家产生的路径问题。与以古希腊、古罗马为代表的由家族私有财产制而产生国家的路径不同,古代东方——特别是中国——依循的是由家族直接进入国家的发展路径。也就是说,西方是国家代替家族,是一种革命路径,是新陈代谢;而东方则是国家混合于家族但又保留着家族,是一种维新的路径,是新陈联结。所以,西方国家走上了以个人为本位的道路,而中国则走上了以家族为本位的道路。以家族为本位的家国一体的社会模式决定了国家的稳定与和谐必须以家族的稳定与和谐为基础、为根本,作为国家有机体的"细胞",家族如果发生裂变,则国家有机体就会发生裂变。这就决定了古代为政者势必要以维护家族和谐为要务,而家族的和谐又是以构成这个家族的一个一个具体家庭的和谐为前提的。①

家族和谐是以家族伦理的保有和家族成员之间的亲情与利益协调

---

① 此段关于国家形成路径的认识,得益于上海交通大学凯原法学院方潇教授的指点,在此谨表谢意。当然,不当之处,笔者自己负责。

为基础的。如果家族特别是家庭内部成员间发生矛盾,则必然会破坏整个家族或家庭的和谐。不过,由于族长或家长拥有极大的权力,这些家族、家庭内部的矛盾完全可以在族长、家长的权力下,在家族伦理的范围内得以解决,从而使家族回归和谐。但是,内部成员和外族成员之间的严重矛盾不是族长或家长单方面就能解决的,其采取的解决方法要么是协商,要么是族与族间的争执甚至是厮杀。为维护本族利益,协商的路径通常是不易走通的,于是往往导致族与族间的矛盾升级。为维护社会秩序,国家就要进行强制干涉。

无论是七出,还是义绝,均为通过国家强制的方式断离,从而维护家族利益甚至国家利益,是舍小取大的做法,是古代中国历史语境下的产物。

伴随社会经济生活和物质生活的变化,唐律又肯定了和离、违律婚断离等婚姻解除方式的合法性。其中,好聚好散的和离形式有利于夫妻和平解决纠纷,好聚好散作为重要的理念,得到了法律的肯定和支持。违律为婚导致的非法婚姻形式,既不符合道德,也有悖于法律,作为必不可少的补充,违律婚断离完善了离婚纠纷的处理体系,使司法模式的理念更加适应社会的发展,使其在全方位调整婚姻矛盾时,兼顾妇女利益,体现照顾弱者的仁道理念。

(二)权力能动的古罗马离婚制度核心理念

古罗马离婚制度以"权力"这种能动性要素为核心,在这种价值观念体系下,家子对家父的服从是基于家长的权力,婚姻关系中妻子对丈夫的服从是基于市民法上丈夫的支配权。这种社会性的权力并非永恒的,无资格的人可以通过授予享有,而同时由于人格的减等,这种权力又可以归于消灭。另外,斯多葛学派关于自然法和平等观念的人道主义思想也影响着罗马家庭制度的发展,"首先,它影响了罗马家庭妇女的地位,并有助于这些妇女从丈夫的独裁权力的支配中慢慢解放出来……在帝国时期,罗马的已婚妇女实际上已独立于其丈夫,而丈夫也很少能够或已完全不能控制其妻子的行为了"①。"所有进步社会的运动,到此处为止,是一个从'身份'到'契约'的运动。"②随着罗马氏族血缘制度的衰落,婚姻的神性逐渐退化,丈夫的支配权也日趋消亡,从"身份"到"契约"的运动,同样适用于离婚自主性的发展,即从重视当事人隶属的"身份"到重视当事人合意的"契约"。

在罗马古典法时期,血缘和宗教的色彩很浓,家长制盛行,家父权是完整意义上的人格权。婚姻是否有效取决于家父的意志。"如果当事人任何一方处于父权之下,不问其年龄,均需获得父亲的同意。"③他权人或子女结婚必须获得家长或监护人的允许。对妇女予以监护实质上是男性对妇女财产权进行控制的真实反映。④ 同时,家长单方面的意志可以解除婚姻。对于妻子来说,由于婚姻,她的人格被矮化,相对于丈夫而言处于女儿的地位,在婚姻存续期间,女性受制于夫权,此即有夫权婚姻,这是罗马市民法上的婚姻。在有夫权婚姻之下,享有夫权的丈夫或其家长可以单方面休妻。如王政时期,罗慕路斯规定,妻子堕胎、与人通奸等情况下,丈夫可以与妻子离婚⑤,但妻子并没有相应的离婚权。无夫权婚姻出现以后,婚姻是否解除不再取决于家长或者丈夫的单方面意志,夫妻双方合意即可离婚。《十二铜表法》第六表第 4 条规定:"妻不愿意依一年的时效而成立有夫权婚姻的,则应每年连续外宿三夜以中断时效的完成。"这被认为是古罗马无夫权婚姻的开始,因妻既可不受夫权的支配,但与夫又非姘合关系,显然是另一种合法婚姻——无夫权婚

---

① [美]E·博登海默:《法理学:法律哲学与法律方法》,邓正来译,中国政法大学出版社 1999 年版,第 18—19 页。

② 参见[英]梅因:《古代法》,沈景一译,商务印书馆 1959 年版,第 97 页。

③ [英]巴里·尼古拉斯:《罗马法概论》(第二版),黄风译,法律出版社 2004 年版,第 86 页。

④ See Jane F. Gardner, Women in Roman Law and Society, Indiana University Press, 1991, p. 22.

⑤ Johnson, Coleman-Norton and Bourne eds., Ancient Roman Statutes, University of Texa Press, 1961, pp. 3-6.

姻，又称自由婚。尽管在罗马法中，女子没有严格意义上的人格权，但还是有表达意愿的空间，这也许就是合意制度的种子。

后来由于宗亲关系的废止、夫权的衰落，自由婚逐渐取代了夫权婚。具体到婚姻的含义，则由莫德斯丁所定义的男女之间"神法和人法的结合"①，逐渐演变为优士丁尼所定义的男女"保持不可分离的共同生活的结合"②。这彰显出古罗马婚姻观念的变化历程，即已不再强调宗族和宗教的利益，而着重于婚姻当事人的利益，并尊重当事人本人的意志。保罗在《解答集》第 15 卷中谈到，法律禁止不离婚的约定以及离婚时支付罚款的约定。③ 在无夫权婚姻之下，双方合意即可离婚，此为合意离婚。如果一方有过错，另一方也可以提出离婚，此为片面离婚。片面离婚必须有正当的理由才具有效力，如一方有令人不可容忍的过错行为，包括妻子有伤风败俗的行为或者故意流产、通奸、一方犯有叛逆罪或者因有严重犯罪被判刑等。④ "如果丈夫弃妻不符合法律规定，则此妻子仍被认为是已婚者。"⑤ 另有善因离婚，强调因不可归咎于配偶中任何一方的原因而离婚。例如，丈夫患有不可医治的阳痿或配偶一方患有精神病、在战争中生死不明、选择去修道院生活等。到了罗马帝国时期，"罗马的已婚妇女实际上已独立于其丈夫，而丈夫也很少能够或已完全不能控制其妻子的行为了"⑥。

妇女所拥有的财产权益相应增多。克劳狄皇帝废除了宗亲监护制

---

① ［意］桑德罗·斯奇巴尼选编：《婚姻、家庭和遗产继承》，费安玲译，中国政法大学出版社 2001 年版，第 31 页。
② Justinian, The Code of Justinian, translated by Samuel P. Scott, Cincinnati, 1932.
③ See Justinian, The Digest of Justinian, edited by Alan Watson, University of Pennsylvania Press, 1985.
④ 参见黄风：《罗马法》，中国人民大学出版社 2009 年版，第 79 页。
⑤ ［意］桑德罗·斯奇巴尼选编：《婚姻、家庭和遗产继承》，费安玲译，中国政法大学出版社 2001 年版，第 71 页。
⑥ ［美］E·博登海默：《法理学：法律哲学与法律方法》，邓正来译，中国政法大学出版社 1999 年版，第 18—19 页。

度,保全了妇女的血亲家庭财产。允许缔结无夫权婚姻的妇女将其财产赠与她的丈夫或孩子,而不是直接将其财产归属于其父亲,这样似乎更符合人道主义精神。① 妇女已经在一定程度上取得了相对独立的财产权,特别是对于自己的嫁资,已经可以享有所有权,并在婚姻解除时向丈夫提起嫁资返还诉讼,丈夫也应当在离婚时把嫁资返还给妻子。② 这是罗马法上具有鲜明特色的嫁资制。从奥古斯都和优士丁尼实行嫁资制改革时起,离异妇女享有了法定的嫁资返还请求权,古典法上男方对作为婚姻赠与物的嫁资不负返还义务的规定由此告终。从此,嫁资的返还请求权就成为"特权"债权,妇女的嫁资就成为夫妻财产中独立的部分,丈夫仅是妻子财产的临时保管人。一旦离婚,妻子在嫁资返还诉讼中将会获得优先于其丈夫任何债权人的受偿权。在嫁资返还诉讼中,司法官赋予妇女优先受偿权③,这成为罗马优先权制度的滥觞。④ 可见,古罗马妇女利益受维护程度取决于妇女支配婚姻权力的程度,这成为裁决婚变纠纷的司法理念。

(三) 综合协调与宗教约束:处理方式不同

稳定的婚姻关系可以促进家庭和睦,有利于社会秩序的安定。一旦婚变剧增,离婚成风,国家必然进行干预。传统中国对婚姻有过错、无过错和折中主义的混合处理方式,可以多方位地综合协调婚变妇女的利益,并成为唐代以后司法裁决中应用的主要模式。罗马帝国后期合意离婚极为流行,社会道德水平急剧下滑,而随着基督教影响的扩大,离婚则被严格限制。

---

① See Alan Watson, The Law of Succession in the Later Roman Republic, Oxford University Press, 1971, p. 149.
② 参见[意]桑德罗·斯奇巴尼选编:《婚姻、家庭和遗产继承》,费安玲译,中国政法大学出版社2001年版,第73页。
③ See George Mousourakis, Fundamentals of Roman Private Law, Springer, 2012, p. 106.
④ 参见崔兰琴:《古罗马法中的嫁资返还制》,载中南财经政法大学法律史研究所编:《中西法律传统》(第五卷),中国政法大学出版社2006年版,第105—118页。

1. 传统中国综合协调的离婚处理方式

据此前的史料记载推断,先秦之时,出妻之风盛行,丈夫随意找个借口就可以把妻子抛弃。出妻在当时很平常,很易见。无论是前述提及的《左传》中俯拾可见的王公贵族出妻之盛,还是《诗经·国风》中不断表现出的弃妇之怨,以及儒生的频繁出妻,这些都反映出:面对妻子的容颜衰退,丈夫喜新厌旧、另结新欢的现象比比皆是,以致战国赵太后常担心女儿燕后被遣返回家,于是"祭祀则祝之曰'必勿使反'"①。整个社会形成了"为人妇而出,常也;其成居,幸也"的反常现象②,能够"执子之手,与子偕老"③,夫妻恩爱到白头,实在是值得庆幸之事。男子贫贱时尚能与妻子穷苦相依,而一旦富贵便无情抛弃糟糠之妻的现象普遍存在。婚姻的责任感如此欠缺,离婚的耻辱感这般淡漠,故汉代戴德在编订《大戴礼记》时强调七出(去),何休为《春秋公羊传》作注时分析七弃,均用以明确休妻的范围,并用三不去约束七出,以矫正先秦的任意弃妻之风,可谓明智之举。④ 由此可见,三不去为七出划定了边界,考虑到妻子为家庭所作的贡献,防止丈夫忘恩负义,或致使家亡人散的妻子无所归去,限制了夫家任意弃妻的行为。三不去通过限制夫家出妻,保障婚姻中的有功者、无过者和弱势者,从而维护整个社会的伦理道德。后世律学家薛允升有论:"三不去者,情之不得不留,总以全夫妇之论也"⑤。尽管有学者认为此"情","自非感情,实指情理而言"⑥,但这在实质上不影响三不去的作用,即对七出进行伦理限制。

---

① 《史记·赵世家》。
② 参见《韩非子·说林上》。
③ 《诗经·国风·邶风·击鼓》。
④ 虽说汉承秦制,且秦朝明确规定了离婚的程序和理由,不得随意离婚,对离婚开始有所限制,如《睡虎地秦墓竹简》中有载,"弃妻不书,赀二甲;其弃妻亦当论不当?赀二甲";《史记·秦始皇本纪》记载,秦始皇在《会稽刻石》中说,"妻为逃嫁,子不得母,咸化廉清"。但这均非七出的规范表述,无法直接证明秦朝存在七出之制。
⑤ (清)薛允升:《唐明律合编》卷十四。
⑥ 陶毅、明欣:《中国婚姻家庭制度史》,东方出版社1994年版,第26页。

中国传统离婚制度具有域外影响力。中国传统离婚制度综合运用多种手段调整婚姻,适应了家族社会的需要,是家族法下具有代表性的制度,极具典型性,超越国界对朝鲜、日本、越南等国家产生影响,成为中华法系的组成部分。

一方面,七出为东亚国家的离婚法制所借鉴。朝鲜、日本、越南的古代离婚法中也同样存在七出之制,只是规定略微有所变化。七出、三不去的核心在于维护家族利益,完全契合了中华法系的家族伦理精神,成为日本、朝鲜、越南等国的离婚制度。其中,日本和越南有关七出的规定与唐律如出一辙。日本《养老户令》第28条规定:"凡弃妻,须有七出之状,一无子,二淫,三不事舅姑,四口舌,五盗窃,六妒忌,七恶疾,皆夫手书弃之,于尊属近亲同署。若不解书,画指为记。虽有弃状,有三不去,一经持舅姑之丧,二娶时贱后贵,三有所受无所归,即犯义绝、淫、恶疾,不拘此令。"①虽犯七出但不适用三不去的情形也与唐律相同,仅限淫、恶疾两项。越南当时为安南,亦有七出之条,《皇越律例》规定:"凡妻于七出……及义绝……七出即:一无子,二淫佚,三不事舅姑,四口舌,五盗窃,六妒忌,七恶疾。"②七种出妻事由的表述与唐律的七出内容几乎完全相同。

相比较而言,朝鲜变化最大,以五出代替了七出,三不去改为四不去,相应的刑事责任也大大减轻。朝鲜《刑法大全》规定:"妻妾所犯无左开诸项而夫出之者,笞八十;虽犯诸项,而与持父母丧,更有子女及娶时贫贱娶后富贵,无所归而犹出之者,处笞四十,并令完聚。一、不顺夫之祖父母、父母者;二、多言与族戚失和者;三、有淫行者;四窃盗者;五、有可传染之恶疾者。"③无子、嫉妒这两条被排除在外,可谓明智之极,因

---

① [日]仁井田陞:《唐令拾遗》,栗劲等编译,长春出版社1989年版,第164页。
② 《皇越律例》卷七。转引自杨鸿烈:《中国法律对东亚诸国之影响》,中国政法大学出版社1999年版,第599页。
③ 朝鲜《刑法大全》第五编第十一章之"妻妾失序及夫妇离异律"。转引自杨鸿烈:《中国法律对东亚诸国之影响》,中国政法大学出版社1999年版,第176—177页。

为无子本非妇人一人之过,至于丈夫另娶妻妾,对婚姻不忠,妇女嫉妒乃人之常情。在三不去的基础上增加"更有子女"一项,形成四不去。刑事责任的变化有二:一则,无七出之状而出妻,刑事处罚由唐律的徒一年半,减为笞八十;二则,违反四不去而去妻,由唐律的杖一百,减为笞四十。朝鲜人口数量少,相应减轻刑事处罚,颇为务实。

七出、三不去不仅在域外影响深远,在中国本土也迟迟未退出历史舞台。清末修律,于1910年参照西方法律颁行《大清现行刑律》,其中仍保留了关于七出的法律规定,而这部刑律中关于离婚的规定一直沿用到民国初年。直至1930年,《中华民国民法》亲属编中,有关离婚的规定才比较明显地摆脱了七出的内容。

另一方面,义绝制度对朝鲜、日本、越南等国家的古代法律产生过重大影响。日本的义绝制度在内容上全盘移植唐代的规定,只是处罚略有变化。《法曹至要抄》云:"犯义绝者,离之;违者,杖一百。"①其规定了不同于唐代"徒一年"的处罚。朝鲜的义绝制度也与唐代比较雷同,"妻妾有犯下列诸项而夫不离异者,处笞一百,并离异:'一、谋害或殴打夫者;二、殴骂夫之期亲以上尊长及外父母者;三、与袒免以上亲通奸者'"②。可见,朝鲜有关义绝的处罚也有所变化,即"笞一百"。越南也存在过义绝制度。据杨鸿烈先生对中国法律在越南之影响的考证,及其得出的"婚姻解除之条件为'七出':'诸妻、妾已有义绝而其夫隐忍不去者,以贬论依轻重'"结论来看③,越南也有过义绝制度。其他的诸如和离和违律婚断离也都可以觅到踪迹,此处不再一一赘述。

---

① 《法曹至要抄》卷中。转引自杨鸿烈:《中国法律对东亚诸国之影响》,中国政法大学出版社1999年版,第275页。
② 朝鲜《刑法大全》第五编第十一章之"妻妾失序及夫妇离异律"。转引自杨鸿烈:《中国法律对东亚诸国之影响》,中国政法大学出版社1999年版,第177页。
③ 参见杨鸿烈:《中国法律对东亚诸国之影响》,中国政法大学出版社1999年版,第525页。

2. 罗马帝国时离婚中的宗教约束强化

罗马帝国后期,"尽管相关的道德标准明显削弱了,但在某种意义上无正当理由的离婚仍然被视作不诚信,并且遭到某些惩罚"①。其中的正当理由包括,"其子犯有通奸,以及其他严重违背家庭或者婚姻义务的行为,抑或没有生育孩子"②。随着无夫权婚姻的流行,离婚变得越来越容易。"对罗马人来说,离异是双方的:丈夫犯了严重罪行,妻子可以把丈夫赶走;妻子出了事,丈夫也可以把妻子赶走。"③罗马法最初并没有对合意离婚——无论是休妻还是离夫——设定太多的限制条件④,使得离婚成风。"离婚是为了结婚,结婚是为了再离婚。"⑤加上姘合现象增多和性观念开放,社会道德日益沦丧。"随着罗马势力在世界上的扩张,厚颜无耻的堕落侵袭着罗马,离婚也随之增长。甚至它们的频繁发生变为了堕落的典型标志,并成为一些著名的讽刺格言和打油诗的话题。"⑥帝政后期,受基督教的影响,开始逐步限制离婚。

首先,片面离婚受到限制。如果男方无正当理由离婚,法官不但会判决妇女带走自己的全部嫁资,而且妇女还可以得到男方再婚时新娶妻子的嫁资。公元331年,君士坦丁一世明确规定离婚应有正当理由,并分别规定了三项涉及丈夫和妻子行为的离婚理由。其中,丈夫可以要求离婚的具体情形有:妻子和人通奸;妻子谋杀丈夫;妻子堕胎。同理,妻子可以要求离婚的情形则为:丈夫犯有谋杀罪;丈夫谋杀妻子;丈夫毁坏

---

① George Mousourakis, Fundamentals of Roman Private Law, Springer, 2012, p. 108.
② George Mousourakis, Fundamentals of Roman Private Law, Springer, 2012, pp. 107-108.
③ [法]让-克洛德·布洛涅:《西方婚姻史》,赵克非译,中国人民大学出版社2008年版,第23页。
④ See Thomas Glyn Watkin, An Historical Introduction to Modern Civil Law, Dartmouth Publishing Co. Ltd., 1999, p. 178.
⑤ [德]奥托·基弗:《古罗马风化史》,姜瑞璋译,辽宁教育出版社2000年版,第34页。
⑥ [意]彼德罗·彭梵得:《罗马法教科书》(2005年修订版),黄风译,中国政法大学出版社2005年版,第149页。

坟墓。至于女方无正当理由离婚,法官则会允许男方拥有妻子的全部嫁资,并对妻子施以放逐刑。①

到了公元449年,狄奥多西二世对离婚情形作了部分修订,重在保障夫妻相互忠贞。具体表现为:增加了丈夫可以要求离婚的情形,包括妻子犯叛逆罪或知他人犯叛逆罪而不告知丈夫,或犯杀人罪及其他重罪;瞒着丈夫或违背丈夫的意愿与非亲属的男子在外吃吃喝喝;无正当理由在外夜宿;经常出入戏院、歌舞场所而经丈夫禁止仍不改等情况。同时,增加了妻子可以要求离婚的情形,包括丈夫犯叛逆罪或知他人犯叛逆罪而不向官厅告发,或犯杀人罪及其他重罪;经常并公然与娼妓来往或带不正当妇女来家;经常虐待、殴打妻子等情况。

其次,合意离婚也被限制。优士丁尼曾规定禁止合意离婚,除非配偶一方入寺修道、男方无性功能或一方将被囚禁很长时间。优士丁尼规定,片面离婚的条件可归纳为阴谋反对君主或包庇这类阴谋、陷害另一方配偶、通奸、妇女伤风败俗、丈夫与其他妇女来往密切、丈夫提出虚假的通奸起诉等。因一方过错而离婚,主张离婚者不受任何制裁,而有过错的一方则会受到法律制裁。另外,如无正当原因片面离婚,也会受到法律制裁。后来,优士丁尼甚至规定,夫妻合意离婚者,将被没收一切财产,且终身被监禁在修道院中。② 但优士丁尼的规定背离了社会生活的实际情况,故在其去世后即被废除。

最后,教会法明确禁止解除婚姻。教会法把婚姻看作对上帝的承诺,注重婚姻的仪式,强调婚姻的神圣性,主张只有在教堂结婚并接受牧师祝福的婚姻才是合法婚姻,且二人一生一世不能分开。耶稣在回答门徒时说:"那起初造人的,是造男造女,并且说,'因此,人要离开父母,与妻子连合,二人成为一体',这经你们没有念过吗? 既然如此,夫妻不再

---

① See Jane F. Gardner, Women in Roman Law and Society, Indiana University Press, 1991, pp. 88-90.

② See Justinian, The Novels of Justinian, translated by Samuel P. Scott, Cincinnati, 1932.

是两个人,乃是一体的了。所以,神配合的,人不可分开。"①圣保罗借主之口也表达了同样的观点:妻子不可离开丈夫,丈夫不可离开妻子。基督教倡导应然层面的平等观,无论身份地位如何,只要他们都信仰上帝,在上帝的眼中他们就都是平等的。② 即便是婴儿也一样,弃婴者会被认定为杀人犯,"君士坦丁堡的弃婴法似乎在内容上没有明显地表现出受到基督教的影响。其实,从5世纪开始,基督教思想就从内容和术语的表达上对罗马帝国法律产生了重大的影响"③。罗马社会中一些歧视妇女的做法受到了基督教的批判,妇女应该享有同样的权利和尊严。耶稣不仅以实际行动证明他对妇女的尊重,允许妇女成为他的追随者,而且即便是声名狼藉的妇女和妓女,耶稣也对她们表现出怜爱之心。④ 这些理念有利于夫妻相互扶助,共同经营婚姻,一生一世。奥古斯丁在《论婚姻的益处》一文中,将婚姻的好处归纳为:繁衍、忠诚、神圣。直到今天,这三点仍然是基督教在婚姻问题上的基本见解。⑤ 奥古斯丁确立的婚姻观念,不仅一直影响着教会的看法,而且成为教会法的基本原则。教会法"没有休妻这一条……只有在发生了奸情的情况下才能离婚,而且离了婚的夫妇,双方都不能再婚"⑥。教会法庭通过将婚姻圣事化来控制婚姻,不断扩大自身的司法管辖范围,剥夺世俗法庭对婚姻的管辖权。可见,运用宗教教义消除妇女离婚的念头,通过宗教裁判置欲离婚的妇女于被动的社会处境中,实乃罗马帝国基督教解决离婚问

---

① 《马太福音》19:4-6,《圣经》。

② See Judith Evans-Grubbs, "Marriage More Shameful than Adultery": Slave-Mistress Relationships, "Mixed Marriages", and Late Roman Law, Phoenix, Vol. 47, 1993, p. 157.

③ Joshua C. Tate, Christianity and the Legal Status of Abandoned Children in the Later Roman Empire, Journal of Law and Religion, Vol. 24, 2008, p. 12.

④ 详见《路加福音》7:36-50,《约翰福音》8:1-11,参见《圣经》。

⑤ 参见[法]让-克洛德·布洛涅:《西方婚姻史》,赵克非译,中国人民大学出版社2008年版,第76页。

⑥ [法]让-克洛德·布洛涅:《西方婚姻史》,赵克非译,中国人民大学出版社2008年版,第65页。

题的理念和方式,最终维护的是宗教意义上的那些愿意和丈夫一生一世生活的妇女的利益。

(四)结构稳固与矫枉过正:发展路径不同

尽管离婚制度及观念的形成是每个国家无法回避的问题,但不同国家的发展路径却大相径庭。我国古代礼法融通中的离婚原因涉及国家、家庭和夫妻个人,形成三位一体的结构特点,在违律婚断离形成的社会伦理圈中,实现道德与伦理的和解。随着社会的发展,国家、家庭、个人因素的消长不同,不同离婚方式的侧重也有所变化,但该结构的内核稳定,三位一体的模式没有发生根本性改变。罗马的发展路径则是:从罗马无夫权婚姻中丈夫的片面离婚,到罗马帝国后期的合意离婚成风,再发展到基督教的婚姻圣事观,即倡导夫妻一体,坚决反对夫妻离婚。而新教徒进行的宗教改革则为恢复离婚而不断努力,世俗法庭又在不断扩大其对离婚的司法判决权,力图改变矫枉过正的被动局面。

1. 结构稳固的中国离婚制度

传统中国礼法中的七出以家族利益为调整的重心,七个出妻理由均事关家族生活,符合以家族为本的社会发展实际。离婚纠纷的裁决也是以家庭的利益,特别是尊长的利益为权衡依据。对于妇女主动诉请离婚的情况,司法官认为,"既讼其夫,则不宜于夫矣,又讼其舅,则不悦于舅矣,事至于此,岂容强合"①,并通过杖责女方达到以儆效尤的目的。

三不去作为对七出的限制,其"不忘恩""不背德""不穷穷"的司法理念,符合救济弱者的仁道精神,客观上维护了有功、弱势和无助妇女的婚姻家庭利益。义绝体现国家的干预力,对违背夫妇之义的婚姻强制断绝。和离是对夫妻个人意愿的有限考虑,强调夫妻双方对责任的分担。唐律中的义绝、七出和和离形成了国家、家庭和个人三位一体的离婚纠纷处理方式。随着社会文化的变迁,国家、家庭、个人的因素亦在此消彼

---

① 判词的具体内容参见《名公书判清明集》卷十。

长地发生着缓慢的变化,其结构也在相应地发生变化。

对于妇女地位的提高,明清时期也出现了一些积极的意识和行为。比如,"从明末清初日益发展起来的妇女初级读本和塾师市场,以及像《清俗》中所描写的商人自豪而愉悦地谈论着他们文雅的妻子和女儿们的技艺,这些暗示出社会中有不少积极向上的家庭尊重妇女,给女儿提供与儿子同等的受正规教育的机会,并对她们有'文'的诉求"①。

家庭规模的减小,使夫妻关系在家庭关系中的地位提高,积极向上的家庭对妇女的尊重,使得单方面由妻子承担离婚过错的七出这一离婚形式的用武之地逐渐变小。

关于国家强制离婚的义绝,明清时期出现了一系列保护妇女的条款,平衡男女双方的责任,不断弱化国家对离婚的刑事干预力,体现出从重视家族事务到重视个人事务的演变。但由于离婚不仅关涉夫妻个人,而且涉及相关的社会责任,故有必要适当保留国家的干预力。可见,离婚制度结构反映出的七出弱化、和离增强和关涉义绝的刑事处罚减弱的趋势,是国家、家庭、个人因素的消长所致,但三位一体的基本结构至清代也未曾打破,可见其内核具有超稳定性。

中国传统离婚制度的超稳定性依托于其具有超稳定性的内核——伦理性,这一切又归功于周公制礼。"小邦周"革了"大邑商"的命,为了维持偌大的疆国,"周人比殷人更加注意内部的团结,注意利用内部的凝聚力。正在松懈的血缘关系,到了周代反而有所回潮。在周人的苦心经营下,以血缘为纽带的宗法等级制终于完善"②。此宗法伦常制度历经千年而不变其宗旨——亲亲、尊尊、长长、男女有别。

正如黑格尔所言,"中国纯粹建立在这样一种道德的结合上,国家的特征便是客观的'家庭孝敬'。中国人把自己看作是属于他们家庭

---

① [美]白馥兰:《技术与性别——晚期帝制中国的权力经纬》,江湄、邓京力译,江苏人民出版社2006年版,第293页。
② 马小红:《礼与法》,经济管理出版社1997年版,第21页。

的,而同时又是国家的儿女"①。中国在历史的长河中,从刀光剑影的"暴力革命"到"温情式"的"宫廷政变",玉玺几易其主,皇宫数迁其址,但革命不革政,这套制度可谓放之历朝而皆准。故而,日本学者织田万指出,革命的目的"在于更迭朝廷,而不在于变更政体也。独见统治者即君主之新陈代谢,而不见法制之革新也。故废兴存亡,接武而起。然其政体,古今墨守遗典,不妄增减之,同辙"②。即便是蒙元政权、满清王朝也无不被它大而化之,足见礼制之超稳定性。

2. 宗教理念指导下罗马矫枉过正的发展路径

罗马离婚制度经历了从家庭权力事务、夫妻个人事务到宗教圣事的发展变化过程。

首先,在早期罗马法中,"尊亲的同意"通常是指"家父的同意",这是婚姻合法的要件之一。一旦结婚,已婚妇女就应服从于丈夫的权力,这种服从就是"归顺夫权"。"通过它,妻子变成家女,服从新的'家父',如果'家父'是自己的丈夫,她则处于'准女儿地位';如果'家父'是自己丈夫的'家父',她则处于'准孙女地位',在后一种情况下,丈夫在父亲死后继承权力。"③从这个意义上说,"在整个真正的罗马时代,罗马私法就是'家父'或家长的法"④。发生离婚纠纷时,妇女利益的协调问题也是由家父解决,"当各个服从于'家父'权力的家社会中的秩序受到扰乱时,发号施令并出面镇压的不是执法官,而是'家父'"⑤。既然妇

---

① [德]黑格尔:《历史哲学》,王造时译,商务印书馆1963年版,第165页。
② [日]织田万撰:《清国行政法》,李秀清、王沛点校,中国政法大学出版社2003年版,第79页。
③ [意]彼德罗·彭梵得:《罗马法教科书》(2005年修订版),黄风译,中国政法大学出版社2005年版,第120—121页。
④ [意]彼德罗·彭梵得:《罗马法教科书》(2005年修订版),黄风译,中国政法大学出版社2005年版,第115页。
⑤ [意]彼德罗·彭梵得:《罗马法教科书》(2005年修订版),黄风译,中国政法大学出版社2005年版,第140页。

女依从于"父权"和"夫权",她当然无权主动提出与其丈夫离婚。但由于此时的罗马民风淳朴,"使得在罗马法的一个很长时期中离婚是罕见的,如果无正当理由而离婚,则将受到风俗的指责。当斯布里·卡尔维里以不孕为由而休妻时,在民众中这成为丑闻并引起愤懑"①。通过对家庭权力的保护,妇女的婚姻家庭利益得到了维护。后来,随着经济的发展和军事的扩张,罗马与地中海沿岸国家的贸易极为频繁,商业急剧发展,大量的外邦人进入罗马,这对罗马的家族观念、市民权都产生了巨大的冲击。那些成年的男子结婚后与妻子组成新的小家庭,而不再与父母居住在一起;同时,国家法律承认家子的特有产,限制家父权的滥用,并惩罚家父弃婴、余婴和出卖家子的行为,这些举措都限制并削弱了家父权的滥用②,导致以家父权为核心的家族开始走向解体。

离婚制度中的民主性和合理性在逐渐增强,妇女的社会地位也随之上升。"主宰婚姻的特权已下降为一种有条件的否定权,我们已十分接近最后流行于现代世界的各种观念的边缘。"③

其次,到了罗马共和国后期,离婚变得日益容易。即便是那些服从"夫权"的妇女也可以提出离婚,并"以祭祀除婚(diffarreatio)的仪式解除祭祀婚(confarreatio),以要式退婚(remancipatio)的程式解除买卖婚(coemptio)"④。合意离婚的核心是:离婚仅仅涉及夫妻个人事务,只要夫妻双方协商一致即可离婚,此为合法的离婚形式。作为对自由离婚的矫正,一些信仰基督教的皇帝,如君士坦丁和优士丁尼开始严格限制离婚,并在司法实践中处罚非法离婚行为,但这并没有彻底改变罗马的自

---

① [意]彼德罗·彭梵得:《罗马法教科书》(2005年修订版),黄风译,中国政法大学出版社2005年版,第149页。
② See W. W. Buckland, A Text-Book of Roman Law from Augustus to Justinian, 3th. ed., Cambridge University Press, 1966, p. 104, 603.
③ [英]梅因:《古代法》,沈景一译,商务印书馆1959年版,第79页。
④ 黄风:《罗马法》,中国人民大学出版社2009年版,第79页。

由离婚。这是罗马法律制度更多体现出务实性的表现,亦即不断地消减其家族性而愈来愈重视当事人意思自治的契约性,从而表现出离婚制度设置上的务实特点。为了迎合社会经济的发展趋势,适应宏大帝国的政治形势的需要,务实智慧的罗马人不断调整各种制度,当然也包括婚变纠纷中的司法处理机制。

  罗马人的务实性不仅体现在离婚制度中,更体现在整个罗马法律制度中。"罗马法因为能够照顾到各地方的风俗习惯以及本国的法则,所以到处都被采用着,并且很迅速地获得各地人民的信仰。若罗马共和国巨大领土是用武力获得的话,那么,这种武力仍是靠着她的法学,武力所获得的成功是由法学予以保障的。"①美国的莫理斯对罗马法不乏溢美之词,罗马人的法律智慧也为世人所瞩目。其对各地习惯法的尊重,以及对本国法则的照顾,实现了融法律的普遍性、共同性与民族性于一体。以法律制度的构建来巩固国家的政权,其方法确实与别国不同,在制度构建时又不失其灵活性,总是留有余地,并随社会发展而不断发展,包括家父逐渐演化为自然法意义上的父亲。② 至于其市民权,既是高贵的,也是可得的,绝非保守、封闭和吝啬之权,任何人只要符合一定的条件,都有可能被授予市民权,足见罗马人的务实性。这也为罗马法的发展提供了余地,使其不断融入更多的合理因素。

  最后,罗马帝国之后的中世纪,教会法把结婚视为与神缔结契约,使婚姻从根本上变得不可解除,这从本质上改变了婚姻观念。"教会从插手婚姻之事的那天起,就一直为将婚姻变成圣事而奋斗",而"最重要的演变是将婚姻确定为契约,契约变成了婚姻圣事的'材料'。作为一项制度,双方同意的原则把神父变成了权威见证人,把新

---

  ① [美]莫理斯:《法律发达史》,王学文译,中国政法大学出版社 2003 年版,第 143 页。

  ② See Jean Domat, The Civil Law in Its Natural Order, Vol. I, Legare Street Press, 2023, p.136.

婚夫妇变成了圣事的真正执行者"①。教会几个世纪的努力就是为了告诉人们,"真正的婚姻是在天上结成的,对虔诚的天主教徒来说,真正的婚姻不可能是民法典里说的那种"②。教会法以此来排除婚姻的民事性质。当然,民法学家并没有放弃努力,在16世纪,他们终于找到了抗衡宗教法庭的办法,那就是"滥用职权时上诉":教会法庭可以包揽婚姻事务,"条件是它得尊重国王的法律和习俗。如果宗教裁判官(宗教法庭法官)违反了国王的法律,或者不是像执行教会法那样执行国王的法律,就可以将案子提交民事法庭,将教会法庭做出的滥用职权的判决撤销。这就是'滥用职权时上诉'的原则"③。经过民法学家、启蒙思想家和宗教改革家的共同努力,婚姻的立法权、婚变纠纷的裁决权最终又交还到非神职人员的手中。④

综上所述,妇女作为一个重要的社会群体,其正当利益需要维护,古今中外概莫能外。传统中国是男权主导的家族社会,毫无疑问婚变纠纷的裁决模式是以家族利益为出发点的,由男方掌握离婚的主动权。传统国家、家庭和个人三位一体的离婚结构,规范着婚姻的发展,实现江山社稷的太平稳固。尽管社会变迁,国家、家庭、个人因素此消彼长,但维护

---

① [法]让-克洛德·布洛涅:《西方婚姻史》,赵克非译,中国人民大学出版社2008年版,第290—291页。
② [法]让-克洛德·布洛涅:《西方婚姻史》,赵克非译,中国人民大学出版社2008年版,第303—304页。
③ [法]让-克洛德·布洛涅:《西方婚姻史》,赵克非译,中国人民大学出版社2008年版,第292页。
④ 证明婚姻的非圣事性、恢复婚姻的世俗性需要诸多努力。"从天赋权利的角度看,婚姻不是契约,不是圣事——这种激进看法后来成了伏尔泰《哲学词典》('婚姻'条)里的主要观点,而且还成了法国于1791年颁布的第一部宪法的观点。""丰特内勒亦认为,不许离婚是一项'野蛮而残酷的法律'。""狄德罗提到了奥塔伊提居民的'天然风俗',用以证明不仅离婚是正当的,连同居和试婚都是正当的。""孟德斯鸠在《波斯人信札》里也表达了相同的意思。书中提到,根据一位旅行者的说法,禁止离了婚的人再婚已经导致'基督教国家人口下降'。"参见[法]让-克洛德·布洛涅:《西方婚姻史》,赵克非译,中国人民大学出版社2008年版,第182—183页。

妇女利益的司法理念从社会实际出发,通过伦理限制来维护婚姻、家庭乃至社会稳定的价值导向是不变的,形成兼顾与衡平的结构特质,具有超稳定性。官府通过维护婚姻稳定、家族伦理和社会道德,从而实现了对妇女利益的维护。

相较而言,罗马离婚纠纷取决于权力的能动,妇女通过摆脱夫权来行使离婚的主动权,维护自身的正当权益,包括离婚时嫁资的返还请求权。而离婚的日益便利又导致婚变数量急剧增多,限制离婚乃必然之势,对妇女离婚诉求的满足以其具有正当理由为准。基督教倡导的婚姻不消解主义从根本上禁止离婚,使欧洲踏上了迥异于中国的发展路径,但由于矫枉过正,恢复离婚合法性亦在所难免。

二、传统离婚法制的时代启示

通过前述比较可见,不同国家和地区各自离婚制度的形成和发展路径,特色鲜明,富有启发性。对于中国,在借鉴其多手段并用、兼顾男女双方及其家族利益的不同需求而区别考量和判决的经验之时,也要对男权社会中约束并压制妇女离婚需求的局限性保持警醒。至于罗马,随着社会的发展挣脱古典法上家父权的束缚后,充分赋予男女双方意思自治和离婚的权利,特别是维护妇女嫁资的独立性和离婚时的返还请求权,在立法和司法实践上体现出的务实理性值得称道。然而,对于其从严格限制到充分自由,再从全面禁止到争取自由的收放过度的婚变处理方式,的确应当引以为戒。无论如何,婚姻首先和身份相依,与责任相连,即便追求离婚的自由,也不能忽视责任的建构和伦理约束,以及对妇女利益的维护。同样,宗教的传播也不能以牺牲夫妻双方正常的离婚诉求为代价,特别是处于弱势方妇女的实际要求和利益。

历史总有似曾相识的一幕。综观我国时下离婚诉讼中对妇女利益维护的诸多不足之处,如离婚理由立法标准的模糊性致使妇女难以取证,离婚诉讼自身的程式化愈益加剧婚姻变动,离婚救济制度的形式化置妇女于不利地位等,都与感情破裂的离婚理由只强调自由和无过而不考虑责任有关,其直接结果是离婚的日益便利,伦理的日渐淡漠,妇女利益无法得到应有的维护。这与罗马离婚制度曾过度追求意思自治而失却婚姻责任感似乎如出一辙,显然也越来越背离传统中国兼顾各方的持中维和的价值取向。这也是比较中国和罗马离婚制度的主要原因所在。

(一) 不利于妇女利益维护的离婚诉讼

离婚不仅涉及夫妻关系,还涉及家庭其他成员,这是由离婚的特性决定的,即所有的离婚都必然要结束存续了一定时间的婚姻。现行婚姻法制中感情破裂的诉讼离婚理由,以离婚自由为价值取向,把个人主观感受作为离婚的标准,而不考虑离婚行为给他人带来的伤害,以及给社会造成的不确定因素。似乎夫妻二人的婚姻从天而降,从地而生,游离于云端,穿行于雾中,与任何家庭成员无涉,丝毫不受社会道德的制约,而实际上,"最高的法律是什么?正是人类的道德,人类的道德产生于国家制定的法律之前"①。可以想象,如此自由的离婚理念,怎么淳化道德风尚?如何敦睦社会伦理?怎样发挥维护妇女利益的良性作用?

现行婚姻制度中的离婚理由在离婚双方的权利设置上并不对等,双方离婚意愿的实现也不具有平等性,"现行法定离婚理由制度,为想离婚一方提供了救济,对于不愿离婚的当事人一方,则无救济"②。法定离婚理由对想离婚一方的保障十分到位,哪怕他是过错方;不想离婚一方,则被置于无奈、无助的境地,显失公正。"在一个历史悠久的、至今仍然有约束力的传统中,公正这一或然性信条的最一般的表现形式是平等。"③

1. 离婚时受伤害的女方取证难

离婚理由立法标准的模糊性导致女方取证困难。"感情确已破裂"

---

① [古罗马]西塞罗:《论共和国 论法律》,王焕生译,中国政法大学出版社1997年版,第190页。
② 蒋月:《论我国现行法定离婚理由立法主义》,载《东方法学》2009年第4期。
③ [德]卢曼:《社会的法律》,郑伊倩译,人民出版社2009年版,第118页。

是法院判决离婚的重要标准,但《民法典》第1079条并没有明确定义何为"感情确已破裂"。

作为补充,该条列举出五种认定夫妻感情破裂的具体情形,包括重婚或者与他人同居;实施家庭暴力或者虐待、遗弃家庭成员;有赌博、吸毒等恶习屡教不改;因感情不和分居满二年;其他导致夫妻感情破裂的情形。从形式上看,认定感情破裂的标准似乎很明确,而具体到离婚诉讼中,却存在不同程度的举证难问题。

第一,重婚。这里主要指事实重婚举证难。比如双方形成事实婚姻,生育子女,却没有进行登记,这在生活中屡见不鲜。由于涉及个人隐私,受害方往往无法举证。

第二,相较于重婚,同居情形更难认定。因为同居发生于私人空间,如果当事人拒不承认同居,这将使得无过错的受害方很难获得有力的证据,以证明同居的事实。

第三,遭受家暴后若取证不及时,或者遭受的是冷暴力,都会导致举证难。大多数情况下,若妇女在遭受家庭暴力后没有及时到医院开具诊断证明,也没有及时报案,则一旦男方不承认有暴力行为,妇女就会因为无法提供相关证据而面临不利局面。即便有证据证明存在家庭暴力,受害方的主张获得法院支持的机会也很有限。[①] 对于精神上的暴力,如冷暴力、言语暴力和拒绝性生活等,是否属于家庭暴力,尚未有明确的规定。加上大多数冷暴力没有直接造成身体伤害,无论是第三人证明,抑或是视听资料,都很难在冷暴力的证明中发挥作用。

第四,虐待、遗弃家庭成员举证难。因为这些都是家务事,如果知情人不愿作证,外人很难得知。

第五,分居情形的举证难。"感情不和"和"分居满二年"之间的因果关系难以证明。夫妻分居的原因多种多样,只有"感情不和"导致的

---

① 参见郭建梅、李莹主编:《妇女权益与公益诉讼》,中国人民公安大学出版社2009年版,第78—89页。

"分居满二年"才属于感情破裂的情形,其他分居情形在离婚诉讼中无法作为证据采信。①

可见,凡是涉及夫妻生活的私人空间而没有公权力介入的地方,获取证据都存在困难。作为普遍情形的重婚、同居、家暴、遗弃和分居等在实际生活中都存在举证困难问题,这使得离婚理由立法的可适用性和实际效力大打折扣。对于那些明知男方是过错方,却苦于无法提供切实可信证据的妇女,即便其是受害方也只能忍气吞声,甚至眼看着男方转移财产而无力回天,更不用说多分财产或者获得全部财产,实在难以维护自身的正当权益。

2. 置女方于劣势的程式化离婚诉讼

离婚理由设置的模糊性决定了离婚诉讼的复杂性,感情是否破裂需要法官衡量。加上一旦双方离婚,财产分割和子女抚养等问题往往非旦夕所能解决,这就决定了离婚诉讼是一场"马拉松式"的拉锯战,这是法官最不愿看到的结果。因为在现行的司法评价机制下,办案率和上诉率直接影响对法官的考核。法官如果直接审理离婚案件,必定要面对财产分割和子女抚养等诸多问题,这将大大降低审判效率,增加上诉风险。作为应对,除个别争议不大、可以当庭宣判或定期宣判并及时结案的离婚诉讼外,对于大部分离婚诉讼,法官往往采取调解的方式结案,或者以使原告撤诉的方式结案,避免直接处理纠纷。下文分别以杭州市下辖的两个区法院的民事审判部门 2012 年 1—6 月受理的 73 件离婚诉讼案件和 2013 年 7—12 月受理的 131 件离婚诉讼案件为分析样本。

如表 1 所示,2012 年 1—6 月受理的 73 件离婚诉讼案件中,直接撤诉的案件有 18 件,调解结案的案件有 31 件,而当庭宣判和定期宣判的离婚诉讼案件加在一起才 24 件,不到 73 件离婚诉讼案件的三分之一。表 2 中,直接撤诉的案件有 19 件,调解结案的案件有 49 件,共计占据

---

① 由于重婚、同居、遗弃和分居等情形举证难是离婚当事人面临的实际问题,也是理论界、司法界和妇女界的一致共识,现实中的案例不胜枚举,本书不再一一列举。

131件离婚诉讼案件的一半以上,而当庭宣判和定期宣判的不足一半。之所以出现这种局面,究其原因,在于离婚诉讼涉及夫妻生活中最私密的部分——感情,感情是弹性的,生活是琐碎的、千头万绪的,常言道,"清官难断家事"①。可见,较其他诉讼而言,离婚诉讼对法官的要求更高。法官需要具有较为丰富的婚姻、家庭和社会生活经验,以便透过感情不和的诉讼表象,认清夫妻矛盾的实质,找到缓和婚姻冲突、解决夫妻矛盾的良策。而当前指标化的考核机制,使得法官很难静下心来理清离婚诉讼中方方面面的争议和问题。"然而这并不是说法官不会有意无意地撞上离婚的真正原因。要点在于他们大致上并不特意去找出原因。至少从案卷看来,他们基本上没有努力去挽救这些正在破裂的婚姻。"②上述两个法院的判决也证明了这一情况。

表1 2012年1—6月受理的73件离婚诉讼案件的结案情况(件)

	1月	2月	3月	4月	5月	6月	总数
当庭宣判	1	2	0	1	3	1	8
定期宣判	3	4	3	2	1	3	16
调解结案	6	7	5	4	6	3	31
直接撤诉	3	1	7	4	1	2	18

表2 2013年7—12月受理的131件离婚诉讼案件的结案情况(件)

	7月	8月	9月	10月	11月	12月	总数
当庭宣判	7	8	11	6	8	9	49
定期宣判	1	2	2	3	2	4	14
调解结案	8	7	5	6	12	11	49

---

① (明)冯梦龙:《喻世明言》卷十。
② 贺欣:《离婚法实践的常规化——体制制约对司法行为的影响》,载《北大法律评论》编辑委员会编:《北大法律评论》(第9卷·第2辑),北京大学出版社2008年版,第463页。

(续表)

	7月	8月	9月	10月	11月	12月	总数
直接撤诉	4	2	1	3	4	5	19

如表1所示,2012年1—3月受理的离婚诉讼案件中,调解结案的共有18件,其中16件以离婚告终,2件调解和好。如表2所示,2013年7—12月受理的离婚诉讼案件中,调解结案的共有49件,其中48件以离婚告终,只有1件调解和好。足见,调解和好、挽救当事人的婚姻并非法官工作的重心。即便是那些直接宣判的案件,法官在告知原告可以在半年后以同样理由提起离婚诉讼的同时,普遍采取首次不判离,二次判离的模式。① 比如,在表1的1—3月中,当庭宣判和定期宣判的案件共有13件,其中8件法院"驳回离婚的诉讼请求";3件由于被告未到庭,法院判决离婚;法院直接判离的只有2件,其中1件正是原告第二次起诉离婚。表2中,当庭宣判和定期宣判的案件共有63件,其中58件法院"驳回离婚的诉讼请求";判决离婚的只有5件,其中2件是第二次起诉后法院判离,3件是第二次起诉后被告缺席,法院判离。

尽管年份不同、法院不同,但离婚诉讼的审判模式惊人相似。程式化的审判模式使得法院的审判结果极具可预测性,不仅法院自身变得日益被动,无法根据每一个婚姻量身定做合适的方案,而且逐渐沦为当事人,特别是原告达到自己目的的工具。当那些另有新欢的男人决意离婚时,第一次他可以随便起诉,为第二次起诉做准备。不管他做了什么,两次起诉后一般都可以离婚,哪怕他是过错方,也没有任何阻却。最高人

---

① 至于法院第几次判决离婚比较合适这一问题,学术界和司法界都极为关注,并进行了激烈的讨论。第一次提起离婚诉讼时,原告要求离婚,被告不愿离婚,法院判决不准离婚,驳回原告诉讼请求。首次不判离,既满足了被告不离婚的请求,又给了双方和好的机会。半年后如果原告再次以同样的理由提起离婚,且不接受调解,法院一般都会判决离婚,支持原告的诉讼请求,即二次判离。此种首次不判离,二次判离的模式逐渐成为目前实务界通行的处理离婚诉讼的方式。

民法院《关于适用〈中华人民共和国民法典〉婚姻家庭编的解释(一)》第63条规定,"不应当因当事人有过错而判决不准离婚"。无限制的感情破裂主义,遭遇追求效率的司法评价体制,结果只能是一对对夫妻劳燕分飞,婚姻的安全系数愈益降低。

离婚自由的直接结果是离婚的日益便利,伦理的日渐淡漠。对于主动离婚方来说,只要其认为夫妻感情破裂,就可以名正言顺地要求离婚。即便法院首次判决不准离婚,半年之后,主动离婚方也能以同样的理由起诉离婚,离婚的结果不可避免。

更有甚者,破坏了夫妻间最起码的忠诚义务的丈夫,不仅对妻子没有愧疚之心,相反,还理直气壮地让婚外同居女友为自己作证,以便达到证实夫妻感情破裂的目的。如2005年福建省厦门市中级人民法院受理的某上诉案件。申请离婚的丈夫为了证明夫妻感情确已破裂,请与之婚外同居的女友到法庭作证。在法官和妻子面前,丈夫说:"我已和她同居,说明夫妻感情彻底破裂,请求法院准许离婚。"其同居女友在法庭上作证说:"我们两人确实心心相印。"福建省厦门市中级人民法院认为,上诉人不应为求一己之欲而置他人感情于不顾、弃家庭责任而不担、逆道德准则而行之,因此维持了一审法院不准双方离婚的判决。①

这种行为法律无法容忍,因为任何人不能从非法行为中获取利益是基本法理;这种行为伦理无法原谅,因为有违夫妻忠诚义务;这种行为社会无法接纳,因为那些毫无家庭责任感的男人必须受到谴责,所以,两级法院都判决不准离婚。然而,比判决更重要的问题是:为什么原告和他的女友有此之举?出现这种现象的深层原因发人深省。由于离婚理由过分强调自由,摒弃过错和责任,在价值导向上出现偏差,违背忠诚义务的丈夫不以此为耻,反以此为荣,所以原告才会振振有辞让同居女友作证。

---

① 参见蒋月:《论我国现行法定离婚理由立法主义》,载《东方法学》2009年第4期。

3. 置女方于不利地位的离婚救济形式化

作为对无过错离婚制度的衡平,现行婚姻法设计了相应的离婚救济制度,如离婚后的经济帮助、离婚损害赔偿和家务劳动补偿等制度,以便于补偿在婚姻中付出家务劳动多且社会地位低和收入少的一方——现实中主要是妇女一方——的损失,使其可以得到应有的救济。但在实际的运作过程中,这些救济制度收效甚微。

第一,经济帮助制度。在离婚案件中,诉诸经济帮助的案件相对较少。如 2008 年北京市海淀区人民法院审结的诉诸经济帮助的案件只占案件总数的 2.1%,上海市闵行区人民法院和哈尔滨市南岗区人民法院也分别仅占 1.7% 和 5%。① 即便是那些获得经济帮助的当事人,其所获数额也极为有限,以几百上千元居多,上万元的已经很少见了。这对那些带着孩子的单亲妈妈来说,无异于杯水车薪。究其原因,主要在于经济帮助制度的适用条件苛刻。《民法典》第 1090 条规定的"生活困难",一般指一方离婚后分得的财产不足以维持其合理的生活需要,或者不能通过从事适当的工作维持其生活需要等。② 经济帮助制度的适用并非以困难配偶方生活水平的下降为标准,这意味着其适用对象非常有限。

第二,离婚损害赔偿制度适用难。离婚损害赔偿制度适用的前提是损害方有法定离婚理由中的过错。正如前文所述,这几种过错情形普遍存在举证难的问题。包括夫妻的共同财产,很多妇女都不清楚丈夫所控制的财产数目,使得家庭财产状况取证难、认证难,那些受害妇女的赔偿要求自然很难得到满足。

第三,家务劳动补偿制度在真正的离婚案件中形同具文,出现适用

---

① 统计数据参见王歌雅:《离婚救济制度:实践与反思》,载《法学论坛》2011 年第 2 期。

② 参见黄薇主编:《中华人民共和国民法典释义》,法律出版社 2020 年版,第 2070 页。

空缺的情况,几乎没有妇女在离婚时为了维护自身利益而求助于这项制度。"首先,女性家务劳动角色的刻板传承,已成为社会中人的思维定势。习惯化和道德化的角色分工,使社会中人淡忘了婚姻家庭领域的权益保障。同时,也使社会中人不习惯利用家务劳动的补偿制度维护自己的合法权益",除此之外,"家务劳动价值计算存在盲点"。① 故而,家务劳动补偿制度很难在实际离婚中发挥其应有的作用,达到维护付出家务劳动多的妇女一方利益的目的。

即便是无过错的妇女遭受伤害,在离婚财产分割时也很难获得应有的救济。以杭州市某区人民法院2011年3月的一桩离婚财产分割案件为例,当事人的共同财产有四百多万元。男方另有新欢,故起诉离婚。庭审时,第三者就坐在旁听席上。鉴于本案中的女方当事人没有过错,作为对受害方的救济,法院多分给女方四万元。四万元虽不是小数目,但对于本案当事人几百万元的共同财产来说,真是九牛一毛。这正是因为法律的导向出现偏差,而婚姻伦理的制约力和社会道德的约束力又无法发挥应有的作用。可见,"对损害的惩罚和补偿的规定不仅需要立法、司法和执法机构,而且受到行为的道德和伦理习俗的极大影响"②。

自由的离婚理由,使得离婚极其容易。草率离婚又会导致男方在离婚时不愿意承担对妇女、孩子和家庭的责任。离婚救济制度本应成为最后的防线,如今救济制度的不力,经济补偿的难以兑现,又给了有过错的男方轻易逃避责任的机会。甚至在某些案件中,坐拥几亿资产的男方当事人拒不执行离婚判决,对妻子和自己未成年的子女分文不付。看来诺思对经济体制运行的分析同样适用于离婚制度,"尽管有一套不变的规则、检查程序和惩罚措施,在限制个人行为程度上仍存在着相当的可变

---

① 参见王歌雅:《离婚救济制度:实践与反思》,载《法学论坛》2011年第2期。
② [美]道格拉斯·C.诺思:《经济史中的结构与变迁》,陈郁、罗华平等译,上海三联书店、上海人民出版社1994年版,第47页。

性。社会强有力的道德和伦理法则是使经济体制可行的社会稳定因素"①。而如今在对离婚的规制上,道德约束和伦理法则都极为乏力,离婚的成本几乎为零。单亲家庭实际中以单亲妈妈居多,往往要独立抚养孩子,无法避免生活水平的下降。和双亲家庭相比,单亲家庭本身的抗风险能力就弱,经济来源又减少了一半,"与贫困相伴往往是单亲家庭迫不得已的选择,也是他们不得不面临的境况"②。

众所周知,修护社会和道德的堤坝,需要极大的成本。面对中国社会转型期涌现的形形色色的婚变纠纷中妇女利益维护不力、婚姻伦理和责任感日渐衰退的问题,更需要反思罗马帝国后期离婚成风、伦理沦丧的被动局面,以及放任离婚自由之后矫枉过正的历史教训。这也是从历史和比较的视角研究该问题的重要意义和价值之所在。

实际上,我国古代在任何制度的设计上都会竭力避免这种矫枉过正的情况,并通过运用"中和"之道化解此类极端问题。表现在婚变纠纷中妇女利益的维护上,便是官府处理婚变纠纷时劝和不劝离的理念,兼顾与衡平的约束方式,以及过错、无过错和折中主义的原则。这些均在一定程度上限制了男权,客观上维护了妇女的婚姻稳定及与此相关的其他利益。

(二)以仁道观为指导的离婚理念

在男女尊卑有别的古代社会,一旦离婚,妇女往往一无所有地被赶出夫家之门。立法和司法实践则从不同纬度,利用多元化处理机制实现对妇女的保护。出于对弱者的救济,官府在处理离婚纠纷时,往往奉行劝和不劝离的司法理念,以维护合法的聘娶婚,倡导婚姻稳定,结合过错、无过错和折中主义的原则,达成限制男权、关照妇女利益的兼顾与衡

---

① [美]道格拉斯·C.诺思:《经济史中的结构与变迁》,陈郁、罗华平等译,上海三联书店、上海人民出版社1994年版,第51页。
② [英]乔纳森·哈迪:《情爱·结婚·离婚》,苏斌、娄梅婴译,河北人民出版社1988年版,第67页。

平的处理机制。

1. 劝和不劝离的理念

婚姻之礼是礼仪的大本,男女双方一旦经由父母之命、媒妁之言结为合法夫妻,必然受到法律的保护。维护合法的聘娶婚,倡导婚姻稳定,不断强化离婚的耻辱感逐渐成为儒家伦理的价值取向。即便因婚变产生纠纷,官府亦秉承劝和不劝离的原则予以判决。愈到后来,情况愈加严重。如陈鹏先生断言:"盖明清以降,俗忌离婚,宁忍淫秽,不敢轻言出妻。"①

如耿九畴在明景帝时,升为刑部右侍郎,"有妇讼其夫坐离异,九畴不可,杖其妇归夫"②。另有官员曾作如下判词:

> 配偶从天作,协女家男室之宜;夫妇从纲常,为居内事外之则。故为关雎叶韵,须如琴瑟调和;配纳弗嫌,德重孔明之盛,謦妻无二,史嘉恭叔之贤。今某伦理不惇,纲常有悖,顿失同心之美,遽成反目之乖。南涧克供,輒籍口蒸梨之失;东派既坦,动驾食枣之非。殊无可去之端,妄坐当离七恶。效尤百里奚之薄,竟忘屦廖之恩;不思宋仲子之仁,必固糟糠之爱。顷违六礼,忍割百年。因衰驰敬,珠宜还于孟尝;倚势移情,法当隶乎萧相。③

这位官员引用经书,罗列典故,目的只有一个:希望意欲出妻的丈夫能够不忘糟糠之爱,多思夫妻情意,不要见异思迁,做出有悖纲常伦理之事。当劝和不劝离的婚姻观成为整个社会的道德标准和伦理倾向时,人们便更为信奉"宁拆十座庙,不毁一桩婚"。

离婚是人伦之大变故,很多家庭和宗族都反对家族里的人贸然解除婚姻。虽然七出是法定的休妻理由,舅姑或者丈夫都可以以其中之一为

---

① 陈鹏:《中国婚姻史稿》,中华书局1990年版,第621页。
② 《明史·耿九畴传》。
③ 《明清公牍秘本五种》(第二版),郭成伟、田涛点校整理,中国政法大学出版社2013年版,第91页。

理由休弃妇女,但这显然不是整个社会的主流意识,倒是更多的家法族规明确禁止借故出妻。如湘阴狄氏家规规定,族人因嫌贫爱富而令女儿与丈夫分离,或者借故生端,逼迫儿子休退媳妇的,宗族要予以惩罚。①

由于离婚属于不可外扬之家丑,随着离婚耻辱感的强化,出妻逐渐被视作官宦之家中的男人治家无方的结果,会因"治家无状"而"取笑朝列"②。而百姓之家却把不顺从舅姑的子媳赶出去外住,以使其反省,这在江苏、山西都曾发生。

> 江苏睢宁县周广宗供:23岁。丁氏是妻,素性泼悍,常与母亲吵闹,屡训斥不改。乾隆五十四年二月,父亲因小的妻吵闹不过,叫小的带妻搬出另住。

> 山西芮城县李兴堂供:59岁。大儿子李改新娶杨氏。媳妇杨氏生性倔强,小的女人也性情泼悍。姑媳平日不和,时常争闹。小的屡次管教,都总不听。乾隆五十年七月六日,媳妇杨氏又和女人争闹,把家伙打坏。小的叫了妻弟樊祥和杨氏的父亲杨士秀来把杨氏分居,叫她另外吃饭去了。③

可见,"带妻搬出另住""另外吃饭去了"都是采取让子媳单过的方式以缓和家庭矛盾,看来这也是比较普遍而实际的做法。对于贫穷家庭来说,娶妻已经很不容易,加上家庭亟需人手照顾,只要妻子回心转意,丈夫是不愿闹到人财两空、两败俱伤的地步的。明智之人多能认识到婆媳矛盾的客观现实原因,如戴翊清指出:"妇从他姓娶来,与夫之父母兄弟本不相识,亦有世家女的父母教,一入门便能孝翁姑、睦姒娣,然十不得一焉。所赖为丈夫者当妇之初来,先以孝友之型示之,而后察其性情之何如,而徐徐化导。"④

---

① 参见《湘阴狄氏家谱》,1938年本,卷五,《家规》。
② 《续资治通鉴长编》卷六十五。
③ 档案《刑科题本·婚姻奸情类》,议政大臣阿桂等,55·3·22。
④ (清)戴翊清:《治家格言绎义》卷下。

官府处理离婚案件时,亦会本着维护祖宗延续、家庭和好的社会伦理观念进行判决。而那些敢以实际行动反对丈夫休弃威胁的勇敢之女,则会赴县衙控告以求县官主持公道,维护婚姻。县官若"讯明与母家往来,并无错过",则会"断令丈夫领回完聚"①。司法官通过维护妇女婚姻的完整,达到保护妇女的目的。即便妇女有过错,一旦丈夫原谅,司法官亦会顺水推舟,让夫妻好好过日子,不再追究女方的责任。比如广西人李有成的妻子史氏与人私通,李有成发觉后禀明县官,后史氏向李有成赔礼认错,然后李有成向县官禀示:"缘身向在外佣工,身父年近八旬,缺人侍奉,情愿身妻回家,奉养有人。此时身给幼子择期□□②,身子想母情切,悲啼不已。兼之史氏再四央身,着身呈恳□候开释,从此改过自新,跟身收心安度,仰恳天台怜念亲老,开释史氏回家。"县官当然顺水推舟,立即批决:"李氏枷责,开释团聚。"③既然李有成已经原谅妻子,县官当然求之不得。于是,县官要求李有成开具领状后,带领妻子回家。可见,官府在维护婚姻稳定的司法实践中,客观上也保护了妇女的利益。

2. 兼顾与衡平的约束方式

传统中国夫为妻纲,男子掌握离婚的主动权,妇女没有独立的人格。为了限制男权,法律禁止男方无故休妻,保护婚姻生活中无过错的妇女,维护其婚姻稳定。官府在判决中亦充分发挥伦理限制作用,体现出兼顾与衡平的司法特点。自然,维护家族利益和社会伦理遂成为司法理念的核心。因此,任意离弃妻子者,国家予以惩罚,"诸妻无七出及义绝之状,而出之者,徒一年半"④。从《唐律疏议》到《大清律例》,该规定沿袭不改,整体上限制了男子休妻,保护妇女的婚姻。

---

① 档案《刑科题本·婚姻奸情类》,广西抚孙永清,53·5·27。
② 此处系因古籍破损或佚失导致字迹模糊不清,难以辨认。
③ 档案《顺天府全宗》,28·3·189·015。
④ 《唐律疏议·户婚》"妻无七出而出之"条。

同时,同情弃妇、离婚耻辱感的强化等社会因素,客观上也保护了妇女的婚姻。同情弃妇,特别是因无子而被夫家休弃的妇女,魏晋时期的士大夫中就不乏此种倾向。曹植的《弃妇诗》有云:"拊心长叹息,无子当归宁。有子月经天,无子若流星。天月相终始,流星没无精。栖迟失所宜,下与瓦石并。忧怀从中来,叹息通鸡鸣……"如果说曹植重在对比有子、无子之妇境遇的天壤之别,那么曹丕的《出妇赋》则着眼于弃妇的悲凉后世:"伤茕独之无恃,恨胤嗣之不滋。甘没身而同穴,终百年之常期。信无子而应出,自典礼之常度。悲谷风之不答,怨昔人之忽故……"明代心学的代表王阳明,不仅重视人的个体价值,强调心学,而且对被出女性给予深切的同情。如王阳明闻楚人有新娶之妇被休,先后作《么妇叹》五首,集中体现了他对弃妇的无限同情。明初大臣刘基则认为因恶疾与无子而出妻,有违天理,道:"恶疾之与无子,岂人之所欲哉?非所欲而得之,其不幸也大矣,而出之,忍矣哉!夫妇人伦之一也。妇以夫为天,不矜其不幸而遂弃之,岂天理哉?"①同样,明代陈霆在《两山墨谈》中对七出中的恶疾与无子二条亦痛加驳斥:"妇有七去,其五无可言者,至于恶疾无子,则人之不幸也。概于去之之条,则已适为忍人矣。……夫妇人伦之一也,妇以夫为天,今不矜其不幸而弃之,岂天理哉。"②

离婚耻辱感的强化同样影响到了司法实践,加上国家和家族也会奖励守节之妇,这些都消减了七出的适用和妇女的再嫁。经济成本的考虑也是避免出妻的重要原因。对于百姓之家,特别是那些贫穷之家,娶妻是一项很大的开销,负担这项开销已经很不容易了。出妻之后,家里少了一个人手,生活则会更为艰难。尽管唐代以后的法定离婚理由均将不事舅姑列为七出之一,把子媳恭顺舅姑作为基本的家庭生活原则,但实际生活与理想要求相去甚远。面对家庭矛盾的激化,由于经济条件的窘迫,去妻并非解决问题的理想办法。有的父母会采用让小夫妻分出去另

---

① (明)刘基:《郁离子》卷九。
② (明)陈霆:《两山墨谈》,中华书局1985年版,第53页。

过,或者丈夫让妻子出去另住的方式化解争端,也并不以七出弃妻,这也可以从清代婚姻家庭类刑科题本的相关案例中得到证明。如乾隆年间有一案例,"革生妻何氏从前和睦,后因何氏常到街行走,革生同母亲管教不理,故此常争吵。本年正月,何氏不管家务,母亲骂她几句,何氏顶撞,革生看见生气,把她逐出在外,租杨姓房屋另住,并给钱米资她日用,想她改过学好"①。王跃生对刑科题本中的奸情个案的研究亦可为证:"按照规定,休回娘家是将妻子无条件送回娘家。在个案里面,虽有一部分犯奸妻子被休回娘家,但其比例是极低的。"②当教导不起作用时,对于贫苦百姓之家,从经济方面考虑,不求助于七出之条,而采用分家另过的方法,也不失为化解家庭矛盾的主要方式之一。

3. 过错、无过错和折中主义的原则

稳定的婚姻关系可以促进家庭和睦,有利于社会秩序的安定。一旦离婚纠纷数量剧增,离婚成风,国家必然进行干预。传统中国采用过错、无过错和折中主义的混合处理方式,多方位地综合协调离婚时妇女的利益。

在汉代,七出属于过错离婚理由,明确了男子休妻的范围,禁止随便弃妻,并用三不去约束七出,以矫正先秦的任意弃妻之风,可谓明智且必要之举。因为在婚姻生活里,大多数女性品行没有瑕疵,属于无过者,其婚姻需要得到保障。三不去为七出划定了边界,考虑妻子为家庭所作的贡献,防止丈夫忘恩负义,或致使家亡人散的妻子无所归去。

和离属于无过错离婚,考虑夫妻情分,允许两愿离婚。和离涉及男女双方的意愿表达,尽管在古代社会的语境下,很难做到男女公平行使这种看似契约自治的和离权利,但毕竟在责任的分担上没有涉及任何

---

① 此案中,革生把不顺从父母的妻子赶出去另住,令其反省,希望其悔过自新,而没有以七出之条将其休弃。这种情况在其他地区同样存在。参见档案《刑科题本·婚姻奸情类》,大学士阿桂等,嘉庆元年·8·3;议政大臣喀宁阿等,51·7·27。

② 王跃生:《清代中期婚姻冲突透析》,社会科学文献出版社2003年版,第98页。

一方的过错,至少在制度理念上,双方是两相情愿的。

义绝强制离婚,可谓对双方家族矛盾的折中处理,制止伤害行为的升级,避免影响社会乃至国家秩序的稳定。同时,违律婚断离发挥伦理制约作用。至于定婚撤销、男方无法完婚时允许女方解除婚约等处理方式,实乃对实际生活的权变。唐代以后,引礼入律,形成了以七出为基础,以义绝为手段,以和离和违律婚断离为补充,具有综合性、适应性、典型性的立法体系,从而实现婚姻中的人伦大义。

(三) 离婚制度的价值取向

离婚的自由与限制相辅相成,维护妇女利益的同时,也必然会给予男方一定的限制。具体到离婚制度的价值取向,以及离婚自由与限制的关系设置,取决于社会的需要,是个博弈的过程。这不仅是现代中国的实际,而且传统中国与古罗马皆是如此,域外涉及婚变中妇女利益维护的司法判决依据,也不例外。

把感情破裂作为诉讼离婚理由是中国的特色[①],域外比较类似的表述是婚姻破裂,或者婚姻关系破裂,以及共同生活无法维持等。实行此类法定离婚理由的国家并不少见,如法国、德国、瑞士、英国、加拿大、日本、澳大利亚和美国等。然而,与中国无条件、无限制的"感情破裂"大为不同的是,这些国家在选择破裂离婚理由,保障离婚自由的同时,亦设置有阻却离婚事由或者缓和条款,以维护弱势配偶,特别是妇女的利益,对破裂离婚理由作出伦理限制。

1. 域外婚姻破裂诉讼离婚理由的比较

德国民法将婚姻破裂规定为唯一的离婚理由,《德国民法典》第1565条第1款第1句规定:"婚姻如果破裂,可以离婚。"[②]何为婚姻破裂?同款第2句给出了明确的定义:"如果婚姻双方的共同生活不复存

---

① 在当今世界其他国家和地区的婚姻家庭法中,迄今尚无国家和地区以感情破裂为法定离婚理由。仅从这一角度来讲,我国的法定离婚理由可谓独一无二。

② 《德国民法典》(第二版),陈卫佐译注,法律出版社2006年版,第475页。

在并且不可能期待婚姻双方重建此种共同生活,婚姻即为破裂。"①要符合婚姻破裂的概念,必须同时具备两个条件,即共同生活不复存在的事实和无重建共同生活的可能。当然,共同生活不复存在的事实需要法官调查,有学者称之为"诊断"(die Diagenose)。② 德国学者认为,"诊断"主要是考察配偶在"相互共同生活的重要事务上达成一致的能力和意愿"③。为了便于法官判断,《德国民法典》规定了破裂推定的两种情形。第1566条第1款规定:"如果婚姻双方分居一年,并且双方均申请离婚或者申请相对人同意离婚,则推定婚姻破裂,此推定为不可驳回之推定。"该条第2款规定:"如果婚姻双方自三年来一直分居生活,则推定婚姻破裂,此推定为不可驳回之推定。"④只要具备这两种破裂推定的情形之一,法官无需作出调查诊断,即可直接判决离婚。

《法国民法典》规定的离婚理由中,"共同生活不复存在"比较类似于我国感情破裂的离婚标准。"共同生活破裂"的认定标准有两个:《法国民法典》第237条规定:"如夫妻事实上分居已达十年,夫妻一方得以共同生活长期中断为由,诉请离婚。"第238条规定:"夫妻一方精神官能严重损害已达六年,致使夫妻间不能共同生活,且有充分根据预料将来亦无复原之可能时,同前条。"⑤一方据此申请离婚,法官负有审查义务。由于两个标准规定的期限较长,法官易于审查。

英国《1973年婚姻诉讼法》以婚姻破裂为唯一的法定离婚理由。该法第1条第1款规定:"婚姻当事人任何一方均有权以婚姻已经不可挽

---

① 《德国民法典》(第二版),陈卫佐译注,法律出版社2006年版,第475页。
② 参见樊丽君:《德国法定离婚理由研究》,载《北京化工大学学报(社会科学版)》,2006年第2期。
③ 樊丽君:《德国法定离婚理由研究》,载《北京化工大学学报(社会科学版)》,2006年第2期。
④ 《德国民法典》(第二版),陈卫佐译注,法律出版社2006年版,第475页。
⑤ 《法国民法典》,马育民译,北京大学出版社1982年版,第267页。

回地破裂为由,向法院提出离婚申请。本款受本条第 3 款约束。"①第 3 款为离婚诉讼的程序要求,规定"在合理情形下,审理离婚案件的法院应当调查原告指称的事实和被告指称的任何事实"②。此条款中"原告指称的事实"其实就是婚姻破裂的根据,法律要求原告提出第 1 条第 2 款所列举的离婚原因作为婚姻破裂的根据。该法第 1 条第 2 款规定:"审理离婚案件时,法院确信存在下列一项或多项事实的,始得认定婚姻已经不可挽回地破裂:(a)被告有通奸行为,且原告无法忍受与之共同生活的;(b)被告的行为使得期待原告与被告继续共同生活显得不合理的;(c)在提起离婚诉讼之前,被告遗弃原告已持续二年以上;(d)在提起离婚诉讼之前,当事人双方已分居持续二年以上,且被告同意判决的;(e)在提起离婚诉讼之前,当事人双方已分居持续五年以上的。"③具备这五种原因中的一项或多项,法院始得认定"婚姻已经不可挽回地破裂"。由此可见,英国的婚姻破裂并非绝对的、无条件的破裂,而是有严格的认定条件,且法院负有不可推卸的审查义务。

完整意义上的破裂原则始于 1912 年《瑞士婚姻法》,该法第 142 条规定:"对于配偶人发生不可期待继续婚姻共同生活程度的婚姻关系之重大破裂时,配偶双方得随时请求离婚。"1981 年修订后的《瑞士民法典》详细规定"离婚原因",该法第 137 条到第 142 条分别涉及"通奸""生命受危害、身体受虐待或名誉受损害""犯罪与道德败坏""遗弃""严重家庭纠纷"等诸多情形。具体到提起离婚诉讼的权利,瑞士实行差别对待的原则,在前四种情形中,只有受害方可以提起离婚诉讼;在"严重家庭纠纷"情形中,双方都可以提起离婚诉讼,但这仅限于双方都有责任的情况。"如果严重家庭纠纷应主要由配偶一方个人承担责任

---

① 《英国婚姻家庭制定法选集》,蒋月等译,法律出版社 2008 年版,第 56 页。
② 《英国婚姻家庭制定法选集》,蒋月等译,法律出版社 2008 年版,第 56 页。
③ 《英国婚姻家庭制定法选集》,蒋月等译,法律出版社 2008 年版,第 56 页。

的,只有他方配偶才可以诉请离婚。"① 可见,瑞士的离婚原则属于典型的过错离婚原则。

日本和韩国也有相应的离婚理由立法。《日本民法典》在"裁判离婚"中,具体规定了离婚原因:"(1)配偶有不贞的行为;(2)被配偶恶意遗弃时;(3)配偶生死不明时;(4)配偶患重度精神病且无康复希望时;(5)有其他难以继续婚姻的重大事由时。"《韩国民法典》规定的裁判离婚理由与日本的相关规定比较相似,不贞、恶意遗弃和生死不明都是离婚的根据,但对"配偶生死不明"作出三年以上的限制。另外又增加了对双方直系亲属的考虑,"遭受配偶或其直系尊亲属的严重不当对待的;自己的直系尊亲属遭受配偶严重不当对待的",也是离婚的根据。这应当是韩国对传统义绝离婚理由的借鉴。

综上所述,尽管这些国家的法律有不同的文字表述,如"婚姻破裂""共同生活不复存在""婚姻已经不可挽回地破裂""难以继续婚姻""不可期待继续婚姻"等,但均把婚姻关系破裂作为判决离婚的法定理由。

2. 不同意离婚方救济方式的比较

在将婚姻关系破裂作为判决离婚的法定理由的同时,德国、日本、法国、英国等国亦建立不同意离婚方的救济机制:阻却离婚事由或缓和条款。法律综合考虑婚姻生活中的相关利益人的利益,尤其防止离婚给女性和孩子等造成无法接受的伤害,或者令其生活无以为继,所以对法定离婚理由进行伦理限制。

如《德国民法典》第 1568 条设立离婚之苛刻条款:"为婚生未成年子女的利益,如果且只要由于特殊原因而例外地有必要维持婚姻,或者如果且只要离婚由于非正常的情况而对拒绝离婚的被申请人会意味着较为严峻的苛刻,以至在考虑到申请人的利益的情形下,也明显地例外

---

① 《瑞士民法典》,殷生根译,法律出版社 1987 年版,第 31—33 页。

地有必要维持婚姻的,即使婚姻已经破裂,也不应该离婚。"①该苛刻条款基于子女和配偶利益的考虑,禁止离婚。根据德国学者的解释,苛刻条款产生的依据是"持续产生影响的个人对配偶的责任和一直存在的对子女的责任要求他收回他的有合理依据的离婚要求。因此,苛刻条款的目标只能是避免在不恰当的时刻离婚,如果存在被保护者不能接受的极其特殊的情况"②。根据巴伐利亚州的统计,在 1988 年依据苛刻条款离婚的 19696 个案例中,仅有 5 例被拒绝。引人注目的是,主张考虑儿童利益的案例极少,并且没有成功。1981 年以来公布的关于《德国民法典》第 1568 条的判决中,相关判决只有 3 例,其中只有一个案子取得了成功(理由是孩子存在自杀的危险)。③ 苛刻条款只在例外情况下使用,充分体现出其本质,"即使婚姻已经破裂,婚姻在法律上的延续对配偶另一方仍可能存在重要意义,因为婚姻的人身基础丧失后,某些社会功能仍会持续一段时间。此外,保护子女利益的考虑也要求维持一个实际上业已破裂的婚姻"④。因此,"此种苛刻条款针对的是'单方离婚',并且离婚会让不愿离婚的配偶在精神上、社会生活上或经济上遭受非同寻常的困境"⑤。而在实际的生活中,妇女更易遭受非同寻常的困境。

《法国民法典》也有类似条款。《法国民法典》第 238 条第 2 款规定:"如离婚有可能对该配偶一方的疾病造成极为严重的后果,法官得依

---

① 《德国民法典》(第二版),陈卫佐译注,法律出版社 2006 年版,第 476 页。
② 樊丽君:《德国法定离婚理由研究》,载《北京化工大学学报(社会科学版)》,2006 年第 2 期。
③ 参见樊丽君:《德国法定离婚理由研究》,载《北京化工大学学报(社会科学版)》,2006 年第 2 期。
④ [德]迪特尔·施瓦布:《德国家庭法》,王葆莳译,法律出版社 2010 年版,第 176 页。
⑤ [德]迪特尔·施瓦布:《德国家庭法》,王葆莳译,法律出版社 2010 年版,第 178 页。

职权驳回此项离婚申请,第 240 条的规定保留适用。"①该法第 240 条同样也是缓和条款,"如另一方配偶能证明,鉴于其本人的年龄与结婚时间,离婚对其本人与子女在精神与物质上均会引起极为严重的后果,法官得驳回离婚申请"②。此条款是独立的离婚限制条款,从社会伦理出发充分考虑他方配偶和家庭子女的利益,基于他方配偶的实际年龄和婚龄,或者子女自身的情况,以防止离婚导致他们在物质和精神上遭受不堪忍受的特别困难,故而法院在此种情形下应当驳回离婚诉请。

英国限制离婚的条款更为规范明晰,《1973 年婚姻诉讼法》明确规定,离婚造成一方严重困难的,即便有五年分居的事实,法庭也会拒绝作出离婚判决。该法第 5 条分别列举了以下情形,"(1)申请人以五年分居为由,提起离婚诉讼的,被告可以离婚判决将会给其造成严重的经济困难或其他困难,且综合各种情形判决离婚将是错误的为由,反对法庭作出离婚判决。(2)被告根据本条规定反对作出离婚判决时,具有下列情形之一的,法庭应当驳回离婚请求:(a)法庭承认申请人有权以五年分居的事实支持其诉讼请求,但未认定本法第 1 条第 2 款所述任何事实;(b)若除本条规定外,法庭将准予离婚的,则法庭应当综合考虑各种情形,包括婚姻当事人双方的品行、利益和任何子女或其他相关人的利益。经上述考量,法庭认为解除婚姻会给被告造成严重经济困难或其他困难,且综合各种情形后认为作出离婚判决将是错误的;(c)根据本法的立法目的,困难应当包括如果不离婚情况下被告可能获得利益的机会损失"③。英国阻却离婚的条款基于多方面的考虑,首先,经济和其他困难是被告阻却五年分居的破裂婚姻解除的主要理由;其次,即便夫妻存在五年分居的事实,如果没有通奸、遗弃等根本不能共同生活的事实,法院也可依职权驳回离婚请求;最后,基于社会伦理对婚姻进行全方位考

---

① 《法国民法典》,罗结珍译,法律出版社 2005 年版,第 221 页。
② 《法国民法典》,罗结珍译,法律出版社 2005 年版,第 222 页。
③ 《英国婚姻家庭制定法选集》,蒋月等译,法律出版社 2008 年版,第 56 页。

量,既有夫妻双方的品行和利益考量,又包括子女和其他相关人的利益考量,也包括不离婚情况下被告可预期利益的机会损失,以避免错误的离婚判决。为了防止"闪婚闪离",《1973年婚姻诉讼法》明确禁止不满一年婚龄的人离婚,除非有特定事由。该法第3条规定:"禁止结婚未满一年的人提起离婚之诉。(1)自结婚之日起算,结婚不满一年的,不得向法院提起离婚诉讼;(2)本条规定不禁止在该期间届满之前基于特定事项的发生而向法院提出离婚请求。"①从法律上明确阻止草率离婚。

日本曾经是中华法系,在继受大陆法系的基础上,《日本民法典》同样重视对离婚自由的限制,亦有类似阻却离婚的条款,以但书的表达方式概括地规定于第77条"离婚原因"中,法院在考虑有关情事,认为适合继续婚姻时,具有驳回离婚请求的权力。这种笼统的立法留给法官充分的自由裁量权,以衡平离婚中各方利害关系人的权益。

尽管不同国家限制离婚的条款不尽相同,但从家庭伦理道德出发,保障弱势配偶的利益,特别是妇女的利益,以及维护社会公平的理念是一致的。同时,域外破裂离婚理由立法在不同程度上关注过错,且对于原告具有过错和被告具有过错这两种不同情形,法律评价明显不同,过错方获准离婚申请的条件普遍更为严格。这种"差别待遇"恰恰说明,域外国家的法律制约作用与道德导向功能相辅相成,"法律规范与道德规范都建立在共同的价值观基础之上"②。共同强化婚姻责任,使过错方为自己的过错买单,提高过错方的离婚成本,约束离婚自由,有助于对经济和社会地位上的相对弱势方——妇女利益的维护。

3. 离婚中妇女利益维护的价值取向

通过前述比较可见,尽管传统中国与域外国家维护婚变中妇女利益的司法判决在立法理念、程序内容和文化基础等方面都相去甚远,但都不约而同地把社会道德作为法律的重要基础,经由价值观念形成解决离

---

① 《英国婚姻家庭制定法选集》,蒋月等译,法律出版社2008年版,第56页。
② [德]伯恩·魏德士:《法理学》,丁小春、吴越译,法律出版社2003年版,第186页。

婚利益冲突的规则,即以伦理制约离婚自由,保护弱势配偶,特别是妇女的正当权益。这成为传统中国与域外国家立法者对离婚理由的共同价值取向。从一定程度上讲,整个社会的价值观念决定了离婚理由的自由与限制,并直接影响婚姻的离合,因为"在作出关于某种法的规则决定之时,作决定的人的价值观念具有重要的意义"①。

　　传统中国男主外,女主内,无论是在社会地位上,还是在资源占有上,男方都处于强势地位,而妇女明显处于弱势地位,一旦婚姻发生变动,自然对妇女极为不利。因而离婚理由的设定注重利用宗法伦理、道德法律等机制限制男权,协调妇女利益,禁止男方任意休妻,加强男方的家庭责任和义务,因为"人们最需要提醒的事情是他们的义务;因为对于他们的权利,不论是什么权利,他们总会自觉地注意到"②。作为离婚中强势方的男人,其义务更需要被提醒和强化。所以离婚理由旨在制衡处于强势地位的男方,兼顾弱势妇女,从社会伦理出发,对离婚进行限制,官府在判决中也劝和不劝离。可见,强调婚姻责任,维护家庭稳定,满足了以家庭为主体的小农经济的社会需求。

　　当下域外的诉讼离婚理由建立在倡导个体自由的商业社会基础上,婚姻关系破裂是法定离婚理由。自由价值观主导下的破裂主义离婚理由可以最大限度地满足诉请离婚方的利益需求,解除婚姻关系对当事人的束缚。但解除婚姻关系只是离婚法的职能之一,而非离婚法调整社会关系,维护妇女利益等职能的全部内容。有鉴于此,域外大多数国家在实行无过错破裂离婚理由的过程中都秉承一种审慎的态度。比如,从立法上来看,美国只有三分之一的州完全实行这种无过错破裂离婚理由,而更多的州则采取过错离婚理由;英国、德国、日本的无过错破裂离婚理由中则设定有相应的阻却条款,维护弱势配偶方——妇女的利益,对自由离婚作出伦理限制。

---

① ［德］H. 科殷:《法哲学》,林荣远译,华夏出版社 2002 年版,第 154 页。
② ［英］边沁:《政府片论》,沈叔平等译,商务印书馆 1995 年版,第 20—21 页。

即便是在执行的过程中,英国也不断对破裂离婚的运行情况进行评估。1993年,英国法律委员会发表了名为《展望未来:调解和离婚理由》的咨询文件,指出离婚法执行过程中不尽如人意的原因:它允许当事人在未考虑好后果的情况下迅速并轻易地获准离婚;它对挽救婚姻无能为力;它使子女的情况更加恶化;它不公正而且加深痛苦和敌视;它带有歧视性等。① 英国对无过错破裂离婚理由的评价,从根本上说明,衡量法律文明的标准并非自由度。目前我国学界存在一种误区,似乎离婚理由的价值取向越自由、越无过错,文明的程度就越高。这种错误的认识需要澄清。其实,任何自由都是法律约束下的自由。法律的本质是在保障权利的同时,对自由进行约束,从而使人类承担对社会的责任。

离婚自由需要保障,社会伦理呼唤婚姻稳定。过错与无过,有责与无责,自由与限制是离婚法无法回避的悖论。因此,作为司法判决离婚的标准,最起码应该符合两个要素:其一,满足离婚双方当事人的诉求;其二,成为法官在司法判决中兼顾妇女利益的依据,从而发挥引导婚姻向善,维护社会稳定的作用。

法定离婚理由的标准和程序,从整体上决定着未来婚姻的走向。如何把自由离婚的社会破坏性降到最低,从而切实保障妇女利益,成为迫切需要解决的问题。英国曾在这方面进行尝试,试图颁布"1996年离婚法",在不改变感情破裂的离婚标准的情况下,删去关于婚姻破裂的事实认定,而代之以在限定的时间内完成规定的程序,以避免五种离婚事实的认定对当事人感情的二次伤害。② 但冗长的程序和过于漫长的考虑期,使人们怀疑该法的可行性。最后,该法被无限期搁置。尽管此次离婚法改革没有成功,但英国积极探讨婚姻破裂的标准并积极改进的做法值得推崇。该法体现出的重视子女、妇女利益和追求婚姻稳定的理

---

① See Kate Standley, Family Law, Palgrave MacMillian, 1997, p. 94.
② 离婚申请的具体程序,参见 Kate Standley, Family Law, Palgrave MacMillian, 1997, pp. 113-115。

念,为我国离婚理由的完善提供了改进方向和努力目标。

在中国目前社会保障不健全的情况下,感情破裂的离婚理由不受伦理限制,而仅依靠离婚后的救济制度来弥补离婚给相关利益人,特别是妇女造成的损害,很难从根源上解决问题。离婚理由的立法是根本,离婚后的救济制度是辅助,如果根源上有偏差,只靠辅助焉能治本？未来应当进一步完善离婚理由立法中的公平救济,尽量将离婚给处于弱势方的妇女和子女带来的损害降到最低。从程序上进行规范,既保障离婚自由,也维护不愿离婚方的利益诉求,对离婚理由进行伦理限制,势在必行。面对如此时代难题,有必要重新审视传统中国的离婚制度及其结构特点,在社会变迁中剖析观念变化,在比较中总结中国特征,借鉴其从整体考虑、多种手段并用的制度理性,揭示其历史演进的规律和至今仍在起作用的理念,以便在法律制定过程中体现妇女权益保障的文化理念。

总而言之,在男女就业、升职、待遇等诸多方面尚未真正实现平等的社会现实下,需要建构一套有效的制度和司法处理程序,以确保将离婚给当事人及利害关系人带来的伤害降至最低,达到充分关注和维护妇女利益的目的。古代婚姻变动中兼顾与衡平的机制,在禁止男子任意离婚的同时,对处于弱势一方的妇女给予多方面的考虑,这种实现男女差别保护的司法处理模式富有启迪性。

第五章　礼法融合的离婚制度变迁

随着社会的发展,离婚制度出现了从家族本位到夫妻本位、从夫尊妻卑到夫妻双方责任的分担,以及国家干预逐渐弱化的变化趋势。当然,这些变化都是相对而言的。其一,这些变化都是在男女有别、尊卑有差的大框架下发生的,正如"丸之走盘",而"丸之不能出于盘"一样①,还不能从根本上改变传统婚姻的本质,但毕竟发生了激烈的撞击,学界对这些撞击久缺关注,其结果必然是对传统离婚制度的研究流于表面,从而缺乏鲜活的、立体的、动态的描述,结论过于类型化而忽视了传统离婚制度的微观变化。其二,笔者着力探究这些变化是为了丰富对传统离婚制度的认识,尽可能避免"类型学"研究方法上的单一化和模式化②,使对传统离婚制度的认识更加鲜活具体。其三,随着时代的变迁,离婚制度中的一些理念已经失去了效用,有些甚至走向社会发展的反面,成为制约社会进步的阻力,注定要遭到淘汰。前人对于离婚制度中的局限性已经有了很详细的论述,自五四运动以来,这些论述可谓汗牛充栋,批评可谓入木三分。既然前辈的论述已经很充分了,笔者这里不再赘述。本章的意旨在于在尽可能避免道德批判的基础上,力求以比较客观的态度揭示离婚制度中符合社会发展的变化趋势。

---

① 此处借用余英时对传统文化的借喻,参见余英时:《文史传统与文化重建》,生活·读书·新知三联书店2004年版,第7页。

② 关于对马克斯·韦伯"类型学"研究方法的反思,以及对其理论的固有局限的批判,可参见陈景良:《反思法律史研究中的"类型学"方法——中国法律史研究的另一种思路》,载《法商研究》2004年第5期。

第一节　从家族本位逐渐向夫妻本位变化的趋势

唐代离婚制度关注的重心在于家族,其出发点在于维护家族的利益,这在两种主要的离婚制度——七出和义绝上都有明确的体现。宋元之后,离婚制度关注的重心逐渐发生变化,明清离婚制度的变化尤其明显。在离婚的实例中,以家族为考虑重心的七出现象较少见到,而以夫妻感情为考虑因素的和离现象较为常见。义绝制度的变化甚为突出,明代的义绝制度大大不同于以唐代为代表的、重心放在夫妻之外的关系上的传统义绝制度,其立法重心逐渐向夫妻之间的关系靠拢,仅从对丈夫的侵害行为和对妻子的侵害行为两方面界定义绝的具体内容。尽管明代对婚姻关系本身的关注,并不完全从夫妻感情出发,而更多地集中在人伦道德、等级名分,但这相对于过去以家族关系为考虑重心的义绝制度来说也是一种进步。这也表明了婚姻内在合理性的发展,昭示了离婚制度从家族本位逐渐向夫妻本位变化的趋势。

一、家族本位的离婚制度

在唐代,离婚制度整体上以家族为本位,以七出和义绝为主要代表的离婚制度以维护家族利益为出发点。尽管和离制度考虑了夫妻间的情分,但相对于整个离婚制度而言,这仅仅是补充而已,不能从根本上改变唐代离婚制度的家族本位特征。

(一)七出之制中宗法家族利益的维护

七出之制旨在维护家族利益。正常婚姻的表现形式,以女子嫁入男家为标志,"既嫁从夫",此处的"从夫"主要为从夫家。至于入赘等另类婚姻形式,暂不作考察。对于七出的目的,董家遵一语点中要害,即"不是保障婚姻的持久,也不是专给男子以离婚的便利,而是建在宗法主义

的基础上来维持家族的利益"①。礼经对七出(去)的阐释,无一不是从家族的角度进行的。概括来讲,体现在以下几个方面:

一方面,"不顺父母去"被列为七出首条,足见家长的威慑力。毫无疑问,父母的认可是婚姻维持下去的要件。"子甚宜其妻,父母不说,出。子不宜其妻,父母曰:'是善事我。'子行夫妇之礼焉,没身不衰。"②礼的要求是:妇之义,一要顺,"妇顺者,顺于舅姑"③。二要养,"礼无所逆,妇,养姑者也,亏姑以成妇,逆莫大焉"④。对于不可教者,《礼记·内则》曰:"子放妇出,而不表礼焉"⑤。另外,"无子去"的实质还是在强调孝道,从对父母恭敬顺从的身养之孝延伸至对父母承嗣义务的祭祖之孝。"不孝有三,无后为大"⑥,"无子"是最人的不孝。在强调尊宗敬祖的宗法礼制中,断了祖宗的血食和香火,即是对尊长权力最大的冒犯,不可饶恕,亦是后辈最严重的不尽本分的行为,"因为没有子嗣的人将没有自己的后代,这破坏了对家族世系的孝敬之责"⑦。

另一方面,"窃盗去"是因为妻子偷盗家庭的财物必然会破坏同居共财。按照礼的要求,妻子没有取得财产的权利,"子妇无私货,无私畜,无私器,不敢私假,不敢私与"⑧。妇女擅自处分夫家财产,包括"私假""私与",即构成"窃盗"。因此,这里的"窃盗"只是指对夫家财产所有权的侵害。

可见,此处的"窃盗"主要是指妻子私自拥有财产的行为,对此类行为采取休弃的方式处理,最终使家庭的物质基础得以维护。另外,古籍

---

① 王承文编:《董家遵文集》,中山大学出版社2004年版,第174页。
② 《礼记·内则》。
③ 《礼记·昏义》。
④ 《左传·襄公二年》。
⑤ 《礼记·内则》。
⑥ 《孟子·离娄上》。
⑦ [美]白馥兰:《技术与性别——晚期帝制中国的权力经纬》,江湄、邓京力译,江苏人民出版社2006年版,第75页。
⑧ 《礼记·内则》。

中记载,有人让女儿在夫家多积私财,以便休回娘家时多带些财物。"卫人嫁其子而教之曰:'必私积聚。为人妇而出,常也;其成居,幸也。'其子因私积聚,其姑以为多私而出之,其子所以反者倍其所以嫁。其父不自罪于教子非也,而自知其益富。"①《韩非子·说林上》中所讲的这对父女在婚姻成立前就已经预见了未来婚姻会解体,所以,该女子不仅很好地保护了自己的财产,而且还把夫家的部分财产据为己有,于是出现"其子所以反者倍其所以嫁"的结果。《淮南子》中也有宋人教女私藏之例。"宋人有嫁子者,告其子曰:'嫁未必成也。有如出,不可不私藏。私藏而富,其于以复嫁易。'其子听父之计,窃而藏之。君公知其盗也,逐而去之"②。《韩非子·说林上》《淮南子·氾论训》中的讲述栩栩如生,不排除有夸张和想象的成分,社会上也未必确有其人其事,再加上目前缺乏其他因窃盗而被出的案件材料作为佐证,故上述讲述不能完全作为信史,但著者既然能够信手拈来地举例,至少表明社会上确实存在"多私而出"的现象。

此外,家族声誉及内部和谐应予维护。"淫去""妒去""有恶疾去""多言去"均属要求妻子洁身自好,加强妇德,强化伦常关系。古代有观点认为,"淫""妒""多言"之类的行为发生,往往是因为妻子自身的妇德不好,妻子主动而为之,破坏家庭和睦。淫乱有损祖宗血脉的纯洁性,嫉妒则会使妻妾之间发生争斗,多言易引起亲族之间不和,最终导致家庭声誉败坏,即"淫,为其乱族也;妒,为其乱家也……口多言,为其离亲也"③。尽管"有恶疾"不能看作妻子自身的妇德不好,但恶疾、体臭等属于妻子身体不洁,会影响家庭生活。特别是在和尊宗敬祖之事联系起来时,显得尤为严重,"有恶疾,为其不可与共粢盛也"④,即有恶疾之人不

---

① 《韩非子·说林上》。
② 《淮南子·氾论训》。
③ 《大戴礼记·本命》。
④ 《大戴礼记·本命》。

能和丈夫共祭祖先,以免造成祖宗血食不洁净。在传统中国,参与祖先祭祀是每个家族成员重要的职责,妻有恶疾对夫家造成的不便虽不仅限于祭祀,但仍以此为主要的出妻理由。

唐代七出继承了汉代经学大师力求重建礼制秩序的基本精神,把七出建构在宗法家族利益之上,引入律文使其进一步规范化,迎合了上层统治者强化伦常关系、稳定家庭秩序的要求。这种体现家庭意识、维护家庭整体利益的理念,亦成为贯穿后世七出制度的基本精神。

(二) 义绝制度中的家族利益考量

义绝制度建构的初衷是维护婚姻中两个家族之间的利益,是家族本位主导下的制度。唐律规定的义绝情形主要关涉伤害双方家族利益的行为,集中于夫妻关系之外。殴伤行为中,夫族和妻族之间的自相残杀必然导致婚姻的解除,最能体现婚姻中家族利益的重要性。唐代这种家族利益之下的义绝制度的出发点是维护婚姻大义。既然婚姻是"合二姓之好"①,那么两姓之间打骂斗杀,便证明已经没有和平共处的基础了,断绝"家族外交"就是势所必然。

至于奸非行为,则主要从伦理道德的角度替双方的家族考虑。妻或夫的犯奸行为都是干名犯义之行,对人伦道德的防线构成了威胁,此种行为必然会造成双方家族关系的不和谐,强制离异可以称得上是净化社会风气之举。

二、夫妻本位初显的离婚制度

所谓夫妻本位,是指离婚制度关注的重心在于夫妻关系本身。由于中国传统家族社会的性质没有从根本上改变,故而离婚制度也不可能完全表现为夫妻本位,但随着社会的变化,离婚制度本身亦在发生变化。这些变化首先表现在义绝制度上,即渐失家族性而更加关注夫妻个人的

---

① 《礼记·昏义》。

利益。另外,在具体的离婚案件中,当事人所关注的也多是夫妻之间的感受,而不仅仅是家族的整体利益,因此往往会把离婚的原因归结为夫妻不和,很少援引七出的条款。这些变化足以说明,在家族社会的内部,离婚制度已经初显向夫妻本位转变的趋势。

(一) 义绝制度中夫妻本位的呈现

义绝制度从元代开始出现了比较明显的变化,元代立法者的务实性在一定程度上决定了其对义绝行为的认定更多关注夫妻之间的侵害行为。元代司法实践中的判例对于义绝制度的发展变化起着承前启后的作用。通过前文提到的王用"逼令妻妾为娼"案、谭八十一"将妻卖休转移"案、钱万二"虐待殴伤妻子"案等明确将逼令妻妾为娼、嫁卖妻子、虐待殴伤妻子之类的行为认定为义绝行为,在司法实践中都作为义绝处断,判决女子归宗。把这些案例中侵害妇女权益的行为都作为义绝来处理,判决夫妻离异,显示出元代对义绝已经有了新的认识。法司已经认为,丈夫虐待殴伤妻子的行为使婚姻本身无法继续维持。由此可见,元代对夫妇之道的认识大不同于唐代。唐代夫妇之义更多建立在对双方家庭的责任上,而元代更注重夫妻双方的感情。遍观唐宋时期有关义绝的相关律文,只规定"妻欲害夫者"构成义绝,而对于丈夫的行为则无相关规定。可见,元代义绝判例的过渡作用极为关键,既避免了一味沿袭唐代重视家族利益的义绝制度可能出现的脱离婚姻生活实际的僵化,又在一定程度上维护了婚姻中夫妻双方的利益。

元代出现这种颇具进步意义的义绝制度,并非仅仅是历史的偶然。

其一,元代的断例实际上集司法与立法于一体。在前述李先"强奸继子妇并殴妻"案中,司法人员就认为,李先的殴妇行为"若断义(绝)离异,不见妻告夫罪之定例"①,此中的"例"就是指断例。从中可以看

---

① 《元典章》卷四十一,刑部三,"内乱·妻告夫奸男妇断离"。

出,断例在元代义绝判决中的作用。元代的义绝不仅在处罚和范围上出现变化,且法司对夫妇之义有了新的认识,并力求在判决中协调新旧规定之间的冲突。

其二,义绝制度的变化也与元代统治者务实的立法精神,以及对法律技术的灵活运用相关联,同时亦是其重视判例编纂的结果。如元仁宗即位之初,"命右丞相阿散、平章政事商议中书省事刘正等,择开国以来法制事例,汇集折衷,以示所司。其大纲有三,一曰:诏制,二曰:条格,三曰:断例"①。元英宗至治三年颁布的《大元通制》共2539条,其中除诏制、条格、别类外,有断例717条。元顺帝至正六年颁行《至正条格》,其中"诏制百有五十,条格千有十百,断例千五十有九"。这为明清例的发展和律例合编的法律形式的产生奠定了基础。②

其三,法司断案时往往直接引用成例。《新元史》记载:"今天下所奉行者,有例可援,无法可守……内而省部,外而郡府,抄写格条,多至数十册……民间自以耳目所得之敕旨条令,杂采类编,刊行成帙,名曰断例条章,曰官民要览,家置一本,以为准绳。"③相对于薄弱的制定法,判例法更能适应元代复杂的社会现实,故而断例受到了元代立法者的重视。元代的婚姻制度如其他制度一样,"取一时所行事例,编为条格"④,更符合社会的实际。加上这些断例都来源于实际的民间生活,由此形成的条格自然易于人们遵守,便于对民间的婚姻生活产生约束力。元代义绝判例更具务实性,其对义绝的扩充更多立足于夫妻之间的侵害行为,这为明代重新解释义绝奠定了基础。

到了明代,干名犯义条小注中分别列举了对夫妻双方的一系列侵害行为。对丈夫一方来说,主要是"妻父母将妻改嫁,或赶逐出外,重别招

---

① 《新元史·刑律上》。
② 参见武树臣主编:《判例制度研究》,人民法院出版社2004年版,第11—12页。
③ 《新元史》卷一百九十三·列传第十九。
④ 《新元史·刑律上》。

婿,及容止外人通奸"①。对妻子而言,则包括丈夫"本身殴妻至折伤,抑妻通奸,有妻诈称无妻,欺妄更娶妻,以妻为妾,受财将妻妾典雇,妄作姊妹嫁人之类"②。一旦这些情形出现,夫妇即构成义绝,婚姻关系解除,夫妻双方不再负干名犯义的刑事责任。

可见,明清律例中义绝的关注重心大不同于唐代。唐代义绝规定的那些犯罪行为很明显侵犯的是家族利益,立法者关心的是夫妻双方的亲属之间是否和睦。而明律的新解释则更多关注婚姻关系本身,与家族的关涉不大。从丈夫受到的伤害来看,妻子的父母改嫁其女、重招新婿、赶女出门抑或收留其与外人通奸,这些义绝情形,侵犯的都是丈夫本身的利益。明律还对妻子受到的伤害给予了更多的关注,限制丈夫伤害妻子人身和名分的行为。很明显,义绝制度已经逐渐趋向于夫妻本位。

(二) 七出与和离运用的变化

明清以后,由于对官员离婚的限制增多,离婚的耻辱感逐步强化,上层社会中的离婚现象极少。但上层社会毕竟只是少数群体,不能代表整个社会的离婚状况。以对清代的上层士绅的统计数据为例,"19世纪前半期,它的总数已达到100余万,给人以深刻的印象。如加上其家族成员,总数可达550万,相当于总人口的1.3%"③,从当时上层士绅仅占全国人口1.3%的比例看,其远不能反映整个社会的情况。因此,考察离婚制度的整体变化情况,必须借助地方档案。比如乾隆时期《刑科题本·婚姻奸情类》共涉及480多对夫妻,除极少数的身份是底层士绅家庭的生员、贡监等外,绝大多数都是寻常百姓;涉及省份广泛,尽管各个省份数量不等,但几乎每个省份都有,其中直隶60对(包括3对旗人),江苏

---

① 《大明律》卷第二十二。
② 《大明律》卷第二十二。
③ 参见张仲礼:《中国绅士研究》,上海人民出版社2008年版,第113页。

53对,河南49对,山东40对,湖南32对,湖北31对,安徽31对,山西26对,浙江25对,四川24对,广东23对,江西22对,陕西21对,甘肃12对,福建10对,广西10对,贵州6对,云南5对,盛京2对,宁古塔1对①,较好地反映了普通民众的离婚情况。清代丰富的地方档案,有助于了解整个社会的婚姻状况,从一定程度上说明法定离婚制度的变化趋势,可以发现因夫妻不和而离婚成为其中的主流,而较少援引七出条文来离婚。

地方档案记录的离婚案件中,因为夫妻不和而离婚的和离案件比较常见,而援用七出条文的很少看到。所以,陈鹏先生得出结论:"盖明清以降,俗忌离婚,宁忍淫秽,不敢轻言出妻。七出之文,虚设而已。"②王跃生通过研究大量婚姻家庭个案,认为清代中期,丈夫被赋予的七出之权并没有被广泛利用,或者说,大部分符合七出的妻子并没有被丈夫逐回娘家。具体来讲,除通奸个案中有明确的休弃行为外,其他七出条文的落实是很少见的。③ 七出的规定已经缺乏实际的意义,"实际上不过是作为某种程度上不自觉地被历代传说的惯用语,并没有考虑所有七个离婚理由的真正价值"④。

明清律文皆有规定,妻子虽有恶疾,但只要具备三不去的条件,不得出妻。这一时期的官府不轻易判决离婚,强调家庭稳定,以免家庭破裂导致社会问题。明人谢肇淛在《五杂俎》中指出,当时非重大原因,一般不得出妻。一些宗族也有类似的主张,清代道光时修撰的湖南《匡氏续修族谱》的家规规定:凡族内子孙,妻妾如果没有七出和义绝的表现而擅

---

① 统计数据来源于郭松义:《伦理与生活——清代的婚姻关系》,商务印书馆2000年版,第150页。
② 陈鹏:《中国婚姻史稿》,中华书局1990年版,第621页。
③ 参见王跃生:《清代中期婚姻冲突透析》,社会科学文献出版社2003年版,第125页。
④ 参见[日]滋贺秀三:《中国家族法原理》,张建国、李力译,法律出版社2003年版,第385页。

自出妻者,杖八十;虽犯有七出但符合三不去而仍出妻者,仍将原妇配归本夫。可见,当时一些宗族也限制男子随意休妻。①

唯独犯奸者,排除在三不去之外。犯奸者原则上由丈夫全权处置,即使丈夫将其嫁卖,法律也不予以干涉,把犯奸的妻子排除在法律保护范围之外,足见这一时期对妇女犯奸行为的重视,对妇女贞操的强调。即使丈夫嫁卖妻子,从中渔利,破坏婚姻之义,法律也不制止。显然,立法者极为重视犯奸行为,把这种行为视为不可饶恕的行为,她们即使被丈夫嫁卖,也不能激起立法者的同情,法律也不会对她们进行救助。这其实是与法律规定相矛盾的,一则,明律规定,嫁卖妻子属于法律禁止的行为;二则,明代以后,嫁卖妻子属于法定的伤害婚姻之义的义绝情形。

明清加重了对犯奸的处置。只要妻子犯奸,丈夫的嫁卖就会被合法化,足见,明清的主流社会把女子犯奸看作一件无比严重的行为。一旦有此类行为,妻子就不受法律保护,而由丈夫全权处理,丈夫无论是选择去妻,还是将其嫁卖,法律都不予以干涉。这较唐代的处罚严重得多。唐代只是把犯奸排除在三不去之外,即妻子犯奸,丈夫可以休妻,也可以不休妻,由其选择,但绝不允许丈夫嫁卖妻子,最起码没有在法律上把丈夫嫁卖妻子的行为合法化。从犯奸的妻子不受三不去的保护,到将嫁卖妻子的行为合法化,这种变化显示出男子对妻子性的独占欲呈强化趋势,而对自身的性行为却较少约束。可见,明清时期掌握立法话语权的男性对女性的贞洁束缚已经到了无以复加的地步。

尽管法律如此重视犯奸行为,赋予男方单方面的嫁卖之权,但在实际的婚姻生活中,即便出现犯奸之事,男方也多是隐忍、和息解决。

如前文所述,李有成的妻子史氏与人私通,被丈夫发觉,最后也是和息解决。首先是史氏向丈夫赔礼认错,然后李有成向县官禀示,妻子"从

---

① 参见常建华:《婚姻内外的古代女性》,中华书局2006年版,第101页。

此改过自新,跟身收心安度,仰恳天台怜念亲老,开释史氏回家"。既然李有成已经原谅妻子,县官当然求之不得,于是在李有成开具领状后,让其带领妻子回家。①

另有陈秉魁,与人佣工度日,妻子董氏受人挑拨,向陈秉魁表示家里太苦,不能共同生活,出逃到一个叫吴楚的人家中,要求离异。控县后,经私下调解,陈秉魁称其妻已回心转意,加上他急欲回到主人那里做工,实难久久耽搁,故请求撤诉。县官批示:"故准如呈免究销案,票撤销。"②就这样,一场离婚案便宣告结束。

王跃生对刑科题本中奸情个案的研究亦可为证:"按照规定,休回娘家是将妻子无条件送回娘家。在个案里面,虽有一部分犯奸妻子被休回娘家,但其比例是极低的。"③

至于官宦大族,更是不愿将此类家丑对外张扬,或选择私下调解,或绳之家法,总会想办法自我消化,即便有坚决要求离异的,也很少会闹到官府县衙。

清代七出几乎成为具文,离婚中广泛引用夫妻不和作为缘由,恐怕不仅仅是"丈夫及其家人对'七出'思想的发挥,是'七出'作用的扩大化"这一说法所能全面涵盖的④,应该是有多种原因的。

其一,夫妻关系越来越受到重视,从某种程度上已经超过了对家族关系的考虑。特别是在一般百姓家庭的婚姻生活中,由于他们的家族关系不像士绅豪族那么复杂,相对而言,这一点表现得更为明显。从那些档案资料所引述的案例中也可以看出,不管是男方还是女方,一般都是谈论夫妻之间的关系、矛盾、冲突等,几乎没有涉及与家长或其他亲属的冲突。夫妻双方都会把对婚姻生活的期望建立在对方的行为表现上,从

---

① 参见档案《顺天府全宗》,28·3·189·015。
② 档案《顺天府全宗》,28·3·169·127。
③ 王跃生:《清代中期婚姻冲突透析》,社会科学文献出版社2003年版,第98页。
④ 参见王跃生:《清代中期婚姻冲突透析》,社会科学文献出版社2003年版,第122页。

社会发展的角度来看,这是一种进步的表现,符合婚姻生活的要求。

其二,回避七出而引用和离,说明七出的专断性已经为越来越多的人所认识。那些仅仅以女方的缺陷或行为而单方面将婚姻过失归责于她的行为方式实在有失公平。

士大夫对七出的批评仅停留在认识上,而实际中更有勇敢之女以实际行动反抗丈夫的休弃威胁,赴县衙控告以维护婚姻。

> 广西临桂县李氏供:李贤明为丈夫,生有两个儿,素来和好。因丈夫性情不好,时常发性叫骂。乾隆五十二年正月五日,小妇人因兄弟李正柏患病,回去探望,二十二日回来。丈夫说小妇人恋住母家,把小妇人逐出,是亲族们理劝,丈夫仍把小的收留。二月十日,小妇人又去娘家上父亲的坟,丈夫说小妇人不管家务,把小妇人逐出。小妇人告诉叔子李选艳,他领小妇人到代书处做了一张状纸,赴前县主案下控告。当讯明与母家往来,并无错过,断令丈夫领回完聚。到十月九日,小妇人又去母家住了两日,回来被丈夫骂了一顿。……小的叔子李选艳、堂兄李正度知道,前来理论。李选艳说小的侄女来娘家走动也没什么不是,难道断绝往来?大家争闹、互殴,李正度伤丈夫身死。①

李氏因丈夫无理赶逐自己,竟能做了状纸,去县衙控告,勇气可嘉。但由于她喜欢去娘家走动,引起丈夫李贤明叫骂,双方家庭矛盾升级,娘家亲属前来理论,互殴乃至伤及人命。这比较真实地再现了因夫妻矛盾引发家族冲突,乃至发生命案的情况。

总之,传统婚姻并不都是夫唱妇随、举案齐眉、和睦融融;也并非所有的女性都是儒家理想中的贤妻良母。和离的根源肯定是"情不相得",无论是男方休回,还是女方求去,都算作和离,这应该是没有问题的。虽然并非所有的夫妇都能像士大夫那样对七出有深刻的认识,但在

---

① 档案《刑科题本·婚姻奸情类》,广西抚孙永清,53·5·27。

潜意识中,人们还是能够感觉到七出的不尽合理之处,在这种情况下,人们很自然地就会倾向选择以夫妻不和为缘由的两愿离婚,即和离。这种夫妻双方分担婚姻矛盾冲突的模式相对来说更适合维护夫妻双方的颜面,迎合了中国人中和的思维方式。但最后往往还是丈夫采取主动,一纸休书将妻子休回娘家,使男人的尊严得到维护,"夫妻不和这种由双方引发的矛盾也要由妻子一人承担责任或过失,以带有侮辱性特征的休弃方式来将妻子赶出家门。夫妇矛盾的这种解决方式与传统社会从夫居婚姻、与家庭财产的男系继承有密切的关系"①。但这相对于专断的七出来说,毕竟有所进步,承认对于婚姻的破裂,男子也有责任,是双方都不和睦,而非女人一己之过,考虑了女方在婚姻中的感受,重视她们的需求。在男尊女卑的男权社会,在崇尚百善孝为先的家长制时代,留出夫妻双方意识表达的空间,是和离制度极为可贵的地方,也是古代离婚制度中极为可取之处。

第二节 从男权主导逐渐向夫妻双方责任分担变化的趋势

离婚制度建构之初,对夫妻双方责任义务的设定就不对等,充分体现了古代中国传统社会的男尊女卑。但是,随着离婚制度中家族本位的逐步淡化,对婚姻关系本身的关注日益增强,愈来愈重视女性一方的权益,夫妻双方的责任亦渐渐向平等化的趋势演进。

一、夫尊妻卑的离婚制度

在男权占统治地位的传统社会,唐代离婚制度的设定处处体现夫尊妻卑,贯穿着男权主义的基本原则。

---

① 王跃生:《清代中期婚姻冲突透析》,社会科学文献出版社2003年版,第122页。

(一) 七出制度对男权的维护

七出是男子单方面休妻的制度,不需要征得女方的同意。只要男方或其家长认为女方的行为符合七出的规定,写立休书,就可以出妻。虽然在制度设计上,适用七出时有三不去作为限制,但这并不能改变男权占主导地位的七出离婚制度的本质。

男方不用为七出承担任何责任。特别是无法生育子女,无法延续家族的香火,这实非女方一人之过,但也允许男方堂而皇之地把妻子赶出家门,通过去妻的方式,使女方承担无子的全部责任。

(二) 夫尊妻卑的义绝制度

唐代的义绝制度是夫尊妻卑的代表。在唐律所列举的义绝情形中,除"夫妻祖父母、父母、外祖父母、伯叔父母、兄弟、姑、姊妹自相杀"①外,其他四个方面都体现了夫尊妻卑,妻子的责任义务明显重于丈夫。对于"殴伤"行为,丈夫需达到杀害或殴伤的伤害程度才构成义绝;相比之下,妻子则只要有出言不逊的骂詈就构成义绝。对于"奸非"行为,对妻子来说,只要与丈夫缌麻以上的亲属相奸,就构成义绝;而对于丈夫来说,仅限于与妻之母相奸的行为。"谋杀罪"更是对妻子单方提出的要求,妻子意欲谋害丈夫就构成义绝;而对于丈夫一般程度的伤害妻子的行为则没有任何限制。显然,唐代义绝制度的规定是男尊女卑的体现。在男尊女卑的社会中,凡涉及夫妻关系,法律皆明确规定"妻从夫"的原则。妻在法律上相当于卑幼,夫在法律上相当于尊长,二者的地位悬殊。这在《唐律疏议》中说得再明白不过了:"其妻虽非卑幼,义与期亲卑幼同。"②

婚姻中强调男尊女卑,尤重妇德,做好内助是女子的天职。《礼记·内则》曰:"女子十年不出,姆教婉娩、听从,执麻枲,治丝茧,织纴组,学女事,以共衣服。"女子的天职就是烧饭做衣,如《诗经·小雅·斯干》中

---

① 《唐律疏议·户婚》。
② 《唐律疏议·斗讼》"告缌麻卑幼"条。

的"无非无仪,唯酒食是议"。《列女传》中的孟母说得更明白:"夫妇人之礼,精五饭,幂酒浆,养舅姑,缝衣裳而已矣。故有闺内之修,而无境外之志。"①可见,在古人看来,女子的天职是主内,操持家务,对于丈夫的一切安排,包括舅姑的一切指令都必须言听计从,尤重四功,"教以妇德、妇言、妇容、妇功"②。德指贞顺,言指辞令,容指婉娩,功则指丝枲。四功中首要的是妇德,即顺从。儒家学者又附会以阴阳之义,进一步固化男尊女卑的观念。如《白虎通义》云:"庶人,称匹夫者。匹,偶也。与其妻为偶,阴阳相成之义也。"③"地之承天,犹妻之事夫,臣之事君也,谓其位卑。"④在义绝制度中,男女双方的法律地位相差悬殊,就是由男尊女卑的男权文化所决定的。义绝制度的设定最终也未能避免男尊女卑的社会对男性的特别照顾。个人的幸福只能建立在经济独立之上,婚姻也不例外。如果社会没有为女性安排赖以独立的舞台和空间,她们唯一的选择可能就是逆来顺受,否则只能招致厄运。

二、夫妻双方责任分担的趋势

在中国古代夫尊妻卑的主流文化中,尽管不可能真正出现男女平等,但随着离婚制度的历史演进,离婚的要件在不断变化。除原有的以三不去限制男子随意休妻外,还出现了一些保护女方的条款,更加重视作为妻子一方的利益,使丈夫伤害妻子的行为得到一定程度的遏制,重视双方责任的分担。

(一)女方一定条件下的离婚主动权

宋代的法律原则上允许妇女改嫁,不仅寡妇、被出之妻均可改嫁,而且在一定条件下,女方也可以主动提出离婚,如果丈夫"已成婚而移乡编

---

① 《列女传·母仪传·邹孟轲母》。
② 《礼记·昏义》。
③ 《白虎通义》卷一。
④ 《白虎通义》卷四。

管,其妻愿离者听";如果丈夫"出外三年不归,亦听改嫁"。① 其他诸如夫妻之间关系不好、感情破裂等情况均可离异。离婚之后女方可以改嫁,北宋前期规定宗室女不得改嫁,南宋则废止了这一规定。有学者研究后认为:宋代对于妇女改嫁,绝非愈禁愈严,反倒是限制越来越小,越放越宽,唐宋两朝对待妇女再嫁,实无制度性的显著变化,若有变化也是唐代较严,宋代较宽。但是,离婚权、改嫁权并不属于女子本人,而属于女子的父母。② 贾贵荣的《宋代妇女地位与二程贞节观的产生》指出宋代男女青年在一定程度上还有自由结合的可能,在建构自己的生活时,女性亦有一定的自主权。③ 亦有学者认为,宋代颁行了一些新的婚姻法规,其中出现了某些有利于妇女离婚与再嫁的条文,在司法实践中被一些政府官员认真执行。④

前人往往根据"饿死事小,失节事大"的理学观念认为宋代再嫁不易,贞节观已经确立。实际上,近些年的研究表明,程朱理学并不是宋代的官方哲学和主要统治思想,理学家的观点对当时人们生活的影响还不是很大。宋代关于妇女守节的记载比唐代多,主要原因不是贞节观的要求,而是妇女所附加的经济和其他角色愈益重要,诸如夫族要确保其财产归于夫家,公婆及夫族需要确保子女留在夫家之中等,因此当时有些人认为寡妇不应当再嫁。同时,随着理学在社会上的影响日渐扩大,南宋中期之后,礼教的观念已日益受到人们的重视,宋代的贞节观开始从宽泛向严格过渡。⑤

---

① 参见《名公书判清明集》卷九。
② 参见张邦炜:《宋代婚姻家族史论》,人民出版社2003年版,第162—164页。
③ 参见贾贵荣:《宋代妇女地位与二程贞节观的产生》,载《山东社会科学》1992年第3期。
④ 参见邓小南主编:《唐宋女性与社会》,上海辞书出版社2003年版,第909页;郭东旭:《宋代法制研究》(第二版),河北大学出版社2000年版,第428—431页。
⑤ 相关的研究主要有:吴旭霞:《试论宋代的贞淫观》,载《江汉论坛》1989年第5期;宋东侠:《宋代士大夫的贞节观》,载《中州学刊》1989年第5期;舒红霞:《宋代理学贞节观及其影响》,载《西北大学学报(哲学社会科学版)》2000年第1期;等等。

元代、明代、清代继承了宋代关于丈夫"移乡编管""出外三年不归"的情况下,女方可以主动提出离婚的立法,赋予女方一定条件下的离婚主动权。在义绝制度中,也出现了一系列保护女性的条款,这些在义绝制度的演进中表现得甚为突出。

(二)对妇女一方利益的日渐重视

在前述元代的一些义绝判例中①,针对卖休买休、逼令妻妾为娼、虐待殴伤妻子等侵害妇女的行为,国家权力介入,强迫婚姻解除,令妻子归宗。这些救济行为尽管不能和今天健全的救济机制如民事赔偿、精神赔偿,甚至刑事附带民事赔偿等相提并论,但在男权社会,元代司法官员能够从维护妇女权益的角度出发,对丈夫的侵害行为进行制止,已经具有巨大的进步性。特别是前述钱万二"虐待殴伤妻子"案中,杭州路法司认为,钱万二对狄四娘的虐待造成了对夫妇之义的损害,二人已经"似难同居"了。此处杭州路法司已经注意到了婚姻中男女双方当事人的感受,认为丈夫虐待殴伤妻子身体的行为已经使婚姻本身无法再维持了,这种对婚姻质量的关注,的确难能可贵。虽然这些未必能从根本上改变男权社会中妇女受虐待、奴役的现象,但其在倡导人伦、重视风化的同时,还是对丈夫为所欲为的暴行起到了限制的作用,对女性权益有所保护。虽然这种"听离""离异""离""归宗"的救济方法现在看来是极为软弱无力的,但在当时却是帮助女性逃脱婚姻苦海的最有效的方法,也是对男子最有效的制裁。② 元代的义绝制度不再局限于唐代的五种法定情形,只要是伤害夫妇之义的行为都被视为义绝。这种扩充性解释具有积极意义,充满了人本主义的关怀,既避免了无辜女子在受到

---

① 参见《元典章》"休弃·离异买休妻""嫁娶·夫自嫁妻""纵奸·逼令妻妾为娼""不义·将妻沿身雕青""内乱·妻告夫奸男妇断离"等。

② 比如在关汉卿的爱情剧《赵盼儿风月救风尘》中,主人公赵盼儿巧施妙计,展尽手段,就是为了骗得周舍出具休书一封,最后救出她的好友宋引章,使其逃出周舍的魔掌,摆脱婚姻的折磨,重新获得自由。

丈夫的摧残后,再次遭受刑罚之苦,又制止了丈夫的侵害行为,从长远来看也有利于维护整个社会婚姻的稳定。

综上所述,元代判例实践对义绝制度的发展和完善起着承前启后的作用,既摆脱了对前朝可能出现的不切合婚姻生活实际的立法的过多沿袭,同时在一定程度上限制了男性的肆意妄为,体现了对妇女的人身保护,对明清义绝制度产生了巨大的影响。

(三)对夫妻个人利益关注的凸显

明清义绝制度关注夫妻个人的利益,其涉及的侵害行为多与婚姻关系本身的状况有关,而与家族的关涉不大,其关注重心大不同于唐代。

其一,丈夫受到的伤害逐渐引起重视。在丈夫受到的伤害方面,唐代有关的法律规定只有一条,即妻子意欲谋害丈夫;明清则进一步把妻父母改嫁其女、重招新婿、赶女出门抑或收留其女与外人通奸等行为均作为义绝情形。这些侵犯的都是丈夫本身的利益,剥夺了其作为丈夫在婚姻中享有的专属权。

其二,女性人身权益受到关注。首先,将丈夫殴妻至折伤的情形作为义绝来断离,这是限制男权、保护女性的进步立法。其次,将抑妻通奸、嫁卖妻妾之类的行为也作为法定离异理由,是对滥用男权的惩治,也保护了妻子的身心健康。最后,"有妻诈称无妻,欺妄更娶妻,以妻为妾"之类的行为,侵犯了妻子的名分,制止该行为可谓对妻子人格权的维护。

第三节　离婚的国家干预力弱化

在离婚制度中,除对于和离国家不予以干涉之外,对于其他几种离婚情形,国家都会根据具体情形科以不同的处罚。这些处罚往往因时代而异,总体上是渐趋减轻的。国家强制离婚也从无条件服从到可选择离异,足见国家的干预力呈弱化趋势。

一、离婚涉及的刑事处罚逐渐减轻

义绝在唐代入律后,对拒不离婚者,法律要追究当事人的刑事责任,处以徒刑一年。① 如夫妻双方都不愿离异,则按"造意为首,随从者为从"的原则处罚。宋代的义绝律文基本上沿袭了唐代的规定,处罚也相同,即"合得一年徒罪"②。

据现存的史料看,元代时,有关义绝的处罚发生了变化,"犯义绝者离之,违者杖一百"③。明律关于义绝的处罚进一步减轻,"若犯义绝应离而不离者,杖八十"④。清律关于义绝的处罚规定完全沿袭了明律。

其他无故离婚的处罚亦逐渐减轻。唐律对无故出妻者,处以徒刑一年半,即"诸妻无七出及义绝之状,而出之者,徒一年半"。明清对无故出妻者的处罚则明显减轻,"凡妻无应出及义绝之状而出之者,杖八十"⑤。

有关离婚的刑事处罚变化很明显,从唐宋时的徒刑一年半或一年,到元代的杖刑一百,再到明清的杖刑八十。这种变化发展趋势说明,随着社会的发展,国家对婚姻的干预力在逐渐减弱,对离婚刑事处罚的力度亦渐趋减轻。

二、强制离婚的可选择性日益增强

由于七出与和离分别属于夫家单方面离婚和夫妻两愿离婚,不属于国家强制离婚,自然不在讨论之列。这里所谓的"强制离婚的可选择性增强"主要体现在义绝上,是指随着对义绝情形刑事处罚力度的逐渐减轻,国家强制干预的程度也在减弱,是否离婚的可选择性增强。而婚姻

---

① 《唐律疏议·户婚》。
② 《宋刑统》卷十四。
③ 《元典章》卷十八。
④ 《大明律》卷第六。
⑤ 《大明律》卷第六。

的离与不离又会涉及一系列身份上的变化。在唐代,是否存在义绝的情形需要由官府来判决。一旦官府判决存在义绝的情形,夫妻就必须离异,即使遇到赦免,夫妻也要离异。但是如果存在义绝的情形,官府并没有判决离异,则不丧失夫妻身份和名分,此时一旦男女双方或其家庭成员有其他犯罪,则双方仍然以夫妻身份论罪。元代的判例显示,一旦发生伤害夫妇之义的义绝行为,官府便会令其离婚,判妻子归宗,夫妻关系不得再继续。

  到了明清时,尤其是清代,根据情节不同,义绝有"可离不可离者"和"不许不离者"的具体区分。《大清律例增修统纂集成》"出妻"条注:"义绝而可离不可离者,如妻殴夫,及夫殴妻至折伤之类。义绝而不许不离者,如纵容抑勒与人通奸及典雇与人之类。""义绝者,谓于夫妻之恩情礼意乖离违碍,其义已绝也。律中未曾祥(详)备其事,而散见于各条之中,其所指义绝者,亦复不同,有于法应离,不许复合者,如所云离异归宗,仍两离之类,即本条应离不离,亦是也。有其事可离,犹许复合者,如所云:愿留者听,愿离者听之类,即本条从夫嫁卖亦是也。"①根据该注解,清律关于义绝的处理有两个原则:第一,若存在事关人伦风化的侵害行为,那么是必须断离的,而一旦断离,夫妻关系顿失,夫妻身份效力和与服制相关的刑事责任也自然消失。第二,对于夫妻之间的人身伤害行为,法律则采取消极的态度,可离可不离。此种情况下,往往是男子享有主动权,可以采取休弃的方式。而妻子尽管受到殴打,如果丈夫不休弃,她也只能逆来顺受,倍受婚姻的煎熬,此时比较可能采取的解脱方式就是自杀。②

  由此可见,在清代以前,义绝是法定的强制离婚制度。如何认定义绝情形,婚姻是否需要断绝,决定权在官府。清代则根据义绝的情节出

---

① 《大清律例增修统纂集成》卷十。
② 这可以从《刑案汇览》的很多案例中看出来。当然,其他有关古代妇女生活的材料中,此类现象也是屡见不鲜。

现了"可离不可离者"与"不许不离者"的区分,这种区分显示了国家干预力的减轻。

第四节 离婚法制变化的社会之源

前述离婚制度的变化是离婚不同侧面发展变化的具体反映,不能涵盖变化的全部内容,只是符合婚姻法制发展趋势的部分内容,昭示出婚姻法制内在合理性的变化。当然,这些变化亦非一朝一夕、一朝一代之功,而是社会发展变化合力促成的。

一、国家权力对门阀家族离婚的规制

一般来说,社会变迁在前,法制变化在后,法律是用来解决社会问题的,因此社会变迁必然体现在法律制度中,体现在法律条文所规定的禁令中。唐代和魏晋时期相比,尽管门阀家族势力已经受到了一定的打击,但总的说来,门阀家族势力还比较兴盛,把家族关系作为离婚制度的出发点和调整重心是很自然的,家族关系的稳定和谐与否事关整个江山社稷的安危。唐末的农民大起义冲击了门阀士族的防线,这自然与社会的动荡有关。随着宋代及其后中央集权的日益加强,国家的控制力不断强化,从政治上削弱了门阀家族的影响力。加上宋代以后土地私有制的深化和财富流转速度的加快,士庶的界限被打破,门阀家族势力逐渐走向解体。特别是蒙元新贵统治本身就是对原有家族势力的重新整合,加上其没有太多儒家的法典理想主义,故离婚实践逐渐改变。婚姻生活中出现的新案例更多与婚姻关系本身有关,对婚姻之义的解释出现变化,对侵害行为的界定大不同于唐宋。明代的朱元璋出身寒门,整个明代的士绅阶层几乎全是由科举选拔出来的精英读书人组成。清代虽属少数民族建立的政权,但是汉化程度较高,尤其重视科举取士,社会上下层之间变化的机动性很高。这些都对固有的家族观念产生极大的冲

击,使其影响力不断消减,明清离婚制度的新变化也并非偶然。

在制约门阀家族势力的同时,国家又不断减轻有关离婚方面的处罚,增加强制离婚的可选择性,这是一个问题的两个方面,体现法律制定中轻重不同的灵活性。据薛允升考证,明律和唐律相比,一个明显的变化就是"重其所重""轻其所轻"。① 明律遵循"轻其所轻"的原则,在有关"典礼及风俗教化"等一般性的犯罪上,较唐律作了从轻处理。很明显,有关离婚的犯罪是关涉礼教风俗的一般性犯罪,无疑应属"轻其所轻"的范围。同时,此举还可以起到标榜仁政恤刑,缓和矛盾的作用。宋代之后,中央集权日益加强,明清时期情况尤为严重,致使君臣之间、君民之间矛盾更加尖锐。从明清启蒙思想家黄宗羲、顾炎武、王夫之等人对君权的猛烈批判中,可见君权专制之毒烈。刘宗周的弟子张履祥于明亡后亦有言:"《大诰》虽以君臣同游为第一条,其实终三百年未之有也。毋论三代君臣腹心手足之义,即汉、唐以来君臣相与之义,难以仿佛。……三百年中,大概是一'否'卦,天地不交而万物不通……"② 出于缓和各种社会矛盾的需要,以君主为首的立法者不断减轻对离婚之类违反婚姻礼俗行为的处罚,此举不但不会从根本上直接、即时地影响君主专制,相反,还可以起到美化仁政的效果。

二、家族规模减小对离婚意愿的释放

随着人类生产工具的不断改进,生产力逐步提高,社会生产单位逐渐减小,家庭规模随之减小,从最初的刀耕火种的群居生活,逐渐发展到以血缘为连接的氏族社会。随着国家的建立,人类文明程度的提高,大姓宗族在推动社会发展方面发挥了重要作用。当生产技术逐步改进,商业流转的速度加快之时,小家庭则逐渐成为社会生活和生产的主要单位。现在,每一个人都可以成为一个独立的生活和生产单位,这也是社

---

① 参见(清)薛允升:《唐明律合编》卷九。
② (清)张履祥:《杨园先生全集》卷四十一。

会发展、人权进步的标志。

中国家庭的模式也经历了不同程度的变迁。以富有代表性的"唐型家庭"为例,"唐型家庭的特点是尊长犹在,子孙多合籍,同居共财,人生三代同堂是很正常的,于是共祖父的成员为一家。否则,至少也有一个儿子的小家庭和父母同居,直系的祖孙三代成为一家"。"唐型家庭结构,已婚兄弟共居同财是它的特点,直系的祖孙三代成员共同组成的家庭相当普遍。"①宋代的家庭结构出现了变化,"三代"结构中,以中间的壮年夫妇为核心,上养老人,下育子女,都是直系血缘关系,这是宋代以后普遍的家庭形态。到了明清,"家庭规模虽然不同时期会有所不同,但总体上变化并不大,基本在五口上下"②,并且,"当时的人均寿命和生育条件,在客观上对形成大家庭产生了相当大的制约因素,若假定父母不在的情况下兄弟一定分家,则有将近一半的家庭在客观上失去成为大家庭的可能"③。另外,赋税制度和思想观念的变化也对家庭模式有所影响。明清时期国家不断进行的赋税改革,使得赋税征收的标准产生了变化,逐渐取消以户为标准的征税方式,采用把赋税统一到田亩中进行征税的方式。这样一来,人口的增多、家庭的分化都不再影响赋税的缴纳,家庭规模逐渐减小。加上社会经济的发展使人们追求利益的欲望不断膨胀,"君子喻于义,小人喻于利"的义利观不断受到挑战,功利主义思想家重视义利并举,夫妇之义、父子之义都在变化,儒家同居共财的家庭经济伦理观念不断受到冲击。"像《红楼梦》中那种人口结构复杂、规模庞大的家庭在当时社会中的比例是非常低的"④,普通家庭中父子别籍异财的现象愈来愈普遍。正如《中国农村惯行调查》中所言:"父母在

---

① 邢铁:《中国家庭史·宋辽金元时期》,广东人民出版社2007年版,第22页。
② 余新忠引用众多家庭规模的统计数据后得出该结论。参见余新忠:《中国家庭史·明清时期》,广东人民出版社2007年版,第24页。
③ 余新忠:《中国家庭史·明清时期》,广东人民出版社2007年版,第44—45页。
④ 余新忠:《中国家庭史·明清时期》,广东人民出版社2007年版,第38页。

世期间儿子如果希望分家的话,带着妻子走了更好。"①这些都从不同方面影响着家庭的规模,持续不断地改变着家庭的模式,使家庭结构经历了缓慢的发展变化过程。

家庭规模的变化,大家族向小家庭变化的趋势,使得夫妻关系在家庭关系中的地位发生了变化。在原来的大家族中,夫妻关系只是家族关系的一部分,其局部利益需要服从整个家族的利益,夫妻是否离异,需要满足什么条件,更多的情况下要以家族的整体需要为权衡标准。比较而言,小家庭中夫妻则发挥着举足轻重的作用,占据至关重要的地位。由于个人作用的发挥和社会生活单位的大小密切相关,社会生活单位变小所相伴的结果是个人发挥的作用越来越大,无论是为人妇,还是为人母,女性在小家庭中都起着不可替代的作用。相应的,法律上给予了女性更多的考虑。以服制为例,斩缞在开始时只是指父亲,不包括母亲,后来才逐渐把母亲包括在内。亲亲相隐也同样,开始只能是父杀母时为父隐匿,而母杀父时则不能为母隐匿,后来演变为可以为父母隐匿。这些变化显示出父母双方在法律上的地位趋向平等,暗合社会的发展方向。性别在中华帝国后期的社会结构中和其他任何社会一样,是一个基本的组织原则。核心的社会纽带是夫妻关系,理想地表现为一种积极的合伙人关系。②

中国古代本来就有"妻者,齐也"的观念,强调夫妻在人格上平等、身份上匹配,要求妻子顺从的同时,也要求丈夫应当尊重、体谅和关爱妻子。当小家庭成为社会生活的主要单位时,夫妻关系的重要性日益显现,女性发挥的作用有所增强,这种平等匹配的文化因子就会得到一定程度的展现。如《太平广记》便有"为妇之道,不可不知书。倘更作

---

① 转引自[日]滋贺秀三:《中国家族法原理》,张建国、李力译,法律出版社2003年版,第142页。
② 参见[美]白馥兰:《技术与性别——晚期帝制中国的权力经纬》,江湄、邓京力译,江苏人民出版社2006年版,第288页。

诗,反似妪妾耳"①之语。"但到了 16 世纪中叶,原来妓女们独占的文学才能,家庭的妻子们也具备了。富于文采的妻子与丈夫之间爱情诗的赠答开始流行,理想中的恋爱在夫妇之间也变得可能了。"②"'内'与'外'之间的空间界限并不像文本上限定的那么绝对,因为他们都不表示一个孤立的道德和观念上的世界。妇女被当作如男子一样能贡献于社会秩序,即使她们的贡献与男人不同而是补充性的。"③作为伴侣,妇女所履行的职责对丈夫来说并非可有可无的、辅助性的,而是必要的补充。

实际的婚姻家庭生活中,家庭矛盾往往多种多样,其中婆媳矛盾是比较常见的矛盾。尽管唐代以后的法定离婚理由均将不事舅姑列为七出之一,把子媳恭顺舅姑作为基本的家庭生活原则,但在实际的生活当中,不少子媳与理想的要求相去甚远。面对家庭矛盾的激化,从经济成本的角度考虑,去妻也并非解决问题的理想办法。如前所述,一旦家族内部出现矛盾,有的父母会采用分家另过的方式化解争端,并不诉诸离婚。

当然也有丈夫管教打骂妻子,伤妻身死的命案。

> 湖北建始县刘氏供:小妇人 64 岁。小妇与四儿子向启楷过日,媳妇谭氏素性倔强,小妇因年老多病,媳妇服侍不好,从前原叫儿子另娶一个妾服伺(侍),媳妇不允,也就歇了。乾隆四十七年七月二十九日,媳妇把饭做硬了,小妇说她几句,她顶嘴。小妇生气,就住亲戚家散闷去了。
>
> 向启楷供:四十七年七月二十九日,小的在山上做活回家,不见

---

① 《太平广记》卷四二九。
② Paul S. Ropp, Love, Literacy, and Laments: Themes of Women Writers in Late Imperial China, Women's History Review, Vol. 2, 1993, pp. 107-114; Susan Mann and Yu-yin Chen eds., Under Confucian Eyes: Writings on Gender in Chinese History, University of California Press, 2001.
③ [美]白馥兰:《技术与性别——晚期帝制中国的权力经纬》,江湄、邓京力译,江苏人民出版社 2006 年版,第 73 页。

母亲,女人独自在那里拣菜。小的问母亲哪里去了,女人不答应,像是生气。小的再三查问,女人说母亲骂她不会做饭,又闹一场,不知走往哪里去了。小的当说,你现做饭不来,我只好讨妾了。哪知女人开口就骂,辱及母亲,小的一时生气,顺取一根柴块打她,伤其身死。①

总的来看,对不顺父母的七出行为,案例中提到的处理方式包括娶妾服侍、母亲带气出门、丈夫管教妻子致其身死等,但都没有采取休妻的方式解决矛盾。

三、商品经济对离婚道德约束的冲击

宋代之后随着功利意识的萌芽,商业流转速度也在进一步加快。等级、身份的限制出现明显松动。"争利兴讼之风遂为世俗所尚,鼠牙雀角,动成讼端。其范围之广、手段之多,涉讼人员身份之杂乃为世所罕见。"②日本法律史学家内藤湖南则视宋代"是近世的开始"③,法国的汉学家谢和耐称彼时"一个新的社会诞生了,其基本特征可以说已是近代中国特征的端倪"④。元代的社会经济,特别是商品经济在宋代的基础上进一步发展,极大地冲击着人们的观念。传统的"万般皆下品,唯有读书高"的观念到元代倒成了"万般皆上品,唯除儒与丐",对商人的限制大大减少,元代商人入仕的情况屡见不鲜。著名人物奥都刺合蛮、乌马儿、桑哥与卢世荣等人,"素无文艺,亦无武功,惟以商贩所获之赀,趋附权臣,营求入仕"⑤,可见普通商人亦可摆脱低下的身份。加上元时的对

---

① 档案《刑科题本·婚姻奸情类》,湖北抚姚成烈,48·9·17。
② 中南财经政法大学法律史研究所编:《中西法律传统》(第一卷),中国政法大学出版社2001年版,第203页。
③ 刘俊文主编:《日本学者研究中国史论著选译》(第一卷 通论),黄约瑟译,中华书局1992年版,第10页。
④ [法]谢和耐:《中国社会史》,耿昇译,江苏人民出版社1995年版,第243页。
⑤ 《元史·陈祐传》。

外贸易发达,元大都作为商业性大都会更是云集八方的商界精英。这些都大大促进了人们追逐利益观念的形成,强烈地冲击着伦理秩序的防线,婚姻的买卖性、契约性在元代表现得尤为明显。

自然,婚姻中有关利益的纠纷表现得更加突出,需要法律对此进行调整。因为"作为人伦之始的男女婚姻直接结果是确立夫妇之义,而此义既不是情,也不是爱,而是作'宜'解的'义',所谓的'夫妇之义'只是纲纪的起点"①,是构成尊卑上下等级秩序的基础。而此时人们在婚姻中更多的是"唯财是举",尤其是元人嫁娶贪鄙争较之风日盛,以金钱论价,"故富者虽土豪可以娶王公之女,贫者年五十犹不得妾,且有较量资财而至涉诉者"②。因一女二许、一女二嫁而涉诉的现象不胜枚举,尽管《元典章》明文规定定婚不许悔亲,称"今百姓之家,始于结亲,家道丰足,两相敦睦,在后不幸男家生业凌替,元议财钱不能办足,女家不放婚娶,遂生侥幸,违负元约,转行别嫁,亦有因取唤归家等事,遂聘它(他)人者。经官辨讼,迁延月日,至有所出,遵已婚为定而断焉。启侥幸之路,成贪鄙之风,不惟絮烦官府,实为有关风化……今略举见行事发到官者一十余家,州县往往习已成俗……近年以来,民间婚姻词讼繁多,盖缘侥幸之徒不守节义,妄生嫌疑,弃恶夫家,故违元约,以致若此,实伤风化"③。同时,对定婚而另嫁他人者进行处罚,"今后许嫁女已报婚书及有私约,或受财而辄悔者,笞三十七下。若更许它(他)人者,笞四十七下。已成者,五十七下"④。实质上,法律的明确规定正说明当时人已不以婚姻论财为非,悔婚负约的现象屡见不鲜。嫁女如同卖女,婚姻成立后,丈夫或因家境贫寒,或因利欲熏心,典妻、逼妻为娼、休弃并将其转卖(即卖休买休)的现象极为普遍。由于妻子不从,丈夫便

---

① 陶毅、明欣:《中国婚姻家庭制度史》,东方出版社1994年版,第172页。
② 陈鹏:《中国婚姻史稿》,中华书局1990年版,第142页。
③ 《元典章》卷十八,户部。
④ 《元典章》卷十八,户部。

变本加厉地殴打妻子。①

  这些破坏夫妇之义的行为,在唐时也许并不突出,但到宋元以后确实已经成为迫在眉睫的问题。如《元史·刑法志》户婚门提到的关于婚姻问题的四十条规定中,大约有一半是关于财产问题的,而唐律关于婚姻问题的规定有二十一条,只有婚姻与聘财一处规定了财产问题,这从侧面说明唐代婚姻中的财产纠纷还没有成为主要的矛盾。如果沿袭唐代的规定,这些严重损害道德伦理的行为都不能归入义绝的范围。但若任由其猖獗盛行,整个婚姻的道德体系就可能遭到侵蚀,进而使整个社会的伦理道德体系瓦解。元代在司法判决中把这些伤害行为都作为义绝情形来处理,强制离异,责令女子归宗,并将嫁卖妻子所得的钱财追还没收。如前文谭八十一"将妻卖休转移"案,谭八十一将妻子阿孟转嫁给别人为妻,案件结果是"谭四十三与阿孟离异归宗,其谭八十一原受财钱,依数追没"。即便不判令妇女离异归宗,官府也会令后夫以礼求婚,择日迎娶。② 蒙元立法者灵活处理了现实需要与法律滞后间的矛盾,在一定程度上体现了对妇女权益的保护,尽管"断女子归宗",使其脱离婚姻的苦海并非理想的选择,但是对司法裁判官而言,这种救济方法是务实之举。

  明清义绝制度由强调家族间的亲属相伤行为,转向关注夫妻之间的伤害行为,渐失家族性而趋向关注婚姻关系本身,夫妻双方的责任渐趋平等,这在很大程度上与婚姻中的利益纠纷表现得更加尖锐有关。明清律例中列举的义绝情景大多都与利有关。先看女方,如果女婿在远方的话,不管是妻子的父母将女儿改嫁,还是重新招别的女婿进门,都是利在

---

  ① 《元史·刑法志》独立成篇的诉讼门中多次出现"殴妻"字眼,元杂剧也有所体现,典型的如关汉卿的爱情剧《赵盼儿风月救风尘》,剧中的宋引章就是不断遭受其夫周舍的毒打,如"(周舍云:)我也说不得这许多……我手里有打杀的,无有买休卖休的。且等我吃酒去,回来慢慢地打你"。

  ② 如前文"至元八年八月张世荣嫁卖其妻和连氏与许顺成"案,此案中,尚书省令后夫许顺成"以礼求娶,合准已婚为定"。参见《元典章》卷十八,户部四,"嫁娶·夫自嫁妻"。

驱使。再看男方,"抑妻通奸""以妻为妾,受财将妻妾典雇,妄作姊妹嫁人"①之类的行为,都是因为有利可图。鉴于婚姻中出现的新问题,明律在干名犯义条中对义绝制度的内容进行了新的解释,更多地关注夫妻关系本身。

经济困窘也是出妻情形减少的重要原因,特别是那些贫穷之家,由于为生计所迫,夫妻之间更易滋生矛盾,往往会争吵不断。妻子很难做到对丈夫俯首听命,夫权是很有限的。在前述的案件当中,无论是依七出被休,还是和离而去,基本上都有一个不容回避的事实:女方性格泼悍,乃不顺从、不易管教之人。这些评价都是从掌握话语权的男人之口说出的,他们得出的结论均来源于自己的感受,以女子是否服从男人的意志、是否迁就男人的生活起居习惯为判断标准,一旦女子有不合拍的行为,动辄斥之为好吃懒做,性子泼悍——这几乎是离婚案件中都少不了的评价。而从比较客观的角度看,这些女性都是不甘于被人摆布、任人辱骂,不屈从于不平等的社会安排和定位的人群。有的女性对公婆也不是如礼教倡导的那样顺从,婆媳矛盾不仅存在,而且有时表现得很激烈。这时丈夫为了维护自己的大男子形象,往往会管教、压制妻子,同时,公婆为了避免矛盾冲突也会选择让小夫妻分出去另过。把分家另过作为化解家庭矛盾的方式之一,也从另一个方面证明对夫妻关系的关注不仅是家庭结构变化的结果,也有经济方面的考虑。

四、个人意识对离婚各方利益的挑战

尽管礼经强调妇女要贞德柔顺,没有去夫之礼,应从一而终,不赋予女性离婚主动权,但这些仅仅是对理想女性的期待,并非婚姻生活的实际。尤其是宋元之后,随着功利意识的萌芽,等级、身份的限制发生明显松动。这些变化表现在婚姻上则是更为关注夫妻个人的感

---

① 《大明律》卷第二十二。

受,《名公书判清明集》中的判词反映了婚姻诉讼中的这种倾向。在前述"妻背夫悖舅断罪听离"案中,阿张在与朱四结婚八年后,告朱四痴愚,要求离婚,并告朱四之父对其非礼。在儒家的伦理道德中,女子无去夫之义,现在阿张"既讼其夫""又讼其舅",足以显示其对夫妻个人利益的重视。① 其他的诸如"妻以夫家贫而仳离""女嫁已久而欲离亲""妇以恶名加其舅以图免罪""既有暧昧之讼合勒听离"和"子妄以奸妻事诬父"等案的判词,也足以说明与家族合好、家丑不可外扬相比,夫妻关系本身越来越受到人们的关注。明清时期的立法增强婚姻解除的选择权,减轻对犯义绝应离而不离的处罚,正是对上述变化的回应。

明清离婚制度的变化是对整个文化变迁的反映,对功利思想、个人意识和平民社会的回应,与商品经济空前繁荣、城市化进程加速、市民阶层壮大和个人意识觉醒相呼应。社会经济的变化和由此造成的社会多方位的改变,使明代思想领域发生变化,原来士、农、工、商的"四民"秩序崩溃。王阳明指出"四民异业而同道"②。李贽也大声疾呼:"且商贾亦何可鄙之有? 挟数万之货,经风涛之险,受辱于关吏,忍诟于市易,辛勤万状,所挟者重,所得者末。"③张居正倡导的经济改革,进一步否定了传统的重农抑商思想。在此基础上,"心学"重视人的价值,强调"人欲即天理",人要"率性而真"地表达自己合理的欲望,包括情欲和物欲。对于情欲,李贽大胆肯定男女之情,提出"夫妇正,然后万事无不出于正"④,并认为"穿衣吃饭即是人伦物理"⑤,以平民大众的日常生活为最高道德本体,空前地突出了平民大众在社会系统中的地位、价值,明确了

---

① 参见《名公书判清明集》卷十。
② 《王阳明全集》卷二十五。
③ (明)李贽:《焚书》卷二,《又与焦弱侯》。
④ (明)李贽:《焚书》卷三,《夫妇论因畜有感》。
⑤ (明)李贽:《焚书》卷一,《答邓石阳》。

平民生活作为一种本体存在的现实合理性。①

  王阳明在五首《去妇叹》中表达了对弃妇无助之处境的悲叹,对弱势女子的同情,这正说明男方单方面去妻的制度,在经历了千余年的发展之后,日益僵化,维护婚姻稳定的积极作用逐渐消减,处于弱势地位的女性深受其害,不合理性愈益凸显。从曹植、曹丕、张籍对无子出妻的感叹,到王阳明对弃妇的同情,人们对七出制度的认识逐步深刻,愈来愈认识到其中的不合理性,特别是女性所遭受的不公平,同情女性的心态增强,愈发理解被出之妇的窘境。

  至于理学在宋末和明清成为官方哲学,正说明当时人欲的泛滥,所以才需要不断强化贞操意识,建立旌表制度,从物质和名誉两个方面激发女性的守节意识,力求打消她们再婚的念头,使她们心甘情愿地加入守节大军。尽管此举煞费苦心,但也无法杜绝个人自主意识的萌芽。

---

  ① 明代的文学作品也反映出对平民大众日常生活的关注。在实际的文学创作中,以个人日常生活为内容的作品始终占主导地位。传奇、小说、弹词、小曲等通俗文化更多地描述普通市民的生活,其形式亦走向成熟。

第六章　礼法融合的离婚裁断实践

在奉行"家丑不可外扬"的中国古代文化氛围中，离婚纠纷案件往往会在家庭或者家族的内部，由本族尊长或者德高望重之人进行协调，予以解决，而非首选诉讼这一解决方法。毫无疑问，见诸史书的材料肯定极为有限，这不仅给分析者带来了很大的困难，而且也可能是有关研究相对薄弱的原因所在。但无论如何，既然义绝、七出、和离与其他婚变因素已经得到法律的承认，便应该会有相关的案例留下，只是收集材料的过程会更艰难一些。现有正史、史料笔记、判牍，以及从中央和地方档案中寻觅所得的些许材料，成为初步考察离婚纠纷司法裁断实践的主要载体。

第一节　离婚案件的多方参与

从司法活动参与主体上看，这类案件不仅有司法官主导审理过程，而且还会相应地吸收家族中有权威者，或者乡里有威望者参与纠纷调处过程，以防止男方轻率休弃妻子，从而维护妇女的利益。同时，在一定的情况下，那些与丈夫和离或者被休弃的妇女的娘家人也会参与到由官府主持的对婚姻纠纷的处理中来，甚至承担相应的责任，实现对离婚妇女较为公平的处理。

一、离婚纠纷中家族的参与性

既然中国古代婚姻的成立始于两姓结好,那么婚姻存续期间发生的变故也与两个家庭息息相关,告知双方家长显然是必要的,并且还要有家族中或乡里有威望者调处或者见证。一旦涉诉,司法官会更多地吸收这些家族中或者乡里有权威的调处者或者见证者参与到纠纷解决的过程中,从而强化婚姻纠纷诉讼的伦理道德教化功能,维护妇女的婚姻及相关利益。

(一)宗族成员和亲友的参与

婚姻的成立始于两姓结好,产生矛盾时自然无法摆脱双方家庭之间千丝万缕的联系。除男女双方外,其父母双亲和亲朋好友也会参与其中,故该部分集中探讨男方宗族成员和亲友的参与,至于女方娘家人的态度以及如何涉入其中,留待下一部分专门分析。

比如七出中列举的婚变情形,均直接关涉夫家生活的和睦、兴旺,例如焦仲卿遣妇、鲍永去妻、姜诗出妻,皆属于不顺父母而去妻之情形。

另外,夫家出妻,也应该告知妻子的父母或兄弟等娘家尊长或者至亲之人。例如后汉冯衍老而逐妻,曾经给妇弟任武达寄信说明原委[1],以显示自己是忍无可忍才不得不选择在老年休妻。

即便是夫妻双方和离,也要有亲友在场,这从前文提到的敦煌放妻书中可以窥见一二。前述放妻书的内容涉及与诸亲眷属商量,以便达成协议。由于古代婚姻的解除不仅关涉夫妻之间的情分,还涉及两个家族之间的交往,因而要通知两家父母或者亲属到场,双方家族也会参与进来。毋庸置疑,女方家族的知情和参与在客观上更有助于保护婚变中妇女的利益。

---

[1] 参见《后汉书·冯衍列传》。

(二) 诉讼时宗族成员的介入

解决家庭纠纷时,家长或族长掌握处决权。一般来说,家庭或者家族内的纠纷,按照既定或者公认的准则,应由尊长裁断,并给予处罚。按照惯例,那些建有祠堂的富室豪门之家,裁决的场所是祠堂。众所周知,祠堂是祖宗的栖息之地,在列祖列宗面前裁断,似乎祖宗也能听到,作出的决定仿佛代表了祖宗的意志,从某种程度上使其更具合法性和权威性。如清初尚可喜的遗训及家规便规定,对于违反家规的人应"执赴家庙",共同审问。① 祖宗的祠堂成了审判族人的"公堂",甚至唤作"家公堂"。在处断时,尊长不能独断行事,而应与有威望的族人一起询问,共同作出裁断。山阴华舍赵氏准许族人将不孝不悌、凌辱尊长、欺辱孤寡、不务正业、霸田占产者扭送宗祠,由族长、房长会同族中执事进行会讯,然后决定是否请出祖宗家法来加以处置。② 同时,族中人皆听族长、户尊昐咐,不得抢白、喧哗、咆哮等,"或有未言可参者,须俟户长等昐示后方可徐进一说,不许众口哓哓"③,违者将予以处罚。

解除婚姻也不例外,宗族成员和亲友也会参与进来,并要求涉事方提供证据。会稽邹氏宗谱中规定,要以忤逆翁姑、祖翁姑之罪来休弃妇女,必须"显有实据,众所共知"④。特别是对于那些嫌贫爱富的公婆,或者另有新欢的丈夫为了达到休弃目的而给女子强加忤逆公婆之罪加以休弃等情形,需要合族之人共同证实,才能认定。如洞庭安仁里严氏族规规定,遇有父母指控其子"大不孝"事件时,族长须"合族查明,均无异词",才可鸣告官府。⑤ 只有查明真相,确认涉事人违反家法族规后,族

---

① 参见《海城尚氏宗谱》,1939年本,《先生遗训》。
② 参见《山阴华舍赵氏宗谱》,光绪十年本,卷首,《家规》。
③ 《湘乡七星谭氏五修族谱》,1944年本,卷首,《祠规》;卷二,《节录旧规参以新议》。
④ 《会稽邹氏宗谱》,光绪二十七年本,卷首,《青肠各支章氏亲属会议规则》。
⑤ 参见《六修江苏洞庭安仁里严氏族谱》,1931年本,卷十,《族规》。

人、户长等才可以作出裁断。当然,由于妇女有"三从四德"之约束,很多情况下无法自己做主,除淫乱行为外,妇女有过的,男子应当承担主要责任。

古代社会讲求中和,主张无过无不及,避免顾此失彼,表现在责任认定和处罚上也是如此。在男尊女卑、男女有别的社会,当妇女违反家规时,大多不是她们本人受到责罚,而是要罚及夫男,即未嫁时罚其父兄,出嫁后罚其丈夫或者儿子。如夏口汪氏宗谱规定,"妇人不孝忤逆、悍泼凶恶者,责及其夫或者房长,无夫者责其子"①。即使妇女不事舅姑,家规也不一定只罚妇女。湘潭周氏家规规定,对于那些不敬舅姑的妇女,"有了责了,儿子则责其夫",且"其伯叔不先惩治,亦当分别处罪"。② 同样,茗洲吴氏家规也规定,妇女让三姑六婆入门,就罪责其家长。③ 当然,有些宗族并不轻纵泼妇,只是她们的丈夫仍无法摆脱干系。

族人了解婚姻中的矛盾冲突,父母和亲友等相关人员也可能由于涉及离婚纠纷而介入调处过程,他们都是别具特色的司法参与人。

唐代以后,七出、义绝等直接关涉家族利益的婚变情形在法律层面得到确认,完全合法化,突出了婚姻的目的和意义。如前所述,这些规定在实践中完全得到了体现。当然,如果尊长舅姑有过错在先,司法官也会据此断离,减轻女子的相关责任,如前述元代"翁调戏男妇"案中,董文江调戏儿子之妻实属有违人伦大义,构成义绝,司法官判决董文江的儿子儿媳离异。④

二、两姓介入离婚纠纷的区别

在具体的离婚实践中,出妻之后女方的家族会有什么反应,涉诉案

---

① 《夏口汪氏宗谱》,光绪七年本,《凡例》。
② 参见《潭邑周氏五修族谱》,1938年本,卷首上,《家规》。
③ 参见《茗洲吴氏家典》,康熙五十二年本,卷一,《家规》。
④ 参见《元典章》卷四十一,刑部三,"内乱·翁戏男妇断离"。

件中法官及记录者的态度如何,特别是由此引发的诉讼,娘家人是否会参与进来,并如何承担相关责任,以及怎么实现对自家女子利益的维护等问题,同样值得关注。也许,只有考察这些情况,才能尽可能揭示出此类案件处理过程中所体现出来的司法特色。只是由于材料有限,这方面的分析和研究亦颇为有限。

(一)娘家人对自家女被休弃的态度

出妻之后,女方家族的态度如何,双方家族以后关系的走向如何,可从"杨文侨出妻案"中略知一二。

> 泊女嫁杨文侨公,倨不事姑,或效其姑语以为笑,后终出之。由是两家不相能……①

关于出妻后双方家族态度的记载甚为稀少,故该史料甚为珍贵。此例反映了出妻后两家无法和睦相处的情况。此处张泊之女不事舅姑,且有不恭之语。从"后终出之"可以得知,杨家出妻实乃无奈之举,最终导致两家不能和睦相处。至于最后是否酿成大的冲突,无从得知。

从中至少可以看出,于礼于法都要求子媳恭顺、侍奉舅姑,但实际的婚姻生活千差万别,并不是每个家庭都能处于合礼合法的理想状态。张泊之女因过被出,张家不仅没有自责,反而不能原谅杨家,与杨家不能相容,说明在张家看来,和悍妇相比,张泊之女做得并不过分。

也许张家表现出的不满情绪才是日常生活中妇女被休弃后其家族的真实心理状态,也是常态。只是这种因出妻而引起的矛盾争斗,不符合以男性为主体的上流社会的理想意识,不应该被整个社会所效仿,故而很少有这方面的材料流传下来。

(二)娘家人的参与及相关责任

如果娘家人对女儿被休弃的反应仅仅停留在不满的程度,也许表面

---

① (宋)司马光:《涑水纪闻》卷三。

上双方家族依然可以相安无事,但有时娘家人会付诸行动,亲自提起诉讼,以切实维护自家女儿的利益。诚然,这种行为必然会恶化本来就十分脆弱的婚姻关系,进一步加剧两姓冲突。

按理来说,涉及两姓关系走向的离婚纠纷,娘家人直接提起诉讼当属正常,只是有关记载委实难觅,推测起来,应该是女方的家人比较隐忍。

当女方娘家人对男方不满,或者顾虑自家女的利益时,也会主动提起诉讼,明代"讼婚徐太容"案即为此例。

> 审得陈仕魁娶黄氏之女为妾,无出,凭媒改嫁冯应垣。事诚无不可,但黄氏以未及与闻,恐女不得其所,遂相激而讼。厅质之,则仕魁实谋之徐太容,酒之食之,而太容实为之主张也。然则太容瞒其婶而有所染指,仕魁乡愚不觉,堕其云雾中矣。仕魁遣妾何罪,应罪太容之阴阳闪烁,杖有余辜也。仕魁老,应垣少,去老就少,黄氏亦无遗憾。合令应垣出银一两为黄氏寿,以通姻好,而仕魁者从此萧郎陌路,亦不必为空中之斗,好姻缘翻作恶姻缘也。招详。布政司批:依拟徐太容赎杖发落,余如照,库收缴。①

判词中黄氏因为唯恐自家女没有着落,"不得其所",所以"相激而讼"。但由于原夫陈仕魁是凭媒把其妾黄氏女改嫁的,并没有卖休等违法行为,故二人之间的关系自然不复存在,所以官府没有追究陈仕魁的责任。而年少一些的应垣与黄氏女更是以媒妁为证,也不应当受到处罚,因而官府只是让应垣象征性地支付黄氏一两纹银,成就这桩好姻缘。至于在中间左欺右瞒的徐太容,则受到了杖责。最终,黄氏女与应垣的婚姻从法律上得到了承认和保障。女方之父黄氏作为起诉方,诉求得到了满足,同时也维护了其女的利益。

如果女方受到男方或其家人的欺负甚至打骂,女方的娘家人极为不

---

① (明)颜俊彦:《盟水斋存牍》署番禺县谳略一卷。

满,但又不想以牙还牙,和男方家庭互殴而造成武力冲突,则告官必然会成为他们的首要选择,清朝时四川陈氏娘家人控告黄金斗的案例便是很好的例证。黄金斗是陈氏之夫黄奇元的堂弟,黄奇元亡故后,黄金斗随即托媒与陈氏成婚,并占有陈氏的家当。黄金斗婚后不仅与陈氏屡生矛盾,而且纵容其子黄华堂骂殴陈氏,陈氏的娘家人遂据此控告于新场镇分衙。① 陈氏的娘家人提起这场诉讼,成为原告方当事人,参与到该婚姻纠纷诉讼之中,体现出该类案件司法参与人的特殊性。

在极少数情况下,娘舅也可能被迫参与纷争,成为被告方当事人,并为此承担相应的责任,如清代巴县谭国钦告孀妇王氏之娘舅潘大等人一案。乾隆四十年,谭国钦之所以将潘大控告到县衙,是因为孀妇王氏之父主婚将王氏嫁给他后,王氏的娘舅潘大等人以婚聘未曾通知为由将王氏抢去,谭国钦遂赴县衙告官。知县批示:"孀妇改嫁,例得翁姑并父母主婚。今王氏既系其父主嫁,潘大等虽系母舅,何得混行揹阻?仍候服满迎娶。潘大等倘敢滋事,另拿重究。"②知县的批示陈明了事实,直接作出判决,将抢夺王氏的潘大绳之以法,从而维护了王氏的人身权益和婚姻。

又如前文提到的"周元炳休弃石女刘氏案",刘氏之母袁氏明知其女无法生育,却故意把她嫁给周元炳。周元炳本欲将刘氏休弃,但妻家不收,听凭他嫁卖。后来周元炳将刘氏嫁给杨以定为妻。由于妻家同意,官府并未追究周元炳嫁卖妻子之罪,却以隐匿实情为由判处袁氏承担责任。同时,官府判决杨以定属于误娶,不承认其婚姻效力,命刘家领回女儿,使刘氏不用再继续承受嫁卖之辱,其利益得以维护。

当传宗接代成为婚姻的主要使命时,无法完成该使命的石女刘

---

① 该案情的详细内容,参见刘昕杰:《近代中国基层司法中的批词研究》,载《政法论丛》2011年第2期。
② 四川省档案馆编:《清代巴县档案整理初编·司法卷·乾隆朝(一)》,西南交通大学出版社2015年版,第43页。

氏，只能听任夫家和娘家把她嫁卖，但官府最终撤销了该嫁卖行为所导致的婚姻，令刘家领回女儿，在维护法律之同时，也相应地维护了妇女的利益。同时，官府对刘氏之母隐匿实情而嫁女的行为予以处罚，尽管没有实际"笞四十"使其受皮肉之苦，但依然照律判以赎刑。

前述案例中，女方的娘家人作为诉讼参与人，承担了相应的刑事责任，在一定程度上说明，参与婚变纠纷司法活动的主体具有不同于一般田土、钱债之类纠纷的参与人的特殊性。

第二节 离婚案件的司法程序

婚姻争讼，与田土、钱债之类纠纷一样，在传统中国被视为"鼠牙雀角"之类的细微小事之争①，正如宋代刘克庄在《乙丑生日回启·莆田仙游两宰》中所言："万口诵龙筋凤髓之判，片言折鼠牙雀角之争。"②而那些能够很好地协调此类纠纷的人，往往备受尊重，清代归庄在《陈君墓表》中对陈君有此类赞颂："君为人长厚有信义，里中人皆从而辨曲直，有鼠牙雀角之讼，往往以君一言而解。"此类诉讼在清代被称为词讼，由州县审理，"其自理民词，枷杖以下，一切户婚、田土、钱债、斗殴细故，名为词讼"③。

在处理婚变纠纷、维护妇女利益的司法程序上，州县官的处理文书有批词、词判之别，相关的程序要求亦日益严格；在解决方式上，遵循和

---

① "鼠牙雀角"来源于《诗经·国风·召南·行露》："谁谓雀无角？何以穿我屋？……谁谓鼠无牙？何以穿我墉……"

② 有学者也有类似的评论，如清代严如熤有言："川楚民情本自好事，加以火棍包揽教唆，鼠牙雀角，便成讼端。"参见（清）严如熤：《三省边防备览》，吴敏霞、张沛点校，载贾三强主编：《陕西古代文献集成 第四辑》，陕西人民出版社2017年版，第217页。另有明末程登吉道："与人构讼，曰鼠牙雀角之争；罪人诉冤，有抢地吁天之惨。"参见（明）程登吉：《幼学琼林·讼狱》。

③ （清）包世臣：《齐民四术》，潘竟翰点校，中华书局2001年版，第251页。

解、调解优先的原则,与公堂问审的断狱有一定区别。

一、离婚案件的批词判牍有别

批词重视礼,判牍用法,运用于州县官对离婚纠纷的词讼审断。离婚案件批词判牍因程序处理中涉及的内容和步骤有别而功能不一,发挥不同的作用,从而在不同的维度和层面解决矛盾冲突。

(一) 离婚争讼中维护妇女名节的批词

批词重在离婚争讼之初释疑决断,及时维护妇女的名节和社会伦理。概言之,批词属于官员处理事务的公牍文书,也是清代诉讼中司法官比较常用的处理案件方式。① 州县官通过批发呈词,解决涉及受理词讼、指定转移管辖、传唤当事人、调查取证和具结等诸多环节的事务。离婚纠纷的批词除发挥此类作用外,也会在有关离婚纠纷的案情比较明了的情况下,直接揭示问题,明断是非,作出判定,类似于今天的简易程序,使纠纷在发生之初便得到解决,颇有特色。

相对于整理得比较系统完备的判词资料而言,批词很少在法律典籍和经典的判牍中收录,所以学界有关批词的研究比较薄弱。② 对于批词,学者往往将其定位为决定是否受理案件的批示文书,"批词在传统司法中是官府对于呈控案件是否予以受理的书面批示。批词除了明白告知当事人准理与否之外,也需要阐述其作出该裁决的理由……"③ 正如乾隆年间王又槐在《办案要略》中专列"论批呈词",谈及那些不予受

---

① 虽然批词在清代诉讼中并不少见,但应该不是清代首创,至少在明代应该就已经开始使用,因为批词不可能是清代入关前后金的旧制。因而,推测起来,清代的批词应该是承袭沿用明代的诉讼制度和方式,遗憾的是,有关明代批词的文献资料比较少见,无法进行分析。

② 在目前有限的研究中,关注的重点是清代和民国时期。比如,胡谦:《清代州县词讼审断中的批词研究》,载《山西档案》2016年第4期;刘昕杰:《近代中国基层司法中的批词研究》,载《政法论丛》2011年第2期。

③ 汪庆祺编:《各省审判厅判牍》,北京大学出版社2007年版,第7页。

理的批词时,认为"必须将不准缘由批驳透彻,指摘恰当,庶民心畏服,如梦方醒,可免上控。此等批词,不妨放开手笔,畅所欲言,但须字字有所着落,不可堆砌浮词也。果能批驳透彻,即有刁徒上控,上司一览批词,胸中了然,虽妆饰呼冤,亦不准矣"①。正因如此,对于作出批词者的要求更高,"批发词讼虽属自理,其实是第一件得民心事。讼师奸民皆以此为尝试。若不能洞见肺腑无以折服其心,或持论偏枯,立脚不稳,每致上控,小事化为大事,自理皆成宪件矣。即或不至上控,造入词讼册内亦难免驳查。故必能办理刑钱之案者,方可以批词"②。善于批发词讼者往往备受赞誉,"善听者只能剖辨是非于讼成之后,善批者可以解释诬妄于讼起之初"③。

官府对于涉及婚变纠纷的批词,除常用的直接批示"候饬勘覆夺"④,或者调查案情再论,如批令"饬书协同保甲查明具覆以凭核夺"⑤之类外,亦有认定案件双方当事人的对与错、是与非后,再通过判词表明不予再审的情况,以维护妇女的名节,如清代李敬氏起诉敬元发违婚约另嫁女一案。该案中,知县并未因为李敬氏之子与敬元发之女订立婚约在先,就撤销敬元发之女与王现瑞之子已经成立的婚姻,而是判决敬元发赔付李敬氏二十五串钱以作另娶之资。李敬氏不愿领钱,执意请求将敬元发之女判与其子成婚。知县不愿再次审理,于是便在李敬氏的恳状中用批词进一步申明判决理由。

······妇女以名节为重。敬元发之女闰秀照律虽应氏子李仕芳

---

① (清)王又槐:《办案要略》。
② (清)万维翰:《幕学举要》。
③ 官箴书集成编纂委员会编:《官箴书集成》(第二册),黄山书社1997年版,第397页。
④ 《四川南部县正堂清全宗档案》,《为具告敬朝贤逼退婚女毁房拿物事》,光绪九年,目录号8,案卷号830,四川省南充市档案馆。
⑤ 《四川南部县正堂清全宗档案》,《为具告李万华等诬民娶妾嫌逃逐妻事》,同治九年,目录号6,案卷号361,四川省南充市档案馆。

聘娶,乃敬元发辄与后许王爵贵私行成婚,实属玩法,业经当堂责惩,且今木已成舟,若将闰秀断归氏子,而闰秀名节何存? 自以衡情酌断,饬令敬元发缴钱贰十五串,给予氏子另行择配,该氏自应仰体本县成全。①

该案虽已审结,但知县通过批词,清楚地表明不再重新审理案件,而且充分阐明了"妇女以名节为重"的伦理大义,李敬氏最终也接受了判决结果。该批词把案件讼结之后可能发生的结果维持在可控的范围,引导着案件的走向,使其按照社会伦理道德所要求的方向发展。这在该案中的具体表现为:该批词肯定了敬元发之女闰秀既成的婚姻事实,在维护闰秀名节的同时,客观上保护了她的相关利益。

更有甚者,司法官通过批词改变原判,如"李心正等具告郑清润等强嫁卖李昭银妻"案。该案中,刘氏因为与丈夫李昭银关系不和睦,遂被李昭银之父嫁卖,并与郑清润成婚,财礼十八千文。该嫁卖行为所成立的婚姻属于卖休买休的违律婚,应当撤销,故知县断离刘氏与郑清润的婚姻,令卖休的李昭银父子、买休的郑清润、伙同的媒人"均各分别责惩",并让刘氏的父亲刘福元领回刘氏另嫁,把其所得十八千文财礼钱缴出充公。后来,由于刘福元"即回家措办钱文,甫将房屋尽售,仅获钱十四串",无法完全履行判决,知县批词予以减免:"准缴。余加恩宽免可也。"该批词使得遭受卖休买休的妇女刘氏得以顺利回到娘家,其父刘福元应缴出充公的钱款也相应得到减免。②

(二)判牍有条件地满足妇女去夫的诉求

判牍是典型的法律文书,相关的研究极为丰富,不再赘述。具体到有关离婚纠纷的判牍,不仅记载了司法官陈述的离婚案件的内容,而且

---

① 《四川南部县正堂清全宗档案》,《为具恳遵谕认缴李敬氏主控民悔婚钱文事》,光绪二年,目录号7,案卷号226,四川省南充市档案馆。

② 参见《四川南部县正堂清全宗档案》,《为李心正等具告郑清润等强嫁卖李昭银妻事》,同治元年,目录号6,案卷号291,四川省南充市档案馆。

在某种程度上还原了其听讼断案的过程,往往充满了对夫妻双方的引导,特别是积极规劝那些主动提出离婚的妇女。

和离允许夫妻双方两愿离婚,当夫妻志趣不投,无法继续生活下去时,必须有一方主动打破坚冰,首先提出离婚,如若另一方同意,便会和离。这里既有男方因不谐而去妻,也有女方主动求去,但结果却相去甚远。男方主动要求和离是比较常见的现象,只要女方没有异议,一般都能如愿,《刑科题本·婚姻奸情类》中有案例涉及丈夫因夫妻不和而将妻子休回的情况,如"山东益都县郑二妮供,小的幼嫁王六做女人,乾隆二十四年上男人因和小的不和,把小的休回"①。此案中,郑二妮第一次婚姻破裂,原因在于丈夫王六与其不和,把她休回,此处以女方回忆的方式谈起,应该是比较真实的情况。② 该案中夫妻不和而导致的离婚是在其他命案发生后被牵连提及的,所以无法了解夫妻不和的前因后果。但毫无疑问是男子主动提出的,结局是女方被休回娘家。

在女方主动要求解除婚姻关系,而男方拒不出具离婚文书的情况下,女方唯一的办法就是求助法司裁断,而法司如何看待、判决女方的离婚请求至关重要。以下为相关案例。

其一,唐代杨志坚之妻阿王索书求离。据记载③,某县有"嗜学而居贫"的书生杨志坚,其妻不甘食不果腹的贫穷生活,"索书求离",志坚以诗送之曰:"……今日便同行路客,相逢即是下山时。"其妻持诗请颜公判决其离婚,以求再嫁。"颜公案其妻曰:'杨志坚素为儒学,遍览九经,篇咏之间,风骚可摭。愚妻睹其未遇,遂有离心……阿王决二十后,任改嫁。杨志坚秀才,赠布绢各二十匹、禄米二十石,便署随军,仍令远近知悉。"

---

① 档案《刑科题本·婚姻奸情类》,议政大臣英廉等,48·6·3。
② 其他的如贵州镇远县金国梓供其姐姐因夫妻不和离婚,湖北黄冈县余志和因夫妻不和离婚等,分别参见档案《刑科题本·婚姻奸情类》,议政大臣阿桂等,50·5·27;湖北抚惠龄,53·12·21。
③ 参见《云溪友议》。

身为抚州刺史的颜真卿虽然支持了阿王的离婚诉求，判决不愿和丈夫杨志坚固守贫道的阿王离婚，任其改嫁，但这却是在对她处"决二十"的笞刑之后作出的，同时重赏其夫，并公告天下。从实际后果看，法司是在极力限制女方主动和离，所以才会出现"江左十数年来，莫有敢弃其夫者"的情况，这也正是法司希望达到的理想诉讼效果。

无论如何，阿王得到了离婚判决书，诉求得到了满足，为以后再嫁创造了条件，其利益得到了维护。

其二，夏侯碎金求离其夫。据《旧唐书·列女传》记载，刘寂妻夏侯碎金之父为盐城县丞，因疾丧明，"碎金乃求离其夫，以终侍养。经十五年，兼事后母，以至孝闻。及父卒，毁瘠殆不胜丧，被发徒跣，负土成坟，庐于墓侧，每日一食，如此者积年。贞观中，有制表其门闾，赐以粟帛"。

夏侯碎金之所以顺利"求离其夫"，并被"表其门闾，赐以粟帛"，原因在于她求离是为了尽孝，照顾失明的父亲。

同样是女方主动离婚，前者因嫌夫贫而求去，结果遭受"决二十"的皮肉之苦，更被当作败坏风俗的典型，而后者为了尽孝而求离，则被旌表其门，载入《旧唐书·列女传》。可见，妇女主动去夫，若男方同意，双方好合好散，自不必多言。一旦经官府判决，情况就变得复杂起来。即便是一般情况下妇女的诉求能够得到满足，但她们的请求是否符合礼教的要求，是否符合主流社会意识，直接决定了她们荣辱两重天的待遇。

二、离婚涉及的文书规范严格

义绝和违律婚断离都是官府强制离婚，自然需要依照严格的程序，毋庸赘言。即便是按照七出休弃妇女，或者夫妻双方两愿和离，亦同样要履行严格的程序，订立书面文书，即休书。当然，官府出具的判决书最具证明力，所以前述案件中，杨志坚之妻阿王索书求离之后，仍然请颜公判决。

具体到和离的程序要求，由于律文简洁，史料记载有限，对其具体的操作过程,我们始终无法窥其全貌。诸如和离时是否需要订立离婚文书,是否必须由夫妻双方签字,家长是否参与等程序问题,唐律没有作出明确的交代,但从前文"杨志坚之妻阿王索书求离"案可以推断,在和离的实际执行过程中应该需要订立离婚文书。细想起来,离婚文书不仅是司法官断案的凭据,同时也可以防止再婚时引起麻烦,和离肯定需要有书面证明,敦煌出土的唐代放妻书亦可佐证这一点。

(一)唐代民间和离所涉及的程序

放妻书不是实际的离婚协议书,且相关格式的适用仅限于敦煌地区,未必能从整体上反映唐代和离实际执行的全部情况,但敦煌的放妻书格式毕竟可以在一定程度上弥补离婚文书相关材料的不足,有助于丰富对和离相关程序的认识,便于更好地了解和离在民间的具体运作情形。除前文提到的放妻书格式外,此处再举一例予以说明。

> 女人及丈夫手书一道……逐情今对六亲放者,皆生欢喜。立此文书者,押指节为凭。

这些放妻书应该是流行于民间的离婚文书,虽然写法有异,但在夫妻签字,双方家人见证,表达好聚好散的旨意等方面内容相仿。

(二)宋代的宗室和离审查制①

《宋刑统·户婚律》中有关和离的法律规定,几乎完全继承了唐律,"若夫妻不相安谐而和离婚者,不坐"②。虽然《宋刑统·户婚律》有关和离的立法规定没有太大的变化,但在具体的操作上有所改变,从程

---

① 考虑到法律制度的继承性,宋代的宗室和离审查制应该不是突发奇想,可能是对以往做法的继承。比如唐代官员李元素欲与妻子王氏离婚,就向皇帝上表,"恳切披陈"开获得准许,参见《旧唐书》卷一百三十二。据此可以推测,也许唐代就有官员离婚须上奏之类的要求,只是由于笔者阅读视野有限,在现存的唐代材料中没有觅得相关的法律规定予以佐证,故而笔者没有专列章目来分析唐代的情况,而仅对宋代的宗室和离审查制进行考察。

② 《宋刑统·户婚律》。

序上进一步规范宗室夫妇的离婚行为。因不相安谐而想离婚的宗室夫妇,需要经审查后才可以离婚。

《宋史·礼志》有载:"宗室离婚,委宗正司审察,若于律有可出之实或不相安,方听。若无故捃拾者,劾奏。如许听离,追完赐予物,给还嫁资。再娶者不给赐。非袒免以上亲与夫听离,再嫁者委宗正司审核。"①宋代实行宗室和离审查制,这从其他史料中也可以得到佐证,如《宋会要》规定:"(建中靖国元年)九月二十三日,三省言:'今后宗室及非袒免离妻,如已经开封府根治者,令大宗正司并限半月审察。'从之。"②

宋代对宗室夫妇的和离审查有以下几个方面的具体要求:其一,存在夫妻不和谐的事实,即"或不相安,方听"。夫妻不和谐不仅要有其名,更要有其实,必须确实存在夫妻之间无法和平相处的客观事实。其二,由宗正司负责具体的审查工作,即"委宗正司审察"。如果情况属实,具体到和离来讲,就是双方无法和睦生活,可以听任其离婚;如果情况不实,夫妻只是随便拿不和当借口,宗正司则会据此向皇帝检举宗室的问题,令其不得离婚,即便是已经离婚的,也必须复合。其三,赐予的相关财物一并由皇帝收回,再婚者也不赐嫁资,即"追完赐予物,给还嫁资。再娶者不给赐"。宗室大婚是皇族大家庭的事务,作为庆贺,皇帝往往要赐予贺礼或者嫁资之类物品。一旦离婚,所有的赐予物都要一并收回。其四,规定相应审查期限。正如《宋会要》所载,建中年间,法律甚至规定了审查期限,即"限半月审察",宗正司在半个月后给出结果,决定是否准予离婚。

由此可见,正是为了约束宗室随便离婚的行为,维护婚姻的稳定,《宋史·礼志》才有此相关规定,反映了宋代对特殊主体和离的实质性限制。延及赵宋,开始实行"宗室离婚,委宗正司审察"的制度,当无异

---

① 《宋史》卷一百一十五·志第六十八。
② 《宋会要辑稿·帝系五》。

议。较为遗憾的是,目前所能看到的宋代有关和离的事例都不涉及宗室关系,既不用麻烦"宗正司审察",又不用他们"劾奏"处断,故无法了解《宋史·礼志》有关规定的具体执行情况。特别是经过劾奏之后,除必须复合之外,宗室会受到何种惩罚,也不得而知。也许龚绶因不能制悍妻而被断离和贬官的事例,可以从侧面说明问题。

> (景德四年六月)已酉,贾翔言国子博士、通判台州龚绶,治家无状,不能制悍妻,准敕断离,取笑朝列,不当亲民。诏徙监场务。①

从贾翔的陈述中可以看出,龚绶因"治家无状,不能制悍妻"而遭到贬官的处分。龚绶请求与悍妻离异,后"准敕断离"。既然有官之人离异尚要审查,那么宗室离婚的审查更不会流于形式。

编敕是宋代一项重要的立法活动,针对悍妻,男子不能有效治家的,应该有专门的敕文规范,或准予离婚,或予以处罚。遗憾的是由于材料佚失,无法看到相关的规定。

因年代久远而出现的材料限制问题,定不会束缚研究者的理性思维和判断。宋代对宗室离婚的严格审查定会在司法判决中体现出来,成为断决宗室离婚的程序要求。更为重要的是,宗室离婚的诉讼案件很少在文献中出现,也从反面说明了该制度的确起到了限制宗室离婚的作用,相应地维护了宗室里主持内部家务事的庞大妇女群体婚姻的稳定,使其在一定程度上避免了被轻易休弃的命运,婚姻和家庭的相关利益得到了一定的保护。

(三)元代之后对离婚程序的要求更为严格

元明两代,和离之法的相关规定多沿袭唐宋,如《元史》规定,"诸夫妇不相睦,卖休买休者禁之;违者罪之,和离者不坐"②,允许不相和睦的大妇和离。《大明律》和《大清律例》均有类似规定。《大明律》规定:"若

---

① 《续资治通鉴长编》卷六十五。
② 《元史》卷一百三。

夫妻不相和谐而两愿离者,不坐。"①《大清律例》也规定:"若夫妻不相和谐而两愿离者,不坐。"②为避免重复,笔者在此不再单列专目进行分析。

　　元代离婚文书从内容到形式都更加规范。离婚文书在元代以后被称为休书,由夫填写交与其妻。"休书"二字的称谓在元代已经很普遍,比如元杂剧《赵盼儿风月救风尘》《秋胡戏妻》中都多次提到休书。休书在元代有两点最具特色:其一,程序上,实行休书登记制。休书写好之后,必须告官,登记后才能发生效力。这一方面是因为离婚诉讼增多,需要加强这方面的管理;另一方面也是为了增强休书的证明力,休书只有在官府登记后当事人才可以另行嫁娶。正如关汉卿的杂剧《赵盼儿风月救风尘》中赵盼儿对宋引章所云:"你再要嫁人时,全凭这一张纸是个照证"③。从赵盼儿对宋引章的叮嘱中可以看出,离婚妇女再改嫁时必须出具休书即离婚文书,从而避免嫁娶违律。其二,内容上,写立休书严禁手模。手模就是在纸背上打上自己的满掌印或画出全手印,主要是不识字的人嫌按手印不慎重,故采用此方法。民间不识字的人因无法写立休书,就请别人代书,然后再按上手印。由于法令上允许,唐宋时期手指、手模还是比较常见的。到了元代,为了避免争议,对休书的形式规定得更加详细,明令禁止手模。元成宗大德年间由"王钦断例"对休书作了进一步的规范。

　　大德七年四月,中书省礼部呈:东昌王钦因家私不和,画到手模,将妻孙玉儿休弃归宗。伊父母主婚,将本妇改嫁殷林为正妻,王钦却行争悔。本部议得……今后凡出妻妾,须用明立休书,即听归宗,似此手模,拟合禁治。都省准拟。④

----

① 《大明律》卷第六,"出妻"条。
② 《大清律例》卷十,"出妻"条。
③ （元）关汉卿:《关汉卿选集》（修订版）,康保成、李树玲选注,人民文学出版社2020年版,第57页。
④ 《通制条格》卷四。

由"王钦判例"可以看出,出妻必须写立休书,不能仅仅画手模,这一要求在元时已经入律,并且成为惯例。唯有民间写立休书,除必须书写文字以外,仍须印盖手模,还必须手掌及五个指头同时并盖,缺一不可。这在《赵盼儿风月救风尘》中表现得极为明显。"(周舍云:)休书上手模印五个指头,哪里四个指头的是休书。"①可见,手模必须满掌印,不可缺少一个手指,同时还要有明白的休书为据。

即使是女子请求离婚,也还是要以被夫休弃的形式写立休书,休书手模一般用左手。正是由于休书已经成为夫妻关系结束必须具备的程序要件,才会屡屡成为元杂剧涉及的对象,这种休书制度亦为明清沿用。

三、离婚纠纷解决的方式各异

由于离婚纠纷属于非重罪的民间细故纷争之一,在处理方式上首选双方协商的和解方式,如七出、和离皆属于此类。如果协商不成,此类婚姻、田土、钱债之类纠纷一般情况下也会先经过家族中或者乡里有威望者的调解。这样既避免了双方矛盾的公开化,也有助于保护夫家的利益和满足女方的诉求。即便婚变纠纷升级,引发诉讼,官府也可以通过批词或者判牍,劝导双方和平解决纷争。

当双方矛盾升级,恩断义绝之时,抑或违律为婚致使婚姻不产生效力时,则由国家出面调解,强制离婚。一旦争执升级,甚至涉及人命,词讼就升级为问刑断狱的重罪认定,适用公堂问审的司法程序。

离婚纠纷所适用的和解或者调解这种处断形式,在不同的阶段由不同的人参与或者主持,具有不同的特色。比如,首先,在矛盾的初始阶段,仅需当事人协商即可;其次,如果协商不成,接下来则由家族中或者乡里有威望的人调解;最后,调解不成的,只能告官,由官府出面予以调停。其中,前两步是司法处断之前的程序,司法调停是前两步走不通时

---

① (元)关汉卿:《关汉卿选集》(修订版),康保成、李树玲选注,人民文学出版社2020年版,第57页。

而不得不采用的求助官府的方式。

第一步,当事人双方协商解决。这是最普遍的方式,以男方主动休弃女方为主,在七出中常常表现为弃妻顺母之孝,只要女方及其家族没有异议,矛盾便得以解决。之前提及的程遵彦因为母亲不高兴而出妻,可谓这方面的一个典范。①

另外,也有采用两愿和离的协商方式离婚的,一般由女方提出,男方也同意结束婚姻,之前提及的晏子的车夫之妇求去即是。② 由此可见,双方情趣不投时,先秦时期的女子也会主动提出离婚,并且不会被舆论谴责,"出妇嫁于乡曲者,良妇也"③,结果亦能遂其所愿。还有因为丈夫无才而改嫁张耳的外黄富人女,她与前夫离婚的原因就是嫌其无才,"庸奴其夫""为请决"④。其他离婚原因还包括丈夫患有严重的传染病,如西汉人曹寿患有恶疾,其妻与之离婚;或丈夫品操不良,如东汉女子吕荣的丈夫徐升"少为博徒,不理操行",吕荣之父"乃呼荣欲改嫁"⑤;抑或夫家贫穷,如朱买臣离婚即为其妻嫌其家贫而求去。

> 其妻亦负戴相随,数止买臣毋歌呕道中。买臣愈益疾歌,妻羞之,求去。买臣笑曰:"我年五十当富贵,今已四十余矣。女苦日久,待我富贵报女功。"妻恚怒曰:"如公等,终饿死沟中耳,何能富贵!"买臣不能留,即听去。⑥

此处妻子"求去",就是主动要求离婚的意思,丈夫笑而挽留,终却"不能留",只得"听去",作出勉强应允的表示。由此可见,"他俩并未经什么法定手续,只在三言两语之后,宣告仳离,这可以叫作协

---

① 参见《苏东坡全集》卷六十·奏议十三首。
② 参见《史记·管晏列传》。
③ 《史记·张仪列传》。
④ 《汉书·张耳陈馀传》。
⑤ 《后汉书》卷八十四。
⑥ 《汉书·朱买臣传》。

议的离婚"①。

魏晋南北朝时期,无论是丈夫还是妻子,皆有权利表示对婚姻状态的不满,以使婚姻和平解体。一如出自夫方之类。《三国志》载曹操与其妻丁夫人因气愤而离绝。"太祖始有丁夫人,又刘夫人生子脩及清河长公主。刘早终,丁养子脩。子脩亡于穰,丁常言:'将我儿杀之,都不复念!'遂哭泣无节。太祖忿之,遣归家,欲其意折。"曹操离绝丁夫人后,尽管他一而再、再而三地想与丁夫人重修旧好,但是丁夫人始终不理,曹操只好无奈作罢,接受双方离婚的结果。亦有《晋书·王羲之传》载,王献之"起家州主簿、秘书郎,转丞,以选尚新安公主"②,与前妻郗氏离婚。

另如出自妻方之类。无论是"自书告绝"③,还是"自表离婚"④,均表明妇女的离婚选择权没有受到太大限制。可见,魏晋南北朝时期,"在人们的道德观念和社会舆论中,这些都是自然的。与汉代相仿,人们既不耻于也不惧于离婚和离婚后或丧偶后的再婚。官方规定和社会舆论对离婚和再婚没有限制,更无责难"⑤。

魏晋南北朝时期社会动荡,实乃乱离任性的时代,应为离婚颇为容易之时,再加上胡族和边族文化的影响助长其风,"婚姻文化同样呈现出正统规范受到挑战后制约力减弱的局面"⑥,故而双方和离的情况应该比较普遍。只是由于年代久远,保存下来的材料有限,汉代和魏晋南北朝的文献中无法觅得有关和离的法律规定,故而始终不得窥其全貌,实为遗憾。

---

① 王承文编:《董家遵文集》,中山大学出版社2004年版,第170页。
② 《晋书》卷八十。
③ "邈妻郗氏,甚妒。邈先娶妾,郗氏怨怼,与邈书告绝。"参见《晋书》卷七十九。
④ 王衍之女"为愍怀太子妃,太子为贾后所诬,衍惧祸,自表离婚"。参见《晋书》卷四十三。
⑤ 苏冰、魏林:《中国婚姻史》,台北文津出版社1994年版,第162页。
⑥ 苏冰、魏林:《中国婚姻史》,台北文津出版社1994年版,第165页。

唐宋时期,法律明确规定和离,男方可以主动提起和离,自不待言。如前述张不疑以"不协"出妻,李逢年因"情志不合"去妻,两个案例皆为唐代夫妻情不相得,无法继续生活的事例,归入和离应该没有问题。但其在程序上却都是男方行使出妻的权力,或"出之",或"去之",最后顺利离婚。

同时,女方可以表达离婚意愿,并要求解除婚姻,但前提是两相情愿。如南宋学者王明清撰写的《玉照新志》中载,"郑绅者,京师人,少日以宾赞事政府,坐累被逐,贫窭之甚。妻弃去适他人"①,这是妻子动议,双方两愿离婚。此外,也有大族之女与前夫不相和睦,离异归家,随后另嫁他人的情况。宋代的和离事例都是双方同意,没有争议,所以才顺利离婚。即便是妇女主动要求和离,双方也能顺利达成一致。足见,即便是在男尊女卑的文化氛围中,妇女的离婚诉求也可以在一定程度上得到满足,相关利益在一定程度上得以维护。

第二步,民间调解。如果双方协商不成,则会求助于第三方。在古代中国的宗法社会中,但凡遇到婚姻田产之类的纠纷,往往由家族中或者乡里有威望之人予以调处,而非直接由官府处理。如《周礼》记载有"调人"一职,其职责为"司万民之难而谐和之",凡遇到婚姻田土之类的"细故"纠纷则调和之。那些过失杀人或伤人的刑事案件,也可通过调解的方式解决。②《周礼》所载"调人"的职责,未必一定是周代实际存在的制度内容,不排除汉人的附会,但在其他文献及青铜铭文中也可以寻找到有关调解的零星资料,可以佐证周代存在相关调解制度或程序。

顾炎武在《日知录·乡亭之职》中亦认为,自汉至明以来,"调解"始终是"乡亭小官"的主要职责,并把这些"小官"与世道兴衰紧密相连,"自古及今,小官多者其世盛,大官多者其世衰"③。如果一定要从法律

---

① 《玉照新志》卷二。
② 参见《周礼·地官·调人》。
③ "乡亭小官"相关内容的叙述,参见(清)顾炎武:《日知录·乡亭之职》。

条文的意义上考证调解制度,恐怕只能溯及元代的《通制条格》①,其中田令"理民"条载有:"诸论诉婚姻、家财、田宅、债负,若不系违法重事,并听社长以理论解,免使妨废农务,烦扰官司。"②在熟人社会中,纠纷的解决很大程度上依赖亲人和邻里的调解,一般是借贷、土地租赁、土地买卖契约中的"中人",婚姻中如果无"中人"可以求助,社区和宗亲中年老有德、在村民中享有信用者,基层行政组织的一些负责人如保甲长、村长等也会充当调解人。

将调解制度发挥得较为典型的,非明朝莫属,特别是其里老理断制度,是诉前必经程序,越过该程序则构成越诉。"《太祖实录》:'洪武二十七年四月壬午,命有司择(民)间高年老人公正可任事者,理其乡之词讼。若户婚、田宅、斗殴者,则会里胥决之。事涉重者,始白于官。'若不由里老处分而径诉县官,此之谓越诉也。"③明代的申明亭可谓把该制度运用到了极致,明太祖朱元璋不仅诏令全国各县修建申明亭和旌善亭,还要求每里推选几位年高有德之人,尊称为"老人"。其职能在于行教化、理词讼,且由里长在一旁襄助。如《教民榜文》规定:"民间户婚田土斗殴相争一切小事,不许辄便告官,务要经由本管里甲老人理断。"④里老在申明亭进行理断,"宣德七年正月乙酉陕西按察佥事林时言:洪武中天下邑里皆置申明、旌善两亭,民有善恶则书之,以示劝惩。凡户婚、田土、斗殴常事,里老于此剖决"⑤。明清律典中禁止拆毁申明

---

① 由于元代没有真正意义上的法典,《通制条格》中的"通制"只是将唐代的律令进行编纂,使其成为一体,并随时势变化随时损益而成,并非真正意义上的法典,但至少可以看作元代重要的法律渊源,从中了解调解在元代的适用情况。
② 《通制条格》卷十六。
③ (清)顾炎武:《日知录》卷八。
④ 刘海年、杨一凡主编:《中国珍稀法律典籍集成》(乙编第一册),科学出版社1994年版,第635页。
⑤ 刘海年、杨一凡主编:《中国珍稀法律典籍集成》(乙编第一册),科学出版社1994年版,第635页。

亭的规定也证明了这一点，"凡拆毁申明亭房屋及毁板榜者，杖一百，流三千里"①。《大清律例》沿用同条律注，即："州县各里，皆设申明亭。里民有不孝、不悌、犯盗、犯奸一应为恶之人，姓名事迹，具书于板榜，以示惩戒，而发其羞恶之心，能改过自新，则去之。其户婚、田土等小事，许里老于此劝导解纷，乃申明教戒之制也。"

由此可见，乡间有权威之人参与调处也是婚姻纠纷涉及的程序。明代有张玉之父，"好为人解纷""为乡里圆融讼事"②，这也从侧面证明了调解并不少见。清代陈朝君任蒙阴县县令时，专门撰有关于乡老民间权威人士处断纠纷的告示——《为慎选乡老特设印簿以息讼源以省民财事告示》："为尔百姓打算，别无生财之术，止有省费之方。为此示仰各社乡约人等知悉：各造空白簿一本，送县用印钤。盖嗣后除真正人命强盗不时告理外，其余户婚田土一切细事，偶有相争，即凭媒妁中证，会同乡老齐赴约所，从公管劝务期两平，随将两家事理，按定月日各用花押，注明印簿，每月初一，送县查阅。"③

该告示中的"媒妁"专指调解婚姻纠纷的主体。婚姻中的媒人在纠纷发生时，也会以中间人的角色在调解说合中发挥重要作用。比如，元代"令各处官司使媒人通晓不应成婚之例"，"以塞起诉之源"。④ 如此看来，媒人还须学习婚姻法令，保证依婚姻法令断例，依法行媒，从而达到杜绝违法结婚的目的。他们在调解过程中，需要了解离婚的缘由、双方家庭的尊长是否知晓、有无和解可能，以及是否履行了相关的程序，以保证丈夫休弃妻子，或者与妻子和离的行为非任性为之。

第三步，官府调停。与公堂裁断相比，民间调解不仅可以维护自身

---

① 《大明律》卷第二十六。
② （明）都穆：《都公谭纂》卷上，《木渎士民》。
③ 杨一凡、刘笃才主编：《中国古代地方法律文献 乙编》（第六册），世界图书出版公司2006年版，第296—297页。
④ 高潮、马建石主编：《中国历代刑法志注译》，吉林人民出版社1994年版，第787页。

的权利,同时又能够保持体面,在人们眼中,不失为一种最为经济的纠纷解决方式。然而,在某些情况下,如一方离家出走达十年之久,实质上已经无法维持婚姻生活,特别是只留女方在家时,可能会引发婚姻变故,则只好诉诸官府调停。以清代"某邑甲"为例,予以分析。

> 某邑甲,久客于外,十年无耗。妇及幼子贫窭实甚,乃招乙于家。乙故业成衣者,携货就妇居。新其屋宇,门设缝肆,俨然有妻有子。半载甲归,见门庭改易,不敢入。访知其故,鸣官。官传乙对簿。彼此争欲得妇,官不能决。密令隶卧妇于门板,覆以芦席,诡言某妇羞愤自尽,舁至堂上。谕曰:'妇今已死,孰愿领尸棺敛(殓)?'乙云:'我已豢养半年,所费不少,刻下本大已归,不能冉埋死妇。'甲云:'久客无耗,其曲在我,妇改适非得已,今死,愿敛殓。'官命启席,妇故无恙。乃断令甲领而逐乙焉。①

当两个男人争夺一个妇人时,实在难以协调,只有经官府判决。颇为遗憾的是,该案例中无论是该妇人的前夫,还是后招来的赘夫,都不违法。前夫离家十年,该妇人固然可以依据这一情形解除婚姻,但屋宇、家财毕竟还是前夫的;赘夫虽招入不过半年,却是在前夫离家十年之后被招赘入门的,可谓有名有分。

面对这一局面,官府采用令妇诈死的审判技巧,通过让二夫认领尸体的方式,来辨别谁情愿为妇人收尸、送葬,以此看出谁是真心对待妇人的。最后,甲甘心为妇人敛殓,以弥补自己十年来离家出走的过失,也算对该妇人十年如一日地等待、照顾老人和孩子的报答。官府灵活且充满智慧的判决,不仅成人之美,而且也检验出谁是该妇人可以托付终身的男人。从某种意义上说,官府的判决也算是给了该妇人可靠的婚姻和归宿,确实是在为该妇人着想。显而易见,该判决在解决了男人之间的纷争的同时,也最大限度地捍卫了妇女的利益。

---

① 《虫鸣漫录》。

如果一方执意离婚，甚或发生殴打、伤害等涉及人命的官司的时候，协商或者民间调解都已经无法顺利解决纠纷，那么诉诸官府，启动公堂审问将是必不可少的救济方式。下文以私自出逃而无法维持婚姻者被县衙传讯一事为例，予以分析。

道光十四年(1834年)宝坻县县民吕守福与刘氏成婚后，夫妻不同心。吕守福常常私自出逃，刘氏情愿离异，吕守福与其母程氏也都同意。县主批示："追还财礼，断令另行转聘。"①既然夫妻同床异梦，无法一心一意，当然就谈不上和睦相处，或者维持婚姻生活。面对吕守福经常私自出逃的情况，刘氏除表示"情愿离异"外，恐怕实在别无选择，更无法阻止对方。该案中，县主经过公堂问审，了解情况后，同样采取批词的形式结案。

在夫妻二人不相和睦，无法生活，只得离婚的情况下，如果男子主动提出离婚，结局往往是女子被休回娘家，只要女方接受了这个结果，两下安宁，则事情到此结束；而如果女方主动要求改嫁，往往会惹怒男方，招来杀身之祸。两种迥异的结果表明：在清代主流的礼教观念中，主动提起离婚是男方专享的权力，妇女唯有逆来顺受方能保全性命。因离婚不成而酿成命案的，官府必须启动问审程序，过堂判决。

第三节 离婚案件的司法依据

此类案件处理程序上的鲜明特色在很大程度上取决于司法依据的特殊性，不仅律令格式是严格依法判案的依据，而且条法事类、敕、断例、典章、则例等也都是处理婚变纠纷的重要依据。同时，出于维护家庭秩序及弱势者——特别是妇女一方利益的需要，伦理或者经义、情理以及习惯都会被充分考虑和吸纳，从而体现司法判决依据上的多元化，即国

---

① 档案《顺天府全宗》，28·3·163·150。

家制定的实在法与社会生活里"活法"的有机结合。

一、律令科条的离婚解纷依据

七出、义绝、和离、违律婚断离,以及其他引发婚变的情形均由来已久,在唐代之前主要通过"礼"对其进行调整和规范。唐代以后引礼入法,将礼制明确规定在法律中,成为官府处理离婚纠纷的主要依据。根据纠纷情形、程序要求或群体的不同,法律适用依据也不完全相同,除律条外,可能还会涉及令、格、式、敕和断例等。

(一)律令敕章结合的七出、三不去规定

唐律规定了七出、三不去,但并未说明它们的具体内容是什么,疏议将其解释为:"七出者,依令:'一无子,二淫佚,三不事舅姑,四口舌,五盗窃,六妒忌,七恶疾'……三不去者,谓:一,经持舅姑之丧;二,娶时贱后贵;三,有所受无所归……"可见,七出、三不去的具体内容需要结合唐令来确定。宋代有关七出的规定一如唐代,具体的敕或令中应该也有相关规定,因为有案例专门谈到可以依"准敕断离",如龚绶因不能制悍妻而被断离和贬官一例。① 由于编敕是宋代的一项重要立法活动,该案例表明,宋代应该有专门的敕文规范有一定官职的男子若不能有效治家,管制悍妻,则或准予离婚,或予以处罚。遗憾的是,由于材料佚失,无法看到相关的规定。除此之外,亦有妇女因悍妒而被削去命妇封号的例子。

> (元份)娶崇仪使李汉斌之女。李悍妒惨酷,宫中女婢小不如意,必加鞭杖,或致死。……及元份卧病,上亲临问,见左右无侍者……及是,复不欲显究其罪状,止削国封,置之别所。②

此案中,皇帝不满李氏悍妒,直接削了李氏的封号,把她另置别

---

① 参见《续资治通鉴长编》卷六十五。
② 《宋史》卷二百四十五。

处,但没有表明李氏被丈夫休弃的记载,似乎其还保有正妻的名分。

更有妻犯淫佚,丈夫宁愿另娶也不出妻之例。

> 士人因奸致争既收坐罪名且寓教诲之意
> ……阿连原系傅十九之妻,淫荡不检,背夫从人,与陈宪、王木奸通,争讼到县。……傅十九不曾离弃阿连,别自娶妻,合有罪名,累经赦恩,与免根究。阿连免断,责付其叔连德清,日下另行嫁人。如敢再归王氏之家,追上重断施行。①

该案中,傅十九妻阿连因犯淫佚,先后与陈宪、王木通奸,致使奸夫互殴,陈宪殴打傅十九、王木,现王木告到县衙,请求公断。作为丈夫,傅十九情愿另娶也不休弃阿连。法司赵知县为正夫妇之道,依然断令阿连归宗。

至于元代,尽管没有颁布严格意义上的"元律",但地方编纂的《元典章》对妻子犯奸的规定,相对于唐宋有所变化。例如,对于犯奸的妻子,"分付本夫收管"②,对于再犯者,"罪加二等,妇人听其夫嫁卖"③,不再提离异。明代有关的规定体现在《明令·户令》中,"妻犯七出之状,有三不去之理,不得辄绝,犯奸者,不在此限",基本上沿袭了唐代的规定,只是把恶疾包括在三不去之内,例外情况只有犯奸。至于妻子犯奸后,丈夫有何处置权限,明律基本沿袭元律,规定"奸妇从夫嫁卖。其夫愿留者听"④。清律沿袭明律,规定犯奸者不在此限,即不在三不去之内。

(二)律令典章等涉及义绝的内容

义绝在汉代属于"无义则离"的通行之礼,唐律明确建立了义绝之

---

① 《名公书判清明集》卷十二。
② 《元典章》卷四十五,刑部七,"犯奸·赦前犯奸告发在后"。
③ 《元史》卷一百四。
④ 《大明律》卷第二十五。

制,但关于义绝的具体情形同样规定在唐令中,通过疏议注释于义绝条文之下。对于未曾过门的妻子的处理,也要受唐令的约束,"妻虽未入门,亦从此令"①。

到了宋代,在《宋刑统》沿用唐律有关义绝的规定的同时,宋令增加了家长或丈夫逼妇为娼也构成义绝的规定。"诸令妻及子孙之妇若女,使为娼,并媒合与人奸者,虽未成,并离之。"②这里虽然并未明确说明是因为义绝而断离的,但根据《庆元条法事类》引户令中的"诸妇人犯奸,非义绝"③来看,逼妇为娼构成义绝是毫无疑问的。具体到对义绝婚姻未断离的当事人刑事责任的认定,《庆元条法事类》规定,"诸犯义绝,未经断离,而相犯者,及奸者,各论如服纪法,罪至死,奏裁,准凡人至死者,以凡论"④。

很明显,户令和条法事类成为了宋代司法判决的依据,元代则广泛依据断例判决婚姻纠纷,大不同于前代,扩展了义绝的范围,反映出那个时代产生的新认识,客观上加大了对妇女利益的维护。

(三)律例调整的和离程序中官民有别

唐宋明清有关和离的律文的几乎相同,即"彼此情不相得,两愿离者",《元史·刑法志》载:"诸夫妇不相睦,卖休买休者禁之,违者罪之,和离者不坐"⑤,允许不相和睦的夫妇和离,但明令禁止卖休买休的行为。在官民有别方面,如前所述,宋代增加宗室和离审查制。延至明清,《大明律》和《大清律例》中有关和离的内容没有明显变化,而最大的

---

① 《唐律疏义·户婚》"妻无七出而出之"条。
② 《庆元条法事类》卷八十,《杂门》引户令。
③ 参见《庆元条法事类》卷八十,《杂门》引户令。
④ 《庆元条法事类》卷八十,《杂门》引户令。
⑤ 《元史》卷一百三。《通制条格》卷四亦有同样规定。

变化是清代专门在《钦定大清会典》中规定官员和离削封制。①

清初严格规范官员离婚的法律被继承下来,凡官员因夫妇不和而出受封之妻,先呈明吏部削去所封,再赴刑部呈明,"询明情由,系两愿者,听"。若系三不去者,不准。强离者,依律治罪。②

《钦定大清会典》中立有专条规定官员和离的程序和法律后果,与宋代宗室和离审查制相比,出现了一些变化,主要表现为以下几点:

其一,进一步扩大限制和离的特殊主体范围。从"凡官员"的限定范围可以看出,清代吏部在册的所有官员都包括在内,而不仅仅是宋代所限制的宗室小范围之内的特殊主体,扩大适用主体的范围,涵盖全部官员。

其二,呈明吏部削去诰封等荣誉称号。一旦婚姻关系解除,婚姻存续期间夫妻所获得的这些荣誉都要收回,呈明吏部,削去所封。这样一来,和离者的损失就从宋代"追完赐予物,给还嫁资。再娶者不给赐"的物质损失,上升到清代"削去所封"的荣誉损失,而荣誉恰恰是想要光宗耀祖的官员最为在乎的。

其三,由刑部问明是否为两愿和离。吏部削去诰封之后,刑部查明是否符合和离的两个条件,即前因是"夫妇不和",后果为"系两愿者",符合这两个条件,则听其离婚,否则不予离婚,令其继续维持婚姻。

其四,对于平民大众的离婚,任其自便,法律不作明确的限制。

---

① 在传统社会,诰封是一种荣典,由皇帝授予官员本人及其妻室、父母和祖先等,始于晋代,沿袭至清代,内容各不相同。具体到清制,有"授""封""赠"的区别。封给官员本人称为"授",封给官员健在的妻室、父亲和祖先,称为"封",封给已故者称为"赠"。诰封一般在庆典时颁给,因官员级别不同而有所区别,对于五品以上的官员,皇帝用诰命授予封号;对于五品以下官员,皇帝用敕命授予。有清一代,封典有所变化,清初封典甚为严格。道光以后,准许捐银讨封,封典呈现越来越泛滥之势。参见《清史稿》卷一百一十,"封荫"。

② 参见《钦定大清会典·事例》。

总体来看,对于官员的和离实质上是否属于"夫妻不和",交由刑部判断,"询明情由,系两愿者,听"。这一点基本上继承了宋代进行实质限制的做法。清代把程序上的剥夺和实质上的审查分开,吏部和刑部各司其职,对官员和离的审查变得更加严格。相对于宋代的收回赐予物和嫁资而言,清代剥夺官员所受封诰的惩罚也更为触及官员的痛处,变得愈加严厉。清代对官员和离程序方面的限制增多,从吏部削封,到刑部"差人押令离异"。如此严格的规定势必形成这样的结果,即见诸史料的官员和离事例微乎其微。

虽然清朝对官员和离的限制已有明确的规定,但庶民百姓则不同,由于没有封诰,不涉及削封问题,由于夫妻矛盾的升级往往会选择离婚,在一些档案中可以见到不少和离的案例,特别是《刑科题本·婚姻奸情类》中,涉及不少因夫妇不和而离异的情况。

二、礼义情理习惯的综合考量

齐家是儒家精英肩负的"治国、平天下"社会责任的起点,欲齐家必要固守婚姻之义,故维护婚姻稳定和谐成为儒生贤人的生活准则。这种社会伦常推延至婚变纠纷之类的案件的处理之中,表现为司法官在依法判决的同时,充分考虑经义、情理和社会习惯等,达到弘扬社会伦理道德和仁道精神的目的,在维护男方及其家族利益的前提下,保护妇女的利益。

(一)援引经义礼教的离婚判决

首先,面对女方的和离诉求,法官引礼折狱,意在维护家长的婚姻决定权和男方家族的整体利益。正如前述"妻背夫悖舅断罪听离"案,既然阿张嫌弃丈夫痴愚,可见双方感情不和,加上她又状告其公公对其进行非礼,法官胡石壁就认为她"不宜于夫""不悦于舅",所以对她处以杖刑六十,最终判决离婚。阿张虽然离了婚,但被"杖六十",并成为违背礼教的负面典型。胡石壁显然把尊长和丈夫的利益放在了首要地位,把阿张对其公公的控告认定为诬告,并对她处以刑罚。可见,除非男方同意,否则妇女的和离请求权实质上大受限制,即便切实行使这一权利,也是代价不菲。胡石壁如此判决的原因在于考虑礼教经义,他如此解释:"在礼:'子甚宜其妻,父母不悦,则出之。'阿张既讼其夫,则不宜于夫矣,又讼其舅,则不悦于舅矣,事至于此,岂容强合。杖六十,听离……"胡石壁的判决确实于礼有据,因为《礼记·内则》载:"子甚宜其妻,父母不说,出。子不宜其妻,父母曰:'是善事我。'子行夫妇之礼焉,没身不衰。"胡石壁判决时首先考虑礼教的要求,援引儒家经典,这是中华法系"礼法合一"的特征在司法上的具体表现。

其次,一旦发生涉诉的和离案件,官员常常希望有合乎礼教的理由,以礼教为原则进行判决。前述唐代夏侯碎金为照顾失明的父亲"求离其夫"的案件中,女方请求离异的理由符合礼教的精神,并且这种至孝之行是为政者大力宣扬的美德,故"表其门闾,赐以粟帛",而不愿和丈夫杨志坚固守贫道的阿王则被"决二十"。可见,和离理由不同,最后的结果也迥异。因此,在和离中限制妇女的诉求,使最终的判决从根本上符合维护家族利益的要求,反映出了家族法下传统婚姻文化的特征。

妇女主动提出和离从根本上违背了夫家的利益,不仅意味着夫家结婚时所给的聘礼付诸东流,而且使夫家丧失了一个主要劳动力,这种人财两空之事自然会遭到丈夫及其父母的反对。正如前文案例所示,如果妇女的离婚诉求不符合夫家的利益,法官往往会支持夫家。宋代胡石壁在"妇以恶名加其舅以图免罪""既有暧昧之讼合勒听离"和"子妾以奸妻事诬父"等案的判词中也表现出应该"为父隐恶",维护尊长利益的倾向。可见,和离之法中女方的离婚请求权受到诸多的限制,其目的在于最大限度地维护男方家族的利益。因此,对和离之法维护女方利益这一点,不应有过高的期待。

最后,如果尊长有杀伤子妇(即儿媳)尊亲的情形,即便是尊长启动诉讼程序,状告子妇犯有不孝之罪,司法官也不会追究卑幼的一方,即子妇的不孝行为。仅以宋代"杨氏告子妇不孝案"为例，略作分析。

  莆田有杨氏，讼其子与妇不孝。官为逮问，则妇之翁为人殴死，杨亦预焉。坐狱未竟，而值覃霈，得不坐。然妇仍在杨氏家。有司以大辟既已该宥，不复问其余。小民无知，亦安之不以为怪也。其后，父又讼其子及妇。军判官姚珤以为"虽有仇隙，既仍为妇，则当尽妇礼"，欲并科罪。陈伯玉振孙时以悴摄郡，独谓："父子天合，夫妇人合。人合者，恩义有亏则已矣。在法，休离皆许还合，而独于义绝不许者，盖谓此类。况两下相杀，又义绝之尤大者乎！初问，杨罪既脱，合勒其妇休离，有司既失之矣。若杨妇尽礼于舅姑，则为反亲事仇，稍有不至，则舅姑反得以不孝罪之矣。当离不离，则是违法。在律，违律为婚。既不成婚。即有相犯，并同凡人。今其妇合比附此条，不合收坐。"时皆服其得法之意焉。①

  周密对该案的叙述极为复杂。根据整个案情来推测，杨氏参与了杀死子妇之父一案，因故没有坐狱，子妇也没有离异归宗，一家人继续生活。但由于杀亲之事，子妇不免会做出对舅姑不礼之事。据此行为，杨氏遂告儿子、子妇不孝。军判官姚珤认定子妇犯不孝罪。而郡守陈伯玉则认为亲属相伤在前，已犯义绝，夫妻名分已失，子妇不用再负刑事责任。对于陈伯玉的判决，当时的人都很服气，认为他的判决深得法律之意。这也许是苏轼"以法活人，法行无穷"的思想在司法实践中的具体体现。② 在陈伯玉看来，出现了义绝的行为，应判离而不判离，已经是法司的不对。在这种情况下，子妇的不合礼之举是很正常的，如果对参与杀害自己父亲的杨氏非常孝顺，则成了"反亲事仇"。该类违律的婚姻本来就不该维持，子妇也可以按凡人来处理，不必承担不孝之罪，相应的，妇女的利益得到了维护。

---

① （宋）周密：《齐东野语》。
② 参见《苏东坡全集》卷六十三·奏议十三首。

(二) 情理习惯的灵活考量

如果说礼教经义已经融入司法官的血脉中,成为他们判决离婚纠纷案件的伦理支撑的话,情理习惯的考量则是基于当事人,特别是基层民众生存的需要而作出的应对,也使官府的判决在很大程度上能够符合社会生活的实际状况。

在处理涉及婚姻家庭的讼争时,官府判决的目的在于使双方认识到情分的重要性,以便顾大局、识大体,做到忍让谦和,而非斤斤计较。这种判决精神不同于认定罪与非罪、追究刑事责任的惩罚理念,因而亲人邻里的纠纷一旦诉到公堂,司法官惯常采用的方法是通过拖延使当事人冷静下来,并寻求另外的解决途径。

早在春秋时期,该方法就已经被在鲁国做大司寇的孔子运用于处理父子争讼案件①,并成为循吏处理词讼的典范。张养浩在《为政忠告》中亦强调:"亲族相讼,宜徐而不宜亟,宜宽而不宜猛。徐则或悟其非,猛则益滋其恶。第下其里中开谕之,斯得体矣。"②

推而广之,将这种化解纠纷的方式作为指导,运用到离婚纠纷案件的判决之中,会使司法官更为实际地考虑当事人的情况,在当事人愿意维持婚姻的前提下,顺水推舟使其家庭保持稳定,对此可参考清代名吏罗仙坞的做法。

> 桃源罗仙坞先生,令中部时,有妇人以夫久出不归,求判改嫁。先生云:"焉有为汝父母官,而忍听汝改嫁耶,计汝母女二口,升米可活。"手写朱票,令此妇于每月朔,执票支仓米三斗,并谕以"我在此一日,无虑一日失养,唯嘱汝守分,毋使我气短"。感谢而去。一日,夫回,偕妇来叩谢,先生欲杖之,妇代乞免。先生曰:"为善必

---

① 参见《荀子·宥坐》:"有父子讼者,孔子拘之,三月不别。其父请止,孔子舍之。"
② (元)张养浩:《为政忠告》卷上。

终。"仍令支一月粮去,而收回朱票,此事可谓仁至义尽。①

此案中,丈夫长久离家不归,妻子生计困难,要求改嫁以谋生路,于法于情都顺理成章,没有不当之处。但罗仙坞出于人情考虑,宁肯以斗米供养该妇人和她的婆婆,也不判决妇人改嫁,唯一的要求则是希望其谨守本分,不要有失妇道、不守妇德,省得罗仙坞气亏理短,受人嘲笑。男主人回到家中后,罗仙坞依旧提供了一个月粮食,并应妇人之求情,免去了该男子因抛弃娘亲和妻子而应该受到的杖刑。面对夫妻之间的纠纷,罗仙坞充分考虑了该妇人的实际情况,解决了她实实在在的困难,使其安心在夫家照顾婆婆,等待夫归,而没有直接判决其改嫁。罗仙坞的判决依据法与理,充分考虑伦理和亲情,灵活变通,既感化了该妇人,也教育了其夫,使他们和好如初,得以重续婚姻生活,可谓结局圆满。

同时,此类判决也符合君子成人之美,而非拆人婚姻的习惯做法,并起到示范的作用,晓谕更多的民众,"俗有伉俪反目,妇姑勃谿者,闻其风必赧然"②。这种寓法于情、情在法中、法外见理的兼顾情理法的司法判决特点,是自上而下一以贯之的。

由于民情、民风、习惯在不同地区和时代常常有很大不同,所以必须在法律的基础上斟酌情理。拿捏准确、恰到好处的情理考量,往往能够兼顾两姓家族的利益,使"两造欢然而散,案遂结"③。

司法官依法裁断时,将伦理经义、人情习惯相结合,综合运用于离婚纠纷的处理,在维护男权的同时,也充分运用裁量权,为婚姻中的妇女解决实际困难,提供救济。司法官在司法判决中考虑女性作为弱势群体的社会实际,注重维护她们的利益,保证家庭或者婚姻的稳定,甚至两姓关

---

① 《清代名人轶事》。
② 《陈继芳解氏妙福墓志铭》,常熟碑刻博物馆馆藏,参见王国平、唐力行主编:《明清以来苏州社会史碑刻集》,苏州大学出版社1998年版,第5页。
③ 《不用刑审判书》卷三。

系中的利益衡平。

第四节　离婚案件的裁决结果

离婚案件涉及的矛盾往往多种多样，司法裁决结果具有特殊性。正如谚语所言，"家家有本难念的经"，每个家庭关涉的离婚情形的争议中心和焦点内容都不同，因为不幸的婚姻各有各的不幸。具体到司法裁决，其追求的结果并非理清所有矛盾的是非，而是平衡当事人双方及其家庭之间的利益，并对财产、赡养、孩子抚养等相关问题一并作出处理，实现个案中的公平正义，具有不同于一般词讼判决的特点。

一、离婚个案判决的利益考量

对此类案件进行个案考察，比较能体现司法裁决中的利益衡量，以及不同案件中判决结果的特殊性。特别是明清以来，材料相对丰富，相关的司法判例更趋复杂化，相似的案情往往因司法官和当事人身份的不同而有不同的判决结果。以下根据《刑案汇览》和《明清公牍秘本》中的案例，具体分析明清与义绝有关的一些司法判例及其结果。鉴于夫妻在服制上定罪的不平等，是否认定义绝直接影响其相应的刑事责任，笔者根据当事人男女主体的不同分别探讨，以便在对比中了解妇女利益能否得到切实的维护。

（一）对丈夫犯义绝的处理

前述《大清律例增修统纂集成》"出妻"条注列举了义绝"可离不可离"与"不许不离"的情形，对于夫妻相殴至折伤的义绝情形，是否离婚由当事人自己选择；而对于丈夫抑妻通奸、受财嫁卖、典雇妻妾之类侵害妻子利益的行为，可由妻子一方提出离婚，依律必须离。婚姻关系解除之后，再追究相关责任人的刑事责任。但是具体到司法判决中，丈夫殴伤妻子和嫁卖妻子的行为很少按照义绝来处理。① 既然没有判决离婚，那么鉴于夫妻法律地位的不平等，丈夫就可以比照常人减轻处罚。

比如前述嫁卖妻子的两个案例："故杀明媒正娶不知卖休之妻"案及"欲将妻嫁卖不从故杀妻命"案，具体案情前文已有分析。两个案件涉及的义绝行为按律都是应该离婚的，夫妻身份不复存在后，应以凡人论。但司法实践中却都寻找各种借口，结果无外乎就是夫方的责任减轻了。

特别是第一个案例中，受害人徐氏完全屈从丈夫的安排，再嫁给杜奇，而并未去告官请求离婚。这也反映出在当时，有时候离婚、令女子归宗并不是女子最好的选择，特别是娘家生活比较困顿的，回去反而会增加生活压力，等待她们的还是被父母像商品一样嫁卖出去，即使父母不在，还有兄弟和叔伯族人，他们或许也会这么做。所以一些妇女才会"央肯收留"②，对丈夫的嫁卖存有幻想，希望把这作为摆脱目前婚姻困境的跳板，只是幻想破灭之后，她们的些许反抗就会导致送命，徐氏只是此类中的典型代表而已。

当然，这些案例说明义绝的相关立法还是深入到了民间的。后案中，李氏在得知被卖的实情后，就开始混骂，"声言赴县喊禀"。这就可以看出，她完全知晓这种嫁卖是犯罪行为，符合法定的离婚条件，并且也相信官府能够为她提供救济。

这两个案例都说明，一旦妇女因丈夫的伤害行为而身亡，丈夫往往会因为其身份而在刑事处罚方面得到一定程度的减免。

至于抑妻通奸之类，对于不同情形的抑妻通奸行为，不同的官员可能会作出完全不同的判决。比较典型的案例有前文提及的高洪良案③、

---

① 《刑案汇览》有关义绝的众多案例中都显示出这一倾向，后文的几个案例仅是其中的代表而已。
② （清）祝庆祺等编：《刑案汇览》，北京古籍出版社2004年版，第1453—1454页。
③ 参见（清）祝庆祺等编：《刑案汇览》，北京古籍出版社2004年版，第1464页。

丁十案①。前者"谋杀妻伤而未死",只是按"夫殴妻至死故杀亦绞律上减一等满流"来判刑;后者丁十"逼妻卖奸将妻殴死",以凡人论,被判决"绞监候",而不再以夫杀妻的服制减刑定罪。

(二)对妻子犯义绝的处理

前述都是男子犯义绝的司法处理案例。对于女子因抗拒卖奸,误伤并导致丈夫死亡的情况又该如何判决?是否断绝婚姻?如何追究女方刑事责任?前文王阿菊"被夫屡次殴逼卖奸将夫殴死"案和林王氏"被夫逼令卖奸拒奸误毙夫命"案的不同判决具有代表性。

两个案例的共同之处在于,两个男性被害人罗小幺和林阿梅都具有法定的义绝情节,即逼令妻子卖奸,夫妻之义已失,罪犯王阿菊与林王氏就不必再以妻杀夫的名分来承担加一等的刑事处罚,仅以凡人论即可。但实际情况并不尽然。前一个案例中,王阿菊被丈夫强迫卖奸,因执意不从而与丈夫发生争执,顺手拿滚水泼其丈夫,以使其走开,不料想泼到丈夫的胸膛等地方导致丈夫身死。后一个案例中,林王氏之夫林阿梅,"贪利无耻,欲令该氏与何景星通奸"。林王氏举柴向调戏她的何景星掷去,不料打中其夫林阿梅,致其死亡。

比较来看,王阿菊与林王氏都被丈夫卖奸,都非出于故意而致使丈夫身亡,对王阿菊的判决是"合依妻殴夫致死者斩律,拟斩立决";而对林王氏的处罚则是"拟以绞监候,秋审缓决一次后,即予减等之处"。

判决结果不同的缘由在于有关身份上的责任认定不同,贵州司明知罗小幺无耻之极,王阿菊"尚非无故逞凶干犯",但仍然认为死者是罪犯之夫,"名分攸关",还是以夫妻的身份判决王阿菊斩立决。福建司则认为,"林王氏与林阿梅夫妇之义即绝",婚姻关系应予解除,然后就可以按照普通人"寻常因斗误杀旁人之律"判决林王氏绞监候。

同样的法律条文,同种犯罪动机,相似的犯罪情节,却出现了完全不

---

① 参见(清)祝庆祺等编:《刑案汇览》,北京古籍出版社2004年版,第1461页。

同的量刑结果,这正说明了进行个案考察的必要性。立法上的规定是"直线"的,只要符合法条列举的情景毫无疑问就是义绝,结果只会有一个——离婚。但涉及具体的判决时,情况却往往很复杂。"斩立决"和"绞监候"的区别不仅仅是刑罚中的一个等级的差别,判决"绞监候"的案件遇到会审的话,案犯可能会得到赦免,其最终命运可能会截然不同。

二、离婚中财产和身份的处理

个案权衡涉及多方的利益,官府对男女不同主体有不同的考虑,相应地便会产生不同的处理结果,而且还可能涉及财产,如聘财、嫁资的处理,特别是对违反休弃相关程序者——通常是男方——给予处罚,包括判决其给予处于弱势的妇女一定的钱物等财产处罚,以实现对妇女利益的保护。

(一)出妻后对妻子的财产补偿

从同居共财的理想状态讲,"父母存,不许友以死,不有私财"①"子妇无私货,无私畜,无私器"②,即妻子无取得财产的权利,夫妻的共同财产属于家族所有,离婚后不存在夫妻财产分割问题。

实际情况并非如此简单。一般来说,只要是正式的婚姻,在缔结婚约的时候,男方都会提供聘财,女方也会相应地准备一些陪嫁。富裕家庭嫁女,陪嫁更为可观,甚至把田产地契、仆从财物作为陪嫁物,由女方一并带入男家。即便是一般家庭,也会为即将出阁的女儿准备一些日用物品。在婚姻存续期间,女方的陪嫁不管是由自己支配,还是由家族支配,都不存在太大问题;而离婚时,这些财产的去留则会成为问题,处理不当还会引起双方家族的矛盾。特别是那些因富贵而易妻的男方,存在

---

① 《礼记·曲礼上》。
② 《礼记·内则》。

明显的过错,是否需要给女方一定的赔偿或抚养费,若女方因有过错而被休弃,是否需要返还男方的聘财等,这些都是离婚时不可回避的问题。

此处以唐代的李元素出妻案为例,说明违反相关程序出妻时,需要对妻子予以补偿。根据唐律规定,出妻要履行相关的程序,丈夫在既没有家长签字,也没有写立休书的情况下出妻,将会受到处罚。此类处理结果,足以说明司法官在裁决时,也充分考虑了女方及其家族的利益。

> 初,元素再娶妻王氏,石泉公方庆之孙,性柔弱,元素为郎官时娶之,甚礼重,及贵,溺情仆妾,遂薄之。且又无子,而前妻之子已长,无良,元素寝疾昏惑,听谮遂出之,给与非厚。妻族上诉,乃诏曰:"李元素病中上表,恳切披陈,云'妻王氏,礼义殊乖,愿与离绝'。初谓素有丑行,不能显言,以其大官之家,所以令自处置。访闻不曾告报妻族,亦无明过可书,盖是中情不和,遂至于此。胁以王命,当日遣归,给送之间,又至单薄。不唯王氏受辱,实亦朝情悉惊。如此理家,合当惩责。宜停官,仍令与王氏钱物,通所奏数满五千贯。"①

该案中,李元素出妻,引起妻族上诉。虽然其妻王氏无子,但李元素并不愿以此作为出妻的理由,却辩诉是因王氏"礼义殊乖,愿与离绝"。推测起来,也许是王氏的年龄未到五十岁。对于李元素的出妻决定,官府并没有过多干涉,而是"令自处置"。但由于李元素"不曾告报妻族",违反出妻的法定程序,属于无故弃妻,且对女方没有什么补偿,对此,法司勒令李元素停官,并给女方钱物五千贯,以示惩诫。

李元素出妻后之所以被提起诉讼,就是因为"给与非厚"。法司查访之后认为,李元素"胁以王命,当日遣归,给送之间,又至单薄。不唯王氏受辱,实亦朝情悉惊"。最后判决李元素给王氏钱物五千贯,这应该是个巨大的数字,不仅包括了王家的陪嫁物,而且还包括李元素应给予对

---

① 《旧唐书》卷一百三十二。

方的赔偿。该案中,李元素贵而弃妻,存在明显过错,所以受到了停官并给予对方赔偿的处罚。

可见,在离异判决中,法司极为重视休妻程序,因为没有休书的话,很容易再起争议。同时,出妻必须理由充分,并给予女方一定的救济。否则,妻族一旦告至官府,法司便会予以支持。

对于那些有明显过错的男方,特别是像该案中李元素这样的权贵之人,因"溺情仆妾"而弃妻,官府则会给予必要的惩罚。虽然法律没有明文规定补偿钱物,但法司在司法判决中努力协调着法律和实际婚姻生活之间的矛盾,在强势的男方和弱势的女方之间寻求平衡,维护女方利益,力求保证社会的公平正义。

更有甚者,离婚时男方除返还女方的嫁资之外,还会给女方一定的财物,以补偿女方昔日为夫家所作的贡献。

如敦煌出土的《齖书》中,《齖新妇文一本》提到:齖新妇与翁婆不和,整天总是吵闹,后来新妇又与阿婆争吵,"新妇乃索离书,废我别嫁,可会夫婿。翁婆闻道色(索)离书,忻忻喜喜。且与缘房衣物,更别造一床毡被。乞求趁却,愿更莫逢相值"①。女方因为与公婆不和,主动要求离婚,男方顺水推舟,不仅让她带走陪嫁物品,还另造一床毡被让她带走。另外,敦煌放妻书还提及应"聚会二亲""所有物色书之",这是指夫妻的物品须当着双亲尊长之面分清楚并记录下来。②

(二)保全出母与子女的身份关系

离婚除财产分割外,还会涉及身份上的效力,如父母子女间的服制,子女的归属和未成年子女的抚养,以及夫妻与姻亲的关系问题。从夫居的婚姻形式决定了离婚时女方被逐出夫家之门,随着婚姻的消亡,夫妻及其双方姻亲的拟制血亲关系都不复存在。妻子在离异后不得

---

① 《敦煌变文集 下集》卷七。
② 唐代敦煌放妻书的诸多格式及其分析,参见崔兰琴:《中国古代法上的和离》,载《法学研究》2010年第5期。

与前夫之近亲为婚或通奸,亦即任何男子不得娶宗亲已离异的妻妾为妻或与其发生奸情①,除此之外,其他一概以凡人论。所以舅姑的赡养由男方家族自己解决,一般不会存在太大争议。这里主要探讨子女的归属与抚养,以及相关的服制、恩荫和封赠问题。

对于子女的归属与抚养问题,原则上以子女留在夫家为主。由于传统婚姻的首要任务是传宗接代,儿子无疑归夫家抚养,这是不争的事实。"骨肉之亲,出于天性,自不能以父母之仳离,而绝母子之性。"②关于恩荫与封赠,出母犯罪之刑事责任仍然得以因子之恩荫而获得减、赎等优待,一旦儿子获官,出母同样可以因儿子有官品而获得皇帝给予的封号。如唐律规定:"其妇人犯夫及义绝者,得以子荫。虽出,亦同。……疏议曰:'妇人犯夫,及与夫家义绝,并夫在被出,并得以子荫者,为母子无绝道故也。'"③离婚而不绝母子之关系,合乎天理人情。

总而言之,在禁止丈夫任意休妻的立法背景下,七出与其说给了男方出妻的权利,不如说对男方出妻提出了严格限制,只有女方犯了与家族生活息息相关的七个过错,男方方可休妻。即便如此,七个离婚理由在实践中的运用差异也很大。其中,不事舅姑是最普遍的出妻理由。由于婆婆占据主导地位,一旦她对儿媳不满,做儿媳的只能接受被丈夫休弃的命运。

显然,在主流的婚姻家庭生活中,倡导的是弃妻顺母之孝,把家长的

---

① 如《唐律疏议·户婚》"尝为袒免妻而嫁娶"条疏议曰:"其被放出,或改适他人,即于前夫服义并她,奸者,依律止是凡奸;若其嫁娶,亦同凡奸之坐。又,称妾者,据元是袒免以上亲之妾而娶者,得减二等。若是前人之妻,今娶为妾,止依娶妻之罪,不得以妾减之。如为前人之妾,今娶为妻,亦依娶妾之罪。"明清律典继承此条规定之时,对其有所扩充:"凡娶同宗无服之亲及无服亲之妻者,各杖一百。若娶缌麻亲之妻,及舅甥妻者,各杖六十,徒一年。小功以上,各以奸论。其曾被出及已改嫁而娶为妻妾者,各杖八十。若收父祖妾及伯叔母者,各斩。若兄亡收嫂、弟亡收弟妇者,各绞……"另参见《大明律·户律》"娶亲属妻妾"条。
② 陈鹏:《中国婚姻史稿》,中华书局1990年版,第654页。
③ 《唐律疏议·名例》。

满意置于夫妻恩爱之上。这种以牺牲儿媳为代价的解决方法,既满足了家长的需要,也符合孝道的要求,完全应和了家族社会的要求。无子去妻是另一个使用较多的理由。从儒家礼教来讲,"不孝有三,无后为大"①,无子是最大的不孝。无子从根本上有违古代婚姻承祖继嗣的要求,香火无以为继,因此而出妻完全符合丈夫家族的愿望。

---

① 《孟子·离娄上》。

主要参考文献

一、典籍史料类

1. (东汉)许慎:《(文白对照)说文解字》,李翰文译注,九州出版社2006年版。

2. (晋)范宁集解:《春秋穀梁传》,商务印书馆1936年版。

3. (唐)李林甫等撰:《唐六典》,陈仲夫点校,中华书局1922年版。

4. (唐)范摅纂:《云溪友议》,商务印书馆1939年版。

5. (唐)长孙无忌等撰:《唐律疏议》,刘俊文点校,中华书局1983年版。

6. (宋)王溥撰:《唐会要》,商务印书馆1936年版。

7. (宋)沈括:《梦溪笔谈校证》,胡道静校注,中华书局1959年版。

8. (宋)李昉等撰:《太平御览》(全四册),中华书局1960年版。

9. (宋)李昉等编:《太平广记》(全八册),中华书局1961年版。

10. (宋)李焘撰:《续资治通鉴长编》(第三册),上海师范学院古籍整理研究室、上海师范大学古籍整理研究室点校,中华书局1979年版。

11. (宋)桂万荣编撰:《棠阴比事选》,(明)吴讷删正、续补,陈顺烈校注、今释,群众出版社1980年版。

12. (宋)洪迈撰:《夷坚志》(全四册),何卓点校,中华书局1981年版。

13. (宋)窦仪等撰:《宋刑统》,吴翊如点校,中华书局1984年版。

14.（宋）郑克编撰：《折狱龟鉴译注》，刘俊文译注点校，上海古籍出版社 1988 年版。

15.（宋）司马光：《资治通鉴》（全二册），中华书局 1997 年版。

16.（宋）郑樵撰：《通志》（全三册），浙江古籍出版社 2000 年版。

17.（宋）王谠：《唐语林》（插图本），崔文印、谢方评注，中华书局 2007 年版。

18.（宋）周密撰：《齐东野语》，黄益元校点，上海古籍出版社 2012 年版。

19.（宋）王明清撰：《投辖录 玉照新志》，朱菊如、汪新森校点，上海古籍出版社 2012 年版。

20.《通制条格》，黄时鉴点校，浙江古籍出版社 1986 年版。

21.《元典章》，中国书店 1990 年版。

22.《中华传世法典：大元通制条格》，郭成伟点校，法律出版社 2000 年版。

23.（明）李贽：《焚书》，中华书局 1961 年版。

24.（明）申时行等修：《明会典》，中华书局 1989 年版。

25.（明）王阳明：《王阳明全集》，张立文整理，红旗出版社 1996 年版。

26.《中华传世法典：大明律》，怀效锋点校，法律出版社 1999 年版。

27.（清）徐松辑：《宋会要辑稿》（全八册），中华书局 1957 年版。

28.（清）永瑢等撰：《四库全书总目》，中华书局 1965 年版。

29.（清）王聘珍撰：《大戴礼记解诂》，王文锦点校，中华书局 1983 年版。

30.（清）徐珂编撰：《清稗类钞》（第一册），中华书局 1984 年版。

31.（清）沈家本撰：《历代刑法考 附寄簃文存》（全四册），邓经元、骈宇骞点校，中华书局 1985 年版。

32.（清）焦循撰：《孟子正义》（全二册），沈文倬点校，中华书局

1987年版。

33.(清)孙诒让撰:《周礼正义》(全十四册),王文锦、陈玉霞点校,中华书局1987年版。

34.《清会典》,中华书局1991年版。

35.《明清公牍秘本五种》,郭成伟、田涛点校整理,中国政法大学出版社1999年版。

36.(清)薛允升撰:《唐明律合编》,怀效锋、李鸣点校,法律出版社1999年版。

37.《中华传世法典:大清律例》,田涛、郑秦点校,法律出版社1999年版。

38.(清)沈之奇撰:《大清律辑注》,怀效锋、李俊点校,法律出版社2000年版。

39.(清)王明德撰:《读律佩觿》,何勤华等点校,法律出版社2001年版。

40.(清)祝庆祺等编:《刑案汇览》,北京古籍出版社2004年版。

41.(清)沈家本编:《枕碧楼丛书》,中国政法大学法律古籍整理研究所整理标点,知识产权出版社2006年版。

42.中国科学院历史研究所资料室编:《敦煌资料》(第一辑),中华书局1961年版。

43.中国社会科学院考古研究所编:《殷周金文集成》(第三册至第十四册),中华书局1989—1994年版。

44.国学整理社辑:《诸子集成》,中华书局1954年版。

45.睡虎地秦墓竹简整理小组编:《睡虎地秦墓竹简》,文物出版社1978年版。

46.中华书局编辑部编:《云梦秦简研究》,中华书局1981年版。

47.《名公书判清明集》,中国社会科学院历史研究所宋辽金元史研究室点校,中华书局1987年版。

48. 四川省档案馆、四川大学历史系编:《清代乾嘉道巴县档案选编》,四川大学出版社1989年版。

49. 丁世良、赵放主编:《中国地方志民俗资料汇编·中南卷》(上、下册),书目文献出版社1991年版。

50. 杨一凡、田涛主编:《中国珍稀法律典籍续编》(第二册),黑龙江人民出版社2002年版。

51. 档案《刑科题本·婚姻家庭类》,中国第一历史档案馆藏。

52. 档案《顺天府全宗》,中国第一历史档案馆藏。

53. 乾隆《乌程县志》。

54. 嘉庆《重修扬州府志》。

二、专著类

1. 赵凤喈:《中国妇女在法律上之地位》,商务印书馆1928年版。

2. 陶希圣:《婚姻与家族》,商务印书馆1934年版。

3. 陈寅恪:《隋唐制度渊源略论稿》,生活·读书·新知三联书店1954年版。

4. [英]梅因:《古代法》,沈景一译,商务印书馆1959年版。

5. [德]黑格尔:《历史哲学》,王造时译,商务印书馆1963年版。

6. [美]路易斯·亨利·摩尔根:《古代社会》,商务印书馆1977年版。

7. 杨廷福:《唐律初探》,天津人民出版社1982年版。

8. 陈顾远:《中国婚姻史》,上海文艺出版社1987年版。

9. 《瑞士民法典》,殷生根译,法律出版社1987年版。

10. 张希坡、韩延龙主编:《中国革命法制史》,中国社会科学出版社1987年版。

11. 高世瑜:《唐代妇女》,三秦出版社1988年版。

12. [英]乔纳森·哈迪:《情爱·结婚·离婚》,苏斌、娄梅婴译,河北人民出版社1988年版。

13. 刘俊文:《敦煌吐鲁番唐代法制文书考释》,中华书局 1989 年版。

14. [日]仁井田陞:《唐令拾遗》,栗劲等编译,长春出版社 1989 年版。

15. 陈鹏:《中国婚姻史稿》,中华书局 1990 年版。

16. 向淑云:《唐代婚姻法与婚姻实态》,台北商务印书馆 1991 年版。

17. 周绍良主编:《唐代墓志汇编》(全二册),上海古籍出版社 1992 年版。

18. [美]道格拉斯·C.诺思:《经济史中的结构与变迁》,陈郁、罗华平等译,上海三联书店、上海人民出版社 1994 年版。

19. 苏冰、魏林:《中国婚姻史》,台北文津出版社 1994 年版。

20. 陶毅、明欣:《中国婚姻家庭制度史》,东方出版社 1994 年版。

21. 周枏:《罗马法原论》(全二册),商务印书馆 1994 年版。

22. 董家遵:《中国古代婚姻史研究》,广东人民出版社 1995 年版。

23. [法]谢和耐:《中国社会史》,耿昇译,江苏人民出版社 1995 年版。

24. 刘俊文:《唐律疏议笺解》(上册),中华书局 1996 年版。

25. 钱大群:《唐律与唐代法律体系研究》,南京大学出版社 1996 年版。

26. [古罗马]西塞罗:《论共和国 论法律》,王焕生译,中国政法大学出版社 1997 年版。

27. 李银河:《女性权力的崛起》,中国社会科学出版社 1997 年版。

28. 梁治平:《寻求自然秩序中的和谐》,中国政法大学出版社 1997 年版。

29. 马小红:《礼与法》,经济管理出版社 1997 年版。

30. 张晋藩:《中国法律的传统与近代转型》,法律出版社 1997 年版。

31. 费孝通:《乡土中国 生育制度》,北京大学出版社 1998 年版。

32. 瞿同祖:《瞿同祖法学论著集》,中国政法大学出版社 1998 年版。

33. [美]E·博登海默:《法理学:法律哲学与法律方法》,邓正来译,中国政法大学出版社1999年版。

34. 史凤仪:《中国古代的家族与身分》,社会科学文献出版社1999年版。

35. 杨鸿烈:《中国法律对东亚诸国之影响》,中国政法大学出版社1999年版。

36. 张光直:《中国青铜时代》,生活·读书·新知三联书店1999年版。

37. 张中秋:《中西法律文化比较研究》(第二版),南京大学出版社1999年版。

38. [德]奥托·基弗:《古罗马风化史》,姜瑞璋译,辽宁教育出版社2000年版。

39. 段塔丽:《唐代妇女地位研究》,人民出版社2000年版。

40. 郭东旭:《宋代法制研究》(第二版),河北大学出版社2000年版。

41. 郭松义:《伦理与生活——清代的婚姻关系》,商务印书馆2000年版。

42. 王跃生:《十八世纪中国婚姻家庭研究:建立在1781～1791年个案基础上的分析》,法律出版社2000年版。

43. 范忠信:《中西法文化的暗合与差异》,中国政法大学出版社2001年版。

44. 顾颉刚:《顾颉刚集》,中国社会科学出版社2001年版。

45. 黄宗智:《清代的法律、社会与文化:民法的表达与实践》,上海书店出版社2001年版。

46. 林秀雄:《夫妻财产制之研究》,中国政法大学出版社2001年版。

47. 钱穆:《中国历代政治得失》,生活·读书·新知三联书店2001年版。

48. 汪玢玲:《中国婚姻史》,上海人民出版社 2001 年版。

49. [意]桑德罗·斯奇巴尼选编:《婚姻、家庭和遗产继承》,费安玲译,中国政法大学出版社 2001 年版。

50. 裔昭印:《古希腊的妇女——文化视域中的研究》,商务印书馆 2001 年版。

51. [德]H. 科殷:《法哲学》,林荣远译,华夏出版社 2002 年版。

52. [芬兰]韦斯特马克:《人类婚姻史》(全三册),李彬等译,商务印书馆 2002 年版。

53. 林端:《儒家伦理与法律文化:社会学观点的探索》,中国政法大学出版社 2002 年版。

54. [英]戴思蒙·莫里斯:《男人和女人的自然史》,蒋超等译,华龄出版社 2002 年版。

55. [德]伯恩·魏德士:《法理学》,丁小春、吴越译,法律出版社 2003 年版。

56. 邓小南主编:《唐宋女性与社会》,上海辞书出版社 2003 年版。

57. 黄风:《罗马私法导论》,中国政法大学出版社 2003 年版。

58. [美]莫理斯:《法律发达史》,王学文译,中国政法大学出版社 2003 年版。

59. 瞿同祖:《中国法律与中国社会》,中华书局 2003 年版。

60. [日]织田万撰:《清国行政法》,李秀清、王沛点校,中国政法大学出版社 2003 年版。

61. [日]滋贺秀三:《中国家族法原理》,张建国、李力译,法律出版社 2003 年版。

62. 王跃生:《清代中期婚姻冲突透析》,社会科学文献出版社 2003 年版。

63. 崔永东:《中西法律文化比较》,北京大学出版社 2004 年版。

64. [美]伊沛霞:《内闱——宋代的婚姻和妇女生活》,胡志宏译,江苏人民出版社2004年版。

65.武树臣主编:《判例制度研究》(上、下),人民法院出版社2004年版。

66.[英]巴里·尼古拉斯:《罗马法概论》(第二版),黄风译,法律出版社2004年版。

67.余英时:《文史传统与文化重建》,生活·读书·新知三联书店2004年版。

68.《法国民法典》,罗结珍译,法律出版社2005年版。

69.[法]雷蒙·阿隆:《社会学主要思潮》,葛智强等译,译文出版社2005年版。

70.郭松义、定宜庄:《清代民间婚书研究》,人民出版社2005年版。

71.[意]彼德罗·彭梵得:《罗马法教科书》(2005年修订版),黄风译,中国政法大学出版社2005年版。

72.程树德:《九朝律考》,中华书局2006年版。

73.《德国民法典》(第二版),陈卫佐译注,法律出版社2006年版。

74.[美]白馥兰:《技术与性别——晚期帝制中国的权力经纬》,江湄、邓京力译,江苏人民出版社2006年版。

75.毛立平:《清代嫁妆研究》,中国人民大学出版社2007年版。

76.夏吟兰:《离婚自由与限制论》,中国政法大学出版社2007年版。

77.余新忠:《中国家庭史·明清时期》,广东人民出版社2007年版。

78.[法]让-克洛德·布洛涅:《西方婚姻史》,赵克非译,中国人民大学出版社2008年版。

79.《英国婚姻家庭制定法选集》,蒋月等译,法律出版社2008年版。

80.[德]卢曼:《社会的法律》,郑伊倩译,人民出版社2009年版。

81.[德]迪特尔·施瓦布:《德国家庭法》,王葆莳译,法律出版社2010年版。

三、论文类

1. 胡曰武:《唐律"婚书"考》,载《法学研究》1982 年第 2 期。

2. 刘俊文:《论唐后期法制的变化》,载《北京大学学报(哲学社会科学版)》1986 年第 2 期。

3. 金眉、张中秋:《同姓不婚到同宗共姓不婚的历史考察》,载《南京大学学报》1988 年 3 期。

4. 翟婉华:《中国古代的离婚制度》,载《兰州学刊》1989 年第 6 期。

5. 王玉波:《中国婚礼的产生与演变》,载《历史研究》1990 年第 4 期。

6. 刘振华:《略论唐代的婚姻制度》,载《学海》1991 年第 6 期。

7. [日]内藤湖南:《概括的唐宋时代观》,载刘俊文主编:《日本学者研究中国史论著选译》(第一卷 通论),黄约瑟译,中华书局 1992 年版。

8. 金眉:《从"无子"出妻看唐代"七出三不去"离婚制度的实践》,载《史学月刊》1993 年第 2 期。

9. 牛致功:《唐人的"离婚"刍议》,载《学术界》1994 年第 2 期。

10. 渠长根、贺艳秋:《唐代传统婚姻道德裂变溯源》,载《社会科学》1994 年 4 期。

11. 戴炎辉:《中国固有法上之离婚法》,载戴炎辉:《传统中华社会的民刑法制》,财团法人戴炎辉文教基金会 1998 年版。

12. 段塔丽:《从唐墓志看唐代社会的婚姻习俗》,载《文博》1998 年第 5 期。

13. 张艳云:《从敦煌〈放妻书〉看唐代婚姻中的和离制度》,载《敦煌研究》1999 第 2 期。

14. 陈晓:《先秦时期妇女的离婚问题》,载《文史杂志》1999 年第 4 期。

15. 杨际平:《敦煌出土的放妻书琐议》,载《厦门大学学报(哲学社会科学版)》1999年第4期。

16. 陈景良:《讼学与讼师:宋代司法传统的诠释》,载中南财经政法大学法律史研究所编:《中西法律传统》(第一卷),中国政法大学出版社2001年版。

17. 金眉:《试析唐代"七出三不去"法律制度》,载《南京大学学报(哲学·人文科学·社会科学版)》2001年第6期。

18. 金眉:《论唐代婚姻终止的法律制度》,载《南京社会科学》2001年第11期。

19. 王立民:《论唐律的礼法关系》,载《浙江学刊》2002年第2期。

20. 郑显文:《唐代家庭财产继承制度初探》,载《中国文化研究》2002年第3期。

21. 张艳云:《从敦煌的婚书程式看唐代许婚制度》,载《敦煌研究》2002年第6期。

22. 郑显文:《律令制下唐代妇女的法律地位》,载《吉林师范大学学报》2004年第3期。

23. 陈景良:《反思法律史研究中的"类型学"方法——中国法律史研究的另一种思路》,载《法商研究》2004年第5期。

24. 曾代伟:《蒙元"义绝"考略》,载《西南民族大学学报(人文社科版)》2004年第11期。

25. 刘玉堂:《论唐代的"义绝"制度及其法律后果》,载《中南民族大学学报(人文社会科学版)》2005年第6期。

26. 崔兰琴:《媒妁和合意——周代与古罗马结婚制度比较的一个视角》,载《船山学刊》2006年第1期。

27. 樊丽君:《德国法定离婚理由研究》,载《北京化工大学学报(社会科学版)》2006年第2期。

28. 贺欣:《离婚法实践的常规化——体制制约对司法行为的影响》,载《北大法律评论》编辑委员会编:《北大法律评论》(第9卷·第2

辑），北京大学出版社2008年版。

29. 崔兰琴：《中国古代的义绝制度》，载《法学研究》2008年第5期。

30. 蒋月：《改革开放三十年中国离婚法研究回顾与展望》，载《法学家》2009年第1期。

31. 蒋月：《论我国现行法定离婚理由立法主义》，载《东方法学》2009年第4期。

32. 郭成伟、崔兰琴：《兼顾与衡平：中国古代离婚制度的体系特质》，载《中国政法大学学报》2010年第4期。

33. 崔兰琴：《中国古代法上的和离》，载《法学研究》2010年第5期。

34. 王歌雅：《离婚救济制度：实践与反思》，载《法学论坛》2011年第2期。

35. 崔兰琴：《独立抑或附属：再论和离的法律地位——兼与范依畴商榷》，载《政法论坛》2012年第2期。

36. 崔兰琴：《家·国·人：传统离婚制度结构刍议》，载《河南财经政法大学学报》2013年第5期。

37. 崔兰琴：《中国古代婚变中的妇女保障及其司法特点》，载《政法论坛》2013年第6期。

38. 崔兰琴：《唐律"七出"中的妇女利益维护：从无过者到无助者》，载《妇女研究论丛》2014年第4期。

39. 贺剑：《论婚姻法回归民法的基本思路——以法定夫妻财产制为重点》，载《中外法学》2014年第6期。

40. 崔兰琴：《历史与比较视域下诉讼离婚理由及其伦理限制》，载《河南财经政法大学学报》2015年第4期。

41. 朱虎：《夫妻债务的具体类型和责任承担》，载《法学评论》2019年第5期。

42. 刘征峰：《夫妻债务规范的层次互动体系——以连带债务方案为中心》，载《法学》2019年第6期。

43. 贺剑:《夫妻财产法的精神——民法典夫妻共同债务和财产规则释论》,载《法学》2020年第7期。

44. 刘征峰:《共同意思表示型夫妻共同债务的认定》,载《法学》2021年第11期。

45. 夏江皓:《形式主义模式下离婚财产分割协议的物权变动》,载《法学》2022年第3期。

46. 董浩:《此情或可待:"离婚冷静期"规定对离婚登记数量趋势的影响》,载《社会学研究》2023年第1期。

47. 李喜莲:《离婚抚养权纠纷中未成年子女意愿适用的司法考量及程序衔接》,载《法学评论》2023年第2期。

四、英文类:

1. Justinian, The Code of Justinian, translated by Samuel P. Scott, Cincinnati, 1932.

2. H. F. Jolowicz, Roman Foundations of Modern Law, Clarendon Press, 1957.

3. Johnson, Coleman-Norton and Bourne eds., Ancient Roman Statutes, University of Texa Press, 1961.

4. Alan Watson, The Law of Succession in the Later Roman Republic, Oxford University Press, 1971.

5. Vern L. Bullough, Brenda Shelton and Sarah Slavin, The Subordinated Sex: A History of Attitudes Toward Women, The University of Georgia Press, 1973.

6. Hugh D. R. Baker, Chinese, Family and Kinship, Columbia University Press, 1979.

7. Justinian, The Digest of Justinian, edited by Alan Watson, University of Pennsylvania Press, 1985.

8. Gwynn Davis and Mervyn Murch, Grounds for Divorce, Oxford University Press, 1988.

9. Jane F. Gardner, Women in Roman Law and Society, Indiana University Press, 1991.

10. Judith Evans-Grubbs, "Marriage More Shameful than Adultery": Slave-Mistress Relationships, "Mixed Marriages", and Late Roman Law, Phoenix, Vol. 47, 1993.

11. Kate Standley, Family Law, Palgrave MacMillian, 1997.

12. Thomas Glyn Watkin, An Historical Introduction to Modern Civil Law, Dartmouth Publishing Co. Ltd., 1999.

13. Jean Domat, The Civil Law in Its Natural Order, Vol. I, Legare Street Press, 2003.

14. Joshua C. Tate, Christianity and the Legal Status of Abandoned Children in the Later Roman Empire, Journal of Law and Religion, Vol. 24, 2008.

15. George Mousourakis, Fundamentals of Roman Private Law, Springer, 2012.

后　记

　　求学问道方能臻于佳境，万般磨砺愈发澄明心智。楚地首义、京城蓟门，见证懵懂初学到渐入佳境，心坚石穿中升华思想，无怨无悔地蜕变自我。体悟万物之本原、人生不同维度之联动，是赋能生命价值和丰盈内心世界，使我独行也如众的莫大动力。

　　《诗经》的唯美、《老子》的智慧、《庄子》的浪漫、《荀子》的战斗精神，使在江城读书的我深深折服。高山仰止，心向往之，写出有此境界的著作成了我莫大的憧憬。如今，书稿顺利付梓，离不开王建君老师的周到安排和严格督促，孙嘉阳老师的规范要求，质检老师的反复核验，以及责任编辑李欣欣老师专业耐心的把关和辛勤付出，从内容到格式，不留任何死角地认真批注、加班加点校对，还有我的研究生和孩子随叫随到提供助力。书稿出版流程得以顺利推进，我在此深表感谢。

　　本书是我主持的 2022 年度国家社会科学基金重点项目"明清家户法律主体制度及其社会治理效能研究"（项目编号：22AFX005）的阶段性成果。书中的部分观点和内容来源于多年的学术研究和积累，其中最具代表性的独著学术成果有：《中国古代的义绝制度》（载《法学研究》2008 年第 5 期）；《中国古代法上的和离》（载《法学研究》2010 年第 5 期）；《独立抑或附属：再论和离的法律地位——兼与范依畴商榷》（载《政法论坛》2012 年第 2 期）；《分离与牵制：民初县执法科的功能分析——以浙江为例》（载《政法论坛》2016 年第 5 期）；《唐律"七出"中的妇女利益维护：从无过者到无助者》（载《妇女研究论丛》2014 年第 4 期，全文被《中国社会科学文摘》2014 年第 12 期摘录）；《历史与比较视域下诉讼离婚理由及其伦理限制》（载《河南财经政法大学学报》2015 年第4期,全文被人大复印报刊资料《诉讼法学、司法制度》2015年第10期转载)。

  学业进步、功力积淀,离不开恩师范忠信教授和已故的郭成伟教授的谆谆善诱和辛勤栽培。我永记恩师范忠信教授在炎热的暑天,用整整一下午时间指点我那蹩脚的处女作,更不要说反复翻阅、满篇批红的辛苦,更激发了我的学习热情。多年以来,他诲人不倦地教我感悟学术真谛,手把手精心传授我科研方法,使我不断增强实力、提高能力,更加坚定了我继续将学术研究做下去的信念。我铭记恩师郭成伟教授无数次指点我的论文,特别是交稿之际,郭老师因病住院,从东直门医院到北大医院住院部,郭老师多次在病榻上批阅我的论文,此情此景,历历在目,令我终生难忘,那严谨而语重心长的教导,让我的人生之路走得更稳。有这样两位严如慈父、爱如慈母的导师,我深感幸运至极,感恩至极。

  我衷心感谢张晋藩先生的言传身教,特别是在博士论文的选题上给予我的精心指导;朱勇老师和成亚平老师不吝赐教,鼎力相助,从大纲到成稿都不厌其烦地把关,这份知遇之恩和垂青,令我没齿难忘;陈景良老师全力相助,尤其是史料的科学运用方面的传道解惑;李艳华老师热心慈爱,牺牲了无数的课间休息时间反复指点我的习作;张生老师不断给予我鼓励和肯定;崔永东老师引领我阅读和阐释经典。我特别感谢武乾老师的认真指导,陈敬刚老师的鼎力举荐,以及张中秋老师、郑显文老师、王宏治老师、徐世虹老师、萧伯符老师、郭世佑老师、刘广安老师、曾尔恕老师、怀效锋老师在为学做人方面的谆谆教诲。对所有导师的感激之情,我无以言表。

  为学路上,上海交通大学的方潇老师,中国社会科学院法学研究所的张少瑜老师,北京大学的张建国老师、徐爱国老师、薛军老师的不吝赐教,都是助我成长的动力,谨此为谢。

  滴水之恩,当涌泉相报。唯有精益求精,才能不负期待。

崔兰琴
2024年12月12日